KB055518

중국어
문법 6강

语法六讲

중국어 문법 6강

沈家煊
지음

이 선 희
옮김

學古房

이 책에 수록된 것은 최근 몇 년 동안 국내외 대학과 연구소에서 진행한 여섯 번의 강연 원고이다. 여러 곳에서 강연한 적이 있는 주제도 있으며, 내용은 모두 중국어 문법 연구와 관련된 것으로, 최근 몇 년간 필자가 독서하고 생각하며 또 관찰하고 연구한 문제들이다. 그 가운데 많은 내용은 또 논문의 형식으로 간행물에 발표한 적도 있는데, 강연할 때에는 각도를 바꾸거나 다른 주제와 종합하기도 하였으며, 약간의 통속성을 가미하기도 하였다. 필자 스스로는 재미있는 내용이라고 생각하였지만 강연할 때에는 시간 관계상 일부는 생략하였는데, 상무인서관(商务印书馆)의 후의에 힘입어 이들 강연원고 전문을 『어법육강(语法六讲)』이라는 이름으로 출판하게 되었다. 매회 강연 후에 청중들로부터 받은 질문에 감사를 표하고 싶다. 이로 인해 어느 부분이 명확하게 설명되지 못했는지, 어느 부분이 많이 말할 필요가 없었는지, 그리고 어떤 문제가 더 깊이 생각하고 재고再考해 볼 필요가 있는지를 알게 되었기 때문이다. 이 조그마한 책자의 내용에 대해서 강연 당시에 배부한 원고와 완전히 일치하지 않는 부분이 있다면, 그것은 청중들의 질문을 근거로 수정하고 보완한 것이다.

선쟈쉬안(沈家煊)
2011년 9월 29일

5

『语法六讲』은 2011년에 출판되어, 2013년에 일본어 번역본이 출판되었고, 2016년에는 또 상하이上海의 학림출판사學林出版社에서 "인지언어학과 중국어연구 총서認知語言學與漢語研究叢書"의 하나로 다시 출판되었다. 이제 한국어 번역본이 한국에서 출판된다는 소식을 들으니 기쁠 따름이다. 역자인 이선희 교수는 나의 학생이었으니, 그의 중국어 실력과 연구능력에 대해서는 잘 알고 있으며 또한 신뢰한다.

2011년부터 지금까지 벌써 5년이란 시간이 흘렀다. 이 기간 동안 중국어 문법에 대한 나의 생각도 끊임없이 깊어졌다. 일본어 번역본의 서문에서 나는 중국어의 두 가지 중요한 특징에 대해 언급하였다. 이 두 가지 특징은 두 개의 '포함' 구조이다. 하나는 '화용이 문법을 포함한다'라는 것이고, 또 하나는 '명사가 동사를 포함한다'라는 것이다. 전자는 중국어의 문법이 사실은 인구어와 같은 협의의 문법이 아니라 화용을 기본으로 하는 '대문법大語法'임을 의미하고, 후자는 중국어의 명사는 인구어처럼 동사와 분립된 명사가 아니라 지칭을 기본으로 하는 '대명사大名詞'임을 의미한다. 또, 범주화(categorization)와 관련하여 내가 얻은 새로운 인식은 다음과 같다. 서양은 두 범주가 서로 '분립'되거나 한 범주 내의 개체는 그 범주만의 '동일'한 특질을 공유하는 것을 보편적인 형태로 보아 범주가 '하나인지 둘인지(是一是二)'를 끝까지 규명하는 것을 목적으로 한다. 반면, 동양은 범주의 '포함' 구조를 보편적인 형태로 보아 범주가 하나인지 둘인지를 따지지 않고 '하나의 범주에 다른 범주가 포함되는 것(是一有二)'에 만족하는 것으로 충분하다. 중국의 철학자 펑요우란馮友蘭의 관점에 따르면, 이 두 개의 범주관은 음과 양과 같이 상호보완의 관계이다. 오늘날 서양에서 발전한 '인지언어학'은 이미 서양에서 2천 년이나 지속된 '분립'의 이분법적 범주관을 무너뜨리고, 비트겐슈타인의 '가족 유사성'이 기초가 된 '연속'적 범주관을 주장하였다. 하지만 이는 아직 충분히 발전된 동양식의 음의 범주관이 아니다.

중국의 문법 연구자들은 한국어의 문법 현상에 관심이 많으며, 이러한 경향은 최근에 더욱 두드러져 한국 학자들의 연구 성과도 매우 중시한다. 이는 중국어의 시각으로만 중국어를 바라보면 중국어의 실상을 정확히 볼 수 없음을 인식하게 되었기 때문이다. 나는 몇 년 전에 고려대학교의 초청으로 한국을 방문한 적이 있는데, 한국의 학자들도 중국내 중국어 연구의 진전에 상당히 관심이 많음을 발견하였다. 이 조그만 책이 한국의 독자들에게 약간의 도움과 일깨움을 줄 수 있기를 바라며, 한국 독자들의 비평을 진심으로 바란다.

선쟈쉬안(沈家煊)
2016년 6월

7

《语法六讲》2011年出版，2013年在日本出版日译本，2016年上海的学林出版社又将它作为"认知语言学与汉语研究丛书"的一种出版。现在韩译本即将在韩国出版，我很高兴听到这个消息。译者李善熙教授曾是我的学生，她的汉语水平和研究能力是我了解和信赖的。

从2011到现在已经过去了五个年头，在这期间我自己对汉语语法的认识也在不断加深。在日译本的序言中我提到汉语的两个重要特点，也就是两个"包含"格局，一个是"语用包含语法"，一个是"名词包含动词"。这意味着汉语的语法实际是个以语用法为本的"大语法"，不是印欧语那种狭隘意义上的语法，汉语的名词实际是以指称为本的"大名词"，不是印欧语那种跟动词分立的名词。我获得的新认识是，就范畴观（categorization）而言，西方式的是以范畴的"分立"或"同一"格局为常态，所以一定要追究范畴"是一是二"才达目的，而东方式的是以范畴的"包含"格局为常态，不追究"是一是二"，满足于"是一有二"就够了。按照中国哲学家冯友兰的观点，这两种范畴观一正一负，相辅相成。当今从西方兴起的"认知语言学"已经突破在西方延续两千年的"分立"范畴观，提出以维特根斯坦"家族相似"为基础的"连续"范畴观，但是这还不是一种充分发展的东方式的负的范畴观。

中国的语法研究者对韩语里的语法现象很感兴趣，近年来更是这样，对韩国学者的研究成果也很重视，因为我们认识到只从汉语看汉语是看不清汉语的。我多年前曾应高丽大学的邀请访问韩国，发现韩国的学者也非常关心中国汉语研究的进展。希望这本小书能给韩国读者些许的帮助或启示，也真诚希望能听到韩国同行的批评意见。

沈家煊
2016年 6月

『중국어 문법 6강』은 중국사회과학원 연구원이자 중국언어연구소 회장이신 선쟈쉬안(沈家煊) 교수의 『어법육강(语法六讲)』(2011년)을 한국어로 옮긴 것이다. 저자는 일생동안 인지언어학 및 언어 유형론의 시각으로 열정적으로 중국어를 연구해오고 있다. 역자는 그의 밑에서 박사과정을 지내며 그의 언어에 대한 통찰력과 학문적 깊이에 수없이 매료되었다. 오래 전부터 선생님의 저서를 번역하고자 결심하였지만 이런저런 현실에 부딪쳐 미뤄오던 일을 드디어 실행에 옮기게 되었다. 역자의 이런 시도에 가장 먼저 기뻐하고, 또 부족한 실력에도 불구하고 신뢰를 보내며 흔쾌히 번역을 허락해주신 선생님께 진심으로 존경과 감사를 드린다.

이 책은 저자가 국내외에서 행한 여섯 개의 강연 내용을 수정·보완한 것으로 다년간 연구해 온 저자의 학문적 성과들을 고스란히 담고 있다. 각 강의별 주제는 다음과 같다.

제1강은 인구어와 다른 중국어의 특징에 대해 소개하고 있고, 제2강은 고대 중국어와 현대 중국어의 연구 실례를 통해 중국어 문법 연구의 방법인 '묘사와 해석'에 대해 자세히 논의하고 있으며, 제3강은 명사와 동사에 대한 기존의 중국어 품사 분류와 배치되는 저자의 새로운 견해를 기술하고 있다. 또 제4강과 제5강은 중국어 허사 연구에 새로운 시각인 세 가지 영역(행위영역, 지식영역, 언어영역)의 다양한 연구 사례를 보여주고 있으며, 제6강은 중국어에 나타나는 두 가지 혼성 방식에 대해 설명하고 있다.

저자의 많은 저서 중에 비교적 얇은 두께를 보면서 가벼운 마음으로 시작했던 번역은, 작업을 진행하면서 위 여섯 개의 강의 중 어느 하나 쉬운 것이 없음을 절감하였다. 번역 작업을 하는 동안의 수많은 어려움은 새로운 것을 배우는 즐거움과 익히 알고 있다고 생각하는 것들에 대한 새로운 깨달음으로 상쇄하고도 남았으며, 역자의 이 즐거움과 깨달음이 독자들에게도 전달되기를 진심으로 바란다. 끝으로 바쁜 시간을 할애해 번역 검토 작업을 해 준 가족들에게 사랑을 전하며, 이 책의 출판을 흔쾌히 수락해준 학고방 출판사에 깊은 감사를 표하고 싶다.

2016년 6월

제 1 강 중국어 문법 연구, 인구어印歐語의 시각에서 탈피해야 한다

이번에 초청해주신 리쓰메이칸立命館 오사카 공자아카데미와 사회를 맡으신 나카가와中川선생님께 깊은 감사를 드린다. 오늘 강연제목에 대해서는 더 이상 설명이 필요하지 않으므로 바로 본론으로 들어가기로 한다.

▌백년 이래 '멈추지 않은' 두 가지 일

역사를 돌이켜보면, 최근 백년 이래 중국의 지식인들은 선각자로서 중국 '현대화'의 실현을 위해 서방의 선진 이론과 방법을 끊임없이 본보기로 삼아왔다. "다른 나라에서 불을 훔쳐 왔지만, 그 본심은 자기의 고기를 삶는데 있다.(从别国里窃得火来, 本意却在煮自己的肉。)[1]" 이는 루

---

1) 역자주: 다년간 번역 업무에 종사한 루쉰(鲁迅)선생은 14개국 100여 작가의 200여 작품을 번역하였으며, 스스로를 '불을 훔친 사람'에 비유하였다. 그는 1930년『"硬译"与 "文学的阶级性"("경역(억지번역)"과 "문학의 계급성")』이라는 글에서 "人往往以神

쉰(魯迅, 1881~1936)[2]선생의 말이다. 중국의 언어학계는 『마씨문통(马氏文通)』[3]이래 서방의 언어 이론과 연구 방법을 참고하려는 노력을 줄곧 멈춘 적이 없었다. 필자가 강조하고자 하는 것은 이와 동시에 존재하는 또 하나의 '멈추지 않은 일'인데, 그것은 중국어가 인구어印歐語의 연구 틀에서 벗어나 중국어 자체의 특징을 모색하려는 노력 역시 멈춘 적이 없다는 점이다. 1949년 이래 중국어 문법 연구에 관하여 세 차례의 중요한 논쟁이 있었다. 첫 번째는 품사 분류에 관한 것이고, 두 번째는 주어와 목적어 문제를 둘러싼 것이고, 마지막은 단문과 복문에 관한 논쟁이다. 이 세 차례의 대논쟁은 위에서 말한 얼핏 보기에 상반되는 방향의 두 노력, 특히 후자의 노력을 반영하였다. 최근 우리는 또 중국어 품사문제에 관한 새로운 토론을 진행하였다. 이번 토론의 특징은 중국어 정보처리 분야의 학자들도 참여하였으며, 또한 토론자들도 더욱 의식적으로 중국어를 세계의 언어 범위 내에 놓고 고찰하였다는 점이다. 이는 이 시대의 특징을 나타낸 것이라 할 수 있다.

뤼수샹(呂叔湘, 1904~1998)선생과 주더시(朱德熙, 1920~1992)선생은 중국어 문법 연구에서 탁월한 업적을 남긴 선배들이다. 그들은 말년에 각각 의미심장한 말을 남겼는데, 이는 후배들에게 지속적으로 인

话中的Prometheus (普罗米修斯) 比革命者, 以为窃火给人, 虽遭天帝之虐待不悔, 其博大坚忍正相同。但我从别国里窃得火来, 本意却在煮自己的肉的, 以为倘能味道较好, 庶几在咬嚼者那一面也得到较多的好处, 我也不枉费了身躯。(사람들은 흔히 신화 속의 프로메테우스로 혁명가를 비유한다. 불을 훔쳐 인간에게 줌으로써 제우스 신의 학대를 받지만 후회하지 않는 프로메테우스의 넓고도 강한 인내가 혁명가와 같다고 생각한다. 하지만 나는 다른 나라에서 불을 훔쳐왔지만, 본심은 자기 고기를 삶기 위한 것이다. 만약 맛이 좋으면 씹는 사람도 도움을 많이 받을 것이므로 몸을 허비하더라도 보람이 있다고 생각한다.)"라고 하였다.

2) 역자주: 중국의 문학자, 사상가. 본명은 조우수런(周树人).
3) 역자주: 청(淸)나라의 마건충(马建忠)이 1898년에 쓴 중국 최초의 서구식 문법서로 실자(實字)·허자(虛字)·조자(助字)·구두(句讀)·문장론을 설명하고 있으며, 총 10권으로 구성.

구어의 시각에서 탈피하기를 촉구했다고 말할 수 있다. 여기에 그대로 옮긴다.

> 　要大破特破。……要把"词"、"动词"、"形容词"、"主语"、"宾语" 等等暂时抛弃。可能以后还要捡起来, 但这一抛一捡之间就有了变 化, 赋予这些名词术语的意义和价值就有所不同, 对于原来不敢触 动的一些条条框框就敢于动它一动了。
>
> 　고정관념을 아주 철저하게 깨야 한다. …… '단어', '동사', '형용 사', '주어', '목적어' 등은 잠시 버려야 한다. 아마 나중에 다시 주 을 수도 있을 것이다. 하지만 이 버리고 줍는 동안에 변화가 발생하 여 이러한 명사 용어에 부여한 의미와 가치가 다소 달라지고, 원래 감히 건드리지 못했던 조목조목도 감히 건드릴 수 있게 되었다.
>
> (呂叔湘 『语法研究中的破与立』)

> 　中国有一句成语叫"先入为主", 意思是说旧有的观念的力量是 很大的。我们现在在这里批评某些传统观念, 很可能我们自己也正 不知不觉之中受这些传统观念的摆布。这当然只能等将来由别人来 纠正了, 正所谓后之视今, 亦犹今之视昔。不过就目前而论, 能向前 跨一步总是好的, 哪怕是很小很小的一步。
>
> 　중국 성어에 '먼저 들어간 사람이 임자(先入为主)'란 말이 있다. 선입관의 힘이 크다는 의미이다. 우리는 현재 여기서 전통 관념을 비판하면서도 우리 자신도 무의식중에 이러한 전통 관념의 지배를 받고 있을 가능성이 많다. 이는 물론 미래에 다른 사람이 바로잡아 주길 기다릴 수밖에 없는데, 이는 이른바 미래에서 지금을 돌아보는 것은 현재에서 과거를 되돌아보는 것과 같다는 것이다. 하지만 현재 에 미래를 향해 한 걸음 내딛을 수 있다는 것은 좋은 일이다. 그것 이 아무리 작은 걸음일지라도 말이다. 　(朱德熙 『语法答问』 "日译本序")

▌'중국어의 특징'에 대한 기존의 인식

우선 인구어와는 다른 중국어의 특징에 대해 지금까지 공유된 인식 중에 중요한 것 위주로 이야기하고자 한다.

첫째, 중국어에서 형태소의 지위는 단어의 지위에 뒤지지 않는다. 이는 뤼수샹(呂叔湘)선생의 말이다. 단어나 문장을 만드는 단위는 마치 건물을 짓는 건축 재료와 같이 큰 것도 있고 작은 것도 있다. 건축 재료에는 작은 벽돌과 좀 더 큰 중공(中空)벽돌, 또 이보다 더 큰 프리캐스트 패널4)이 있다. 문장을 구성하는 단위에는 형태소, 단어 혹은 고정된 어구가 있다. 인구어의 문장을 구성하는 기본단위는 단어이다. 중국어 문장 구성의 기본단위인 형태소의 지위는 단어의 지위에 뒤지지 않는다. 중국어의 2음절 단어 중에는 '이합사(离合词)' —— 분리될 수도 있고, 합쳐질 수도 있는 단어. 혹은 '어구단어(短语词)' —— 가 많은데, 이들은 단어 같기도 하고, 어구 같기도 하다.

> 慷//慨　别慷我的慨。내게 아낌없이 베풀지 마세요
> 提//醒　不用你提我的醒。네가 알려줄 필요 없어.
> 放//松　你就放你的松吧。긴장 풀어.
> 结//婚, 示//威　你结你的婚, 我示我的威。
> 너는 네 결혼이나 해. 나는 나의 본때를 보여줄 테니.
> 演//出　等赚够了钱, 我可能不会演太多的出。
> 돈을 충분히 모으고 나면, 공연은 너무 많이 하지 않을 것입니다.

마지막 예는 텔레비전 인터뷰프로그램에서 들은 말이다. 홍콩의 유명

---

4) 역자주: 프리캐스트 패널: 미리 거푸집에 타설하여 제조한 철근 콘크리트판.

한 바이올리니스트 리촨윈(李传韵, 1980~)[5]은 자동차운전을 좋아했다. 그는 돈을 많이 벌면, "不用演太多的出了(공연을 너무 많이 할 필요가 없으니)" 좋은 차를 사서 몰고 싶다고 말하고 있다. "演出"도 이렇게 이합사처럼 분리해서 쓴 것이다.

이는 중국어가 한자의 영향을 받아 2음절을 구성하는 음절이 일반적으로 모두 의미를 가지기 때문이다. 또 의미가 없는 음절에도 의미를 부여하기도 한다. 예를 보자.

不管是马克思还是牛克思 마르크스든 우르크스든[6]
管他是托尔斯太还是托她斯太 톨스토이든 토타스토이든[7]

일반적으로 하나의 음절은 하나의 형태소이다. 음절은 강한 독립성을 가지므로 2음절 단어에서 분리되어 어구나 문장의 구성 성분이 될 수 있다. 예를 들어 "形状(형상)"과 "状态(상태)"의 구성 요소인 "状"이라는 글자는 다음 예처럼 독립적으로 단어나 문장의 성분이 된다.

他又做出一本正经状。 그는 또 진지한 척 했다.
做欠了他八百辈子债状。 그에게 팔백 평생 빚 진 척을 하다.

---

5) 역자주: 소년 바이올리니스트의 성장을 담은 천카이거(陈凯歌) 감독의 영화 '투게더(Together)'(2002)의 오리지널 사운드 트랙에 바이올린 솔로곡을 연주한 것으로 유명하다.
6) 역자주: 하나의 형태소인 "马克思(마르크스)"에서 의미가 없는 음역 글자 "马"에 '말'이라는 의미를 부여하여 새로운 형태소로 만들고, 이를 다시 "牛(소)"로 대체하여 "牛克思(우르크스)"를 만들었다.
7) 역자주: 역시 러시아 문학가 톨스토이를 뜻하는 하나의 형태소 "托尔斯太"에서 "尔"를 2인칭 대명사의 의미로 보고, 이를 3인칭을 나타내는 "她"로 대체하여 "托她斯太"를 만들었다.

영어와 중국어를 비교해보자. 만약 영국인이 중국어의 "你结你的婚, 我示我的威(너는 네 결혼이나 해. 나는 나의 본때를 보여줄 테니)"를 모방하여 영어로 말한다면 "You mar- your -ry, and I de- my- monstrate"와 같은 말이 되는데, 이는 전혀 말이 되지 않는다. 반면 영어를 조금 배운 중국의 중·고등학생들이라면 "你quali-得-fy, 我quali-不 -fy" "你够得上, 我够不上(너는 충분히 되지만, 나는 그렇지 않아)"과 같은 피진영어를 말할 수도 있을 것이다.

둘째, 중국어는 형태소와 단어, 단어와 어구의 경계가 불분명하다. 뤼수상(呂叔湘)선생에 의하면, 형태소의 식별은 중국어 고문古文에 대한 소양과 관계가 있다.

经济经济, 经世济民。경제란 경세제민經世濟民[8]이다.
书信 - 信使 - 信用　편지 - 공문서를 전하는 사람 - 신용

일반인들은 "经济(경제)"가 "逻辑(논리)"와 마찬가지로 더 이상 분석할 수 없는 하나의 단어라고 생각한다. 하지만 고문을 읽은 사람은 이것이 "经世济民(나라를 다스리고 백성을 구제하다)"의 의미로, "经(다스리다)"과 "济(구제하다)"는 분리하여 사용할 수 있는 두 개의 형태소라고 말한다. 또 일반인들은 서신書信의 "信"과 신용信用의 "信"의 의미가 연결되지 않는다고 생각하지만, 고문의 소양이 있는 사람은 "信使(공문서를 전달하는 사람)"의 "信"을 통해 두 의미를 연결할 수 있음을 안다. 의미가 연결되므로, "信"은 하나의 형태소일 뿐이다.

단어와 구의 경계 역시 모호하다. 혹자는 다음과 같이 구분하기도 한다.

---

8) 역자주: 나라를 잘 다스리고 백성을 구제한다는 의미.

駝毛 낙타털(단어)　　　　羊毛 양털(구)

鴨蛋 오리알(단어)　　　　鸡蛋 계란(구)

"駝(낙타)"는 단독으로 사용할 수 없지만[9] "羊(양)"은 가능하다. 또 "鴨(오리)"는 단독으로 사용할 수 없지만 "鸡(닭)"는 가능하다. 따라서 "駝毛(낙타털)"와 "鴨蛋(오리알)"은 단어이고, "羊毛(양털)"와 "鸡蛋(계란)"은 두 단어로 된 구라는 것이다. 하지만 "鴨(오리)"를 단독으로 사용할 수 없는 것은 중국의 북방에서만 적용되며, 남방에서는 단독으로 사용이 가능하다. 주밍잉(朱明瑛, 1950~)[10]의 노래가사에도 "左手一只鸡, 右手一只鴨(왼손에는 닭 한 마리, 오른 손에는 오리 한 마리)"라는 구절이 있다. 이러한 분석법이 전혀 이치에 맞지 않다고는 할 수 없지만, 일반인의 어감에는 부합되지 않아 억지스럽고 황당하다. 이는 중국어에서 단어와 어구의 경계가 실제로 명확히 구분하기 어려움을 보여준다.

'글자 본위(字本位)'이론[11]을 어떻게 생각하는지 질문을 받았는데, 여기서 필자의 생각을 말하고자 한다. '글자 본위'는 고대 중국어에는 대체로 적용이 가능했으나, 현대 중국어에는 적합하지가 않다. 중국어에서 형태소의 중요성을 강조하기 위해서는, '중국어에서 형태소의 지위는 단어의 지위에 못지않다'라는 표현으로 충분하다. 현대 중국어 사전들을 보면 대다수가 글자본위로 되어 있어 표제어가 되는 한 글자(字头) 아래 단어를 나열하고 있다. 물론 단어를 표제어로 하여 직접 나열한 사전도 있다. 그러면 혹자는 현대 중국어의 '단어'란 무엇인지 물을 것이다. 필자의 대답은 다음과 같다. 현대 중국어에서 전형적인 '단어'는 동시에

---

9) 역자주: "骆驼"라고 해야 한다.

10) 역자주: 중국의 유명한 가수

11) 역자주: 1990년대 후반 북경대학의 쉬퉁치앙(徐通锵: 1931~2006)교수가 제기한 중국어에 관한 새로운 언어 이론으로, 중국어 기본 구조 단위를 '字'라고 봄.

음율 단어(韻律词)이면서 어휘 단어(词汇词)이고 문법 단어(语法词)이다. 음율 단어는 "羊毛"와 같은 2음절 단어이다. 물론 "羊"과 "毛"는 단독으로 사용될 수도 있다. 어휘 단어의 경우, 그 의미는 두 구성 성분의 단순한 합이 아니다. 예를 들어 "甘苦(고락, 즐거움과 고생)"의 경우 "甘(달다)"과 "苦(쓰다)"의 의미를 알고 있어도 어휘 단어 "甘苦"의 의미는 알 수가 없다. 문법 단어의 경우, 두 구성 성분은 확장할 수 없으며 중간에 다른 성분을 넣을 수도 없다. 가령 "大车(가축이 끄는 이륜·사륜의 대형 짐차)"는 단순히 "大的车(큰 차)"가 아니다. "大树(큰 나무)"의 경우에는 "小大树(작은 큰 나무)"는 모순되는 표현이지만 "小大车(작은 짐차)"는 가능한 표현이다.

셋째, 중국어의 동사는 주어나 목적어가 될 때도 '명사화'되지 않는다. 이는 주더시(朱德熙)선생이 일관되게 주장한 관점이다. 아직까지도 혹자는 이에 대해 이견이 있지만 필자는 이러한 주장이 인구어의 시각을 탈피하는 과정에서 앞을 향해 내딛은 중요한 한 걸음이라고 생각한다. 주선생에 따르면, 중국어 동사와 형용사는 서술어가 되거나 주어와 목적어가 되거나 모두 형태가 같으므로 전통적인 중국어 문법서에서는 주어와 목적어 위치에 있는 동사, 형용사가 이미 명사화되었다고 보았는데, 이는 인구어의 시각에서 중국어를 본 것이다. 중국어 자체의 실제 상황을 보면 동사와 형용사는 서술어가 될 수 있음은 물론이고 주어와 목적어도 될 수 있으며, 주어와 목적어가 될 때도 그대로 동사와 형용사이며 그 성질은 바뀌지 않는다. 이는 중국어가 인구어와 구별되는 매우 중요한 특징이다. 중국어 동사가 주어와 목적어가 되는 몇 가지 예를 들어보고자 한다. 대응하는 영어 동사는 모두 형태가 변함을 주의하라.

哭没用。(Crying is useless.) 울어도 소용없다.

我怕抓。 (I fear being scratched.) 나는 잡힐까 겁난다.
你听见爆炸了？ (Did you hear the explosion?) 너 폭발 들었니?
眼见为实。 (Seeing is believing.) 눈으로 본 것이 사실이다.

중국어의 동사는 직접 주어와 목적어가 될 수도 있고, 명사와 병렬하여 사용할 수도 있다.

罪与罚 (*crime and punish) 죄와 벌
时间与忙 (*time and busy) 시간과 바쁨
吃与营养 (*eat and nutrition) 식사와 영양
人与贪 (*man and greedy) 인간과 탐욕
婚姻与孤独 (*marriage and lonely) 결혼과 고독
傲慢与偏见 (*proud and prejudice) 오만과 편견

마지막 예의 "傲慢"은 형용사이고, "偏见"은 명사이다. 소설 『오만과 편견』은 영어로 형용사를 사용한 proud and prejudice가 아니라 명사를 사용한 pride and prejudice이다.
미국의 인지언어학자 조지 레이코프(George Lakoff, 1941~)는 '본체은유'(추상적인 동작과 사건을 하나의 실체로 보는 것)에 대해서 영어로 다음과 같이 기술하였다.

PUBLICATION IS AN ENTITY[12]　　　(出版是一个实体)
출판은 하나의 실체이다
THINKING IS AN ENTITY　　　(思想是一个实体)
사고는 하나의 실체이다

---

12) 역자주: 송경숙은 이러한 ENTITY를 '요소'라 번역하였다. 이기동 외(2000), 『인지언어학』 91쪽, 한국문화사

HOSTILITY IS AN ENTITY   (敌对是一个实体)
적대감은 하나의 실체이다
HAPPINESS IS AN ENTITY   (幸福是一个实体)
행복은 하나의 실체이다

중국인은 이러한 표현형식 —— 은유 자체에 대해서가 아니라 —— 에 대해 의문을 제기할 것이다. PUBLICATION, THINKING 등은 단어의 형식에서 이미 이들이 하나의 실체임을 나타내므로, 위 은유는 즉 "실체는 실체이다"가 되는데 이를 은유라 할 수 있는가? 중국인에게는 다음과 같은 표현이어야 본체은유로 볼 수 있다.

PUBLISH IS AN ENTITY 출판하다는 하나의 실체이다
THINK IS AN ENTITY 생각하다는 하나의 실체이다
HOSTILE IS AN ENTITY 적대하다는 하나의 실체이다
HAPPY IS AN ENTITY 행복하다는 하나의 실체이다

중국어에서 형용사는 관형어 외에도 주어와 목적어가 될 수 있고, 또 술어와 부사어도 될 수 있다. 명사는 주로 주어와 목적어가 되며 관형어도 될 수 있다. 또 명사는 일정한 조건하에서 술어(예: 老王上海人(라오왕은 상해사람이다), 小张黄头发(샤오장은 노랑머리다))가 되기도 하고, 부사어(예:集体参加(단체로 참가하다), 重点掌握(중점적으로 파악하다))가 되기도 한다. 동사는 술어 외에도 주어와 목적어가 되며, 일정한 조건하에서 역시 관형어(예: 调查工作(조사업무), 合作项目(협력 프로그램))가 될 수도 있다. 요컨대, 중국어의 품사와 문장 성분 사이에 단순한 일대일 대응 관계는 존재하지 않는다.

넷째, 중국어의 어구와 문장의 구조는 동일하다. 이 특징은 앞에서 설

명한 특징과 서로 연결되며, 역시 주더시(朱德熙)선생이 시종일관 주장한 관점이다. 영어에서 문장과 어구의 구조는 서로 다르다.

    a. He flies a plane.   (他开飞机。)
       그는 비행기를 운전한다.
    b. To fly a plane is easy.   (开飞机容易。)
       비행기를 운전하는 것은 쉽다.
       Flying a plane is easy.   (同上)
       비행기를 운전하는 것은 쉽다.

fly는 술어 위치에서 한정형식인 flies가 되고, 주어 위치에서는 비한정형식인 to fly a plane나 flying a plane이 된다. 하지만 중국어는 영어와 달리 동사(구)가 어디에 나타나든 형식이 완전히 같다. 영어의 flies a plane, to fly a plane, flying a plane은 중국어로 말하면 모두 "开飞机"이다. 영문법의 관점으로 본다면 주술 구조가 문장이나 절이 될 때 이는 어구와는 서로 대립되는 것이다. 반면 중국어의 주술 구조는 사실상 일종의 어구이며, 다른 유형의 어구와 완전히 평등하다. 이 주술 구조는 단독으로 문장이 될 수 있고 또 문장 성분이 될 수도 있다.

    象鼻子长。코끼리는 코가 길다.
    今天天气好。오늘 날씨가 좋다.

위의 예에서 "鼻子长"과 "天气好"는 독립된 문장이 될 수도 있고, 문장의 일부인 어구가 될 수도 있다.

▎'중국어의 특징'에 대한 새로운 인식

앞에서 '중국어의 특징'과 관련하여 이미 알려진 대략적인 인식에 대해 살펴보았다. 이어서 필자가 최근에 새롭게 생각한 '중국어의 특징'에 대해 이야기하고자 하는데, 이 장에서 말하려는 중점이 되겠다. 이 새로운 인식의 대부분은 필자 개인의 아이디어지만 선배들과 다른 사람의 연구 성과와도 뗄 수 없는 관계이다. 필자는 이 새로운 인식이 아주 중요하다고 생각하며 여러분과 함께 공유하고 싶다. 이를 다음 6개 부분으로 나누어 말하기로 한다.

1. 중첩은 중국어의 가장 중요한 형태이며, 인구어와는 다른 형태 수단이다. 또 2음절화(双音节化) 역시 일종의 형태 수단이다.

최근에 '피진영어' 베스트10의 선발결과에 관한 기사를 보았는데, 영광의 1위는 다음과 같다.

Good good study, day day up.
好好学习, 天天向上。
열심히 공부하고, 나날이 발전한다.

여러분은 어떻게 생각하는지 궁금하다. 당시에 이 결과를 본 필자는 상당히 흥분하였고, 최고의 선정이며 1위로서 전혀 손색이 없다고 생각했다. 위 문장은 중국어와 영어의 아주 중요한 차이(중첩)를 명확히 반영하였으며, 또 영국인도 이 영어 표현을 보고서 쉽게 이해할 수 있기 때문이다. 중국어의 형용사 "好"와 명사 "天"은 모두 중첩이 가능하다. 아주 중요한 사실 하나는 중국어에서 명사, 동사, 형용사는 모두 중첩을 통해 상태 묘사어(摹状词, 약칭 '묘사어(状词)')가 된다는 것이다. 예를 보자.

명사 중첩형이 묘사어가 되는 경우

   虎 호랑이   眼睛瞪得虎虎de 눈을 날카롭게 번득였다
   肉 고기   喜欢长得肉肉的女孩子 포동포동한 여자를 좋아한다
   山 산   山山水水de画个不停 산수의 경치만 계속 그린다
   妖精 요정   打扮得妖妖精精de 섹시하게 화장을 하였다

동사 중첩형이 묘사어가 되는 경우

   飘   나부끼다
      飘飘白雪飞扬在空中 흰눈이 펄펄 공중에 나부낀다

   抖   떨다
      母亲抬起手臂抖抖de指着干粮筐
      어머니는 팔을 들어 부들부들 떨면서 곡식 광주리를 가리켰다

   摇摆   흔들거리다
      花儿在风中笑得摇摇摆摆 꽃이 바람 속에 한들한들 웃는다

   指点   지적하다
       指指点点de议论起来 이러쿵저러쿵 지적하면서 의논하다

형용사 중첩형이 묘사어가 되는 경우

   白   희다
      把脸抹得白白de 얼굴을 새하얗게 칠했다

   长   길다
      长长de走廊 길고 긴 복도

   随便   제멋대로이다
      随随便便说了几句 아무렇게나 몇 마디 했다

大方 세련되다

衣服要穿得大大方方de 옷을 세련되게 입어야 한다

단음절 명사, 동사, 형용사는 뒤의 XX와 결합 후에도 모두 묘사어가
된다.

단음절 명사+XX :

夜沉沉 밤이 깊다, 眼忪忪 눈이 흐릿하다,
情切切 마음이 애처롭다, 月蒙蒙 달빛이 자욱하다

단음절 동사+XX :

叹连连 연신 한숨을 쉬다, 呼啸啸 획획 휘바람소리를 내다,
死虎虎 용맹스럽다, 笑眯眯 빙그레 웃다

단음절 형용사+XX :

冷冰冰 얼음처럼 차다, 轻悠悠 가녀리고 부드럽다,
静悄悄 쥐죽은 듯하다, 软绵绵 푹신푹신하다

중첩형 접미사 X자체도 명사, 동사, 형용사의 세 종류가 있다.

X가 명사인 경우 :

冷冰冰 얼음처럼 차다, 甜蜜蜜 꿀처럼 달콤하다,
黑漆漆 칠흑같이 어둡다, 白雪雪 눈처럼 희다

X가 동사인 경우 :

圆滚滚 둥글둥글하다, 香喷喷 매우 고소하다,
动飘飘 나부끼다, 直挺挺 매우 꼿꼿하다

X가 형용사인 경우 :

红彤彤 새빨갛다, 白茫茫 온통 새하얗다,
笑盈盈 방실방실 웃다, 病恹恹 병으로 비실비실하다

이처럼 뒤에 나타나는 중첩 형식 XX는 원래는 앞에 위치할 수도 있는데, 앞에 나타나는 경우는 방언에서 흔히 볼 수 있다. 상하이 방언에서는 다음과 같이 말한다.

漆漆黑, 雪雪白, 冰冰冷, 笔笔直, 喷喷香, 滚滚圆, 彤彤红

이러한 사실은 중국어가 우선 첫 번째 단계에서 '대명사(大名词)'와 '묘사어'로 크게 둘로 나뉜다는 것을 설명한다. '대명사'에는 사물의 명칭과 동작의 명칭, 속성의 명칭이 모두 포함된다. 또 이는 두 번째 단계로 '대명사' 안에서 다시 명사와 동사, 형용사로 구분을 하며, 중첩은 중국어가 인구어와 다른 중요한 형태 수단임을 보여준다. 중국이 전통적으로 '名(명칭)'과 '重言(중언)'이라는 두 개념을 중시한 반면, '명사'와 '동사'의 개념상 대립을 중시하지 않은 이유가 바로 여기에 있다.

문법을 논할 때 구조의 유형(주술 구조, 동목 구조, 수식 구조 등)을 이야기하지 않을 수 없다. 하지만 중국어의 문법 구조를 말할 때 단음절과 2음절의 구분은 명사와 동사의 구분보다 훨씬 더 중요하다. 이 말이 좀 새롭게 들리겠지만 이는 사실이다. 중국어는 사실 명사와 동사의 구별이 생각만큼 그렇게 중요하지 않다. 『현대한어사전(現代汉语词典)』에서도 제5판에 와서야 단어에 품사 표기를 하기 시작했으며, 과거에는 줄곧 품사를 표기하지 않아도 큰 문제가 없는 듯했다. 일부 초·중·고등학교의 국어교사들은 장기간 『현대한어사전』과 『신화자전(新华字典)』을 사용하여 학생들을 가르쳐왔는데도 사전에 품사 표기를 할지 여부의 문제를 정말 인식하지 못했다고 한다. 현재 "房屋(집)"는 명사로, "出租(임대하다)"는 동사로 표기하니 모두가 만족스러워 하지만 한번 생각해보라. 전후 맥락이 없는 경우 "出租房屋"라는 어구가 동목 구조(집을 임대하다)인지 수식 구조(임대하는 집)인지는 알 수가 없다. 그리고 음절의 수를 바꾸어서 단음절과 2음절을 서로 결합할 경우, "出租房"[2음절+1음절]은 십중팔구 동목 구조가 아닌 수식 구조(임대하는 집)가 되고, "租房屋"[1음절+2음절]은 분명히 수식 구조가 아닌 동목 구조(집을 임대하다)가 된다. 이는 뤼수샹(呂叔湘)선생이 최초로 지적한 것으로, 3음절의 어구 조합에서 수식 구조는 [2음절+1음절] 형식이 일반적이고, 동목 구조는 [1음절+2음절] 형식이 일반적이라는 것이다.

수식 구조 : 出租房 임대하는 집　　*租房屋
동목 구조 : 租房屋 집을 임대하다　?出租房

이는 중국어에서 하나의 조합이 동목 구조인지 수식 구조인지 결정하기 위해서는, 명사와 동사가 각각 어느 것인지를 판단하는 것이 아니라 어느 것이 단음절이고 어느 것이 2음절인지 보는 것이 중요함을 보여준다. 이와 같은 경우는 또 있다.

碎纸机 문서절단기　　*纸碎机
?粉碎纸张机　　　　纸张粉碎机 문서절단기

위에서 상하좌우의 대립이 "纸/纸张(종이)"은 명사, "碎/粉碎(자르다)"는 동사라는 품사의 차이와는 상관없이 단음절, 2음절(및 어순)과 관련됨을 알 수 있다. "纸张粉碎机(문서절단기)"는 관형어 "粉碎"가 동사라도 "粉碎机(분쇄기)"로 축약할 수 있다. 하지만 관형어 "纸张(종이)"이 명사라도 "纸张机"로는 축약이 불가능하다. 필자는 최근 연구에서 중국어 단음절이 2음절로 변하는 '이음절화' 역시 일종의 문법적 형태 수단 혹은 '준형태 수단'임을 설명하였는데, 이에 대해서는 다음 기회에 자세히 말하기로 한다. 그리고 필자가 중국어 명사와 동사의 구분을 반대한다는 오해가 없길 바란다. 필자는 다만 명사와 동사의 구분이 그렇게 중요하지 않다고 말할 뿐이며, 이들의 구분은 여전히 유용하다. 예를 들어 "汽车出租(자동차 렌트)"의 경우, "汽车(자동차)"가 명사임을 알고 있다면 "汽车出租"를 절대로 동목 구조로 이해하지는 않을 것이다.

2. 인구어는 '명동 분리(名动分立, 명사와 동사가 분리)'이고, 중국어는 '명동 포함(名动包含, 명사가 동사를 포함)'이다.

필자는 최근 중국어와 인구어의 차이에 대해 다음 ABC를 제시하였다. ABC는 상식에 해당되지만, 이 ABC를 알기 위해 우리는 백여 년의 시간이 걸렸다. 전통적인 섭입견이 얼마나 강력한지를 알 수 있다.

A. 他开飞机　　　*He fly a plane.　　He flies a plane.
그는 비행기를 운전한다.

B. 他开飞机。　　*He flies plane.　　He flies a plane.
그는 비행기를 운전한다.

C. 开飞机容易。　*Fly a plane is easy.　Flying a plane is easy.
비행기 운전은 쉽다.

A와 C의 차이는 주더시(朱德熙)선생이 오래전에 주장하고 강조하였다. 여기서 필자는 단지 B를 제시하고 강조하고자 할 뿐이다. A는 중국어의 동사, 예를 들어 "开(운전하다)"가 문장 안에 들어가 진술어가 될 때 인구어와 같은 '진술화' 과정(영어 fly가 flies로 변하는 과정)을 거치지 않음을 나타낸다. 이 의미에서 본다면 중국어의 동사는 바로 진술어가 된다. B는 중국어의 명사, 예를 들어 "飞机(비행기)"가 문장 안에 들

어가 지칭어가 될 때 인구어와 같은 '지칭화' 과정(영어 plane이 a plane 으로 변하는 과정)을 거치지 않음을 보여준다. 이 의미에서 본다면 중국 어의 명사는 바로 지칭어가 된다. C는 중국어의 동사가 명사로 쓰일 때, 다시 말해 주어와 목적어가 될 때 인구어와 같은 '명사화' 과정 (영어 fly 가 flying으로 변하는 과정)을 거치지 않음을 보여준다. 이 의미에서 본 다면 중국어의 동사는 명사이면서, 명사의 하위 부류가 된다. B의 예증 은 다음과 같다.

> <u>老虎</u>是危险动物。 호랑이는 위험한 동물이다.
> *Tigers* are dangerous animals. / *The tiger* is a dangerous animal.

> <u>老虎</u>笼子里睡觉呢。 호랑이는 우리에서 자고 있다.
> *The tiger* is sleeping in the cage. / *The tigers* are sleeping in the
> cage.

> 他昨天终于看见<u>老虎</u>了。 그는 어제 드디어 호랑이를 보았다.
> He saw *the tiger(s)* / *a tiger* / *tigers* at last yesterday.

첫 번째 문장에서 "老虎(호랑이)"는 통칭지시로 동물의 한 부류를 가 리킨다. 이때 중국어는 "老虎"만으로 되지만 영어는 tiger만으로는 나타 낼 수 없다. 두 번째 문장에서 "老虎"는 한정지시로 어느 한 마리 혹은 어느 몇 마리 호랑이를 가리킨다. 이 역시 중국어는 "老虎"로 나타내 지만, 영어는 tiger 혹은 tigers만으로는 나타낼 수가 없다. 또, 세 번째 문 장에서 "老虎"는 문맥에 따라 한정지시, 부정지시, 통칭지시를 가리키지 만 표기는 모두 "老虎"이다. 하지만 영어는 각각 the tiger(s), a tiger, tigers 등 서로 다른 형태를 사용해야 한다. 이상의 세 예문을 통해 중국 어는 원형 명사 "老虎"가 그대로 각종 지칭어가 될 뿐 아니라 원형 동사 "是", "睡觉", "看见" 등이 진술어가 될 때도 역시 영어 동사처럼 수와 시태에 따른 형태 변화를 거칠 필요가 없음을 알 수 있다. B현상은 오랜 기간 우리가 늘 보면서도 간과해 왔는데, 뜻밖에 미국의 한 유명한 형식 의미론자가 발견하였다. 그는 "알고 보니 중국어는 원형 명사가 그대로 주어와 목적어가 될 수 있군요!"라고 하였다.

갑과 을의 두 범주가 대립할 때, 대립 관계는 두 가지 경우가 있다. 하나는 이것 아니면 저것의 배타 관계로, '갑을 분리' 관계라 부를 수 있다. 또 하나는 비배타 관계로, '갑을 포함' 관계라 부를 수 있다. 전자는 중국어의 "男人"과 "女人"의 대립이고, 후자는 영어의 man과 woman의 대립이다. woman은 모두 man이지만, man이 모두 woman은 아니다. 다시 말해 man은 woman을 포함한다. 야콥슨(R. Jakobson, 1896~1982)은 일찍이 음소 대립 이론의 기초 위에 형태론에서 후자와 같은 대립의 존재를 지적하였다. 명사와 동사의 대립과 관련하여, 현재의 '생성 문법'은 영어에서 출발하여 인류 언어의 명사와 동사의 대립은 모두 분립 모델, 즉 명사는 [+N], 동사는 [+V]으로 보고 있다. 이는 전자와 같은 배타 관계의 대립만을 본 것이다. 사실 인류의 언어에는 명사가 동사를 포함하는 모델도 존재하는데, 이 때 명사는 [-V](명사가 [V] 특징을 가지고 있는지를 표기하지 않음을 뜻한다), 동사는 [+V]이다. 필자는 여러 편의 논문을 통해 서로 다른 각도에서 중국어의 명사와 동사는 이러한 포함 모델임을 논증한 바 있다.

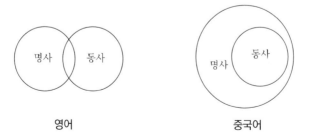

영어   중국어

영어의 명사와 동사의 대립은 마치 중국어의 "男人"과 "女人"의 관계와 같다. 반면 중국어의 명사와 동사의 구별은 영어의 man과 woman의 관계와 같다. 영어의 man은 두 가지 의미가 있는데, 하나는 woman을 포함하는 의미이고 또 하나는 woman을 포함하지 않는 의미이다. 중국어의 '명사'도 역시 두 가지 의미가 있는데, 하나는 동사를 포함한 것이고 하나는 동사를 포함하지 않는 것이다. 동사를 포함한 명사는 '대명사(大名词)'로 부를 수 있으며, 동사를 포함하지 않는 동사는 '소명사(小名词)'로 부를 수 있다. 따라서 어떤 각도로 본다면 중국어의 명사와 동사는 구별이 되지 않는다고 할 수 있다. 동사가 모두 명사(大名词)이기 때문이다. 하지만 다른 각도에서 보면, 중국어의 명사와 동사는 또 구별이 된다고 할 수도 있다. 모든 명사가 다 동사는 아니기 때문이다. 즉 소명사(小名词)는 동사가 아니다. 이러한 형태가 바로 명사가 동사를 포함하는 모델인데, 동사는 하나의 특수한 작은 부류로 명사라는 큰 부류 안에 포함되어 있는 것이다.

　요컨대, '명동 분리' 모델을 사용하여 중국어를 묘사하는 것은 인구어의 시각이며, 중국어 연구에 많은 부정적인 영향을 미쳤다. 하지만 소박한 시각으로 중국어를 바라보고 '명동 포함'의 관점을 채택하게 되면, 중국어 문법에서 그동안 해결하지 못했던 많은 골칫거리 문제들을 합리적으로 해결할 수 있을 것으로 기대한다. 이 문제에 대해서는 다음 기회에 다시 논의하기로 한다.

3. 중국어는 문법과 용법이 명확히 분리되지 않으며, 용법을 논하지 않고 말할 수 있는 중국어 문법은 거의 없다.

　일반적으로 '주어'와 '서술어'는 통사 범주에 속하고, '화제'와 '설명'은 화용 범주에 속한다. 통사 범주는 비교적 추상적이고 화용범주는 비교적 구체적이다. 자오위안런(赵元任, 1892~1982)[13]선생은, 중국어는 문장의 주어가 "사실은 바로 화제 (literally the subject matter)"이며, "중국어에서 주어와 서술어는 화제와 설명으로 보는 것이 적합하다"고 하였다. 이는 통사 범주와 화용 범주를 하나로 합친 것이다.

중국어의 화제와 영어의 화제가 상당히 다르다는 점은 월라스 체이프 (W·L. Chafe, 1927~)[14] 역시 지적하고 있다. 그는 언어마다 화제의 성격이 다르며 영어의 화제는 문두에 위치한 대비성을 가진 성분인 반면, 중국어의 화제는 "뒤의 판단을 기술하기 위한 공간, 시간, 인칭의 틀 혹은 범위"라고 하였다. 예를 보자.

> *The pláy*, John saw yésterday. 그 공연, 존은 어제 보았다.
> 那个人洋名乔治张。그 사람은 서양 이름이 조지 장이다.
> 那树木树身大。그 나무는 줄기가 아주 굵다.
> 星期天大家不上班。일요일은 모두 출근하지 않는다.
> 天空乌云遮日。하늘엔 먹구름이 태양을 가렸다.

첫 번째 예는 영어의 화제, 예를 들어 the play가 대비의 초점으로, 존이 본 것은 다른 것이 아닌 the play임을 나타낸다. 나머지 네 개의 예는 중국어의 화제는 일본어의 화제[15]와 마찬가지로 단지 시공간의 틀을 제공할 뿐임을 나타낸다. 중국어의 화제가 영어의 화제와 성격이 다르므로, 중국어 주어와 화제의 관계 역시 영어의 주어와 화제의 관계와는 다르다. 따라서, 자오위안런(赵元任)선생의 말은 중국어의 실제와 부합되며, 중국어와 영어의 차이를 말하고 있다.

---

13) 역자주: 중국 현대언어학의 선구자로 '중국 현대언어학의 아버지'로 불림.
14) 역자주: 미국의 유명한 인지언어학자. 국내에도 『담화와 의식과 시간-언어의식론』 (김병원, 성기철 공역, 한국문화사, 2006)이 소개되었다.
15) 역자주: 일본어의 화제는 일반적으로 조사 "は"를 사용하여 나타낸다. 후루카와 유타카 (古川裕)(2014), 『現代中國語文法六講』, 日中言語文化出版社, 19쪽 참고.

일반적으로 '문장' 혹은 sentence는 통사 단위이고, '발화' 혹은 utterance는 화용 단위이다. 전자는 추상적이고 후자는 구체적이다. 많은 사람들이 중국어의 '句子(문장)'를 영어의 sentence에 대응시키지만 중국어 '句子(문장)'와 영어의 sentence는 대등하지 않으며, 실제로는 영어의 utterance와 더 유사하다. 자오위안런(赵元任)선생은 중국어의 문장을 '양끝이 휴지(休止)로 한정되는 한 토막의 말16)'로 정의하였으며, 중국어 구어에서는 불완전한 '비주술문'(주어나 서술어가 없는 문장)이 우세를 차지한다고 하였다. 주더시(朱德熙)선생 역시 영어의 sentence는 주어와 서술어의 두 부분을 모두 포함하며 이를 생성 문법의 전사 규칙을 사용하여 S → NP + VP로 표기하는데, 여기서 NP(명사구)와 VP(동사구)가 바로 주어와 서술어라 하였다. 또 그는 중국어는 "선진시대의 고대 중국어에서 현대 구어에 이르기까지 문장에 주어가 없는 것이 정상적인 현상"이며, "주어가 없는 문장도 주어가 있는 문장과 마찬가지로 독립적이고 완벽하다"고 하였다. 주선생은 중국어의 무주어문無主語文을 다음 다섯 종류로 구분하였다.

(1) 주어를 넣을 수가 없음
    打闪了。번개가 친다.
    轮到你请客了。네가 살 차례야.

(2) 진술의 대상이 주어위치에 없음
    热得我满头大汗。더워서 나는 머리가 온통 땀이야.

(3) 진술의 대상이 한정되어 있지 않음
    学而时习之, 不亦乐乎？배우고 때때로 익히니 또한 즐겁지 아니한가?

---

16) 역자주:『A Grammar of Spoken Chinese(汉语口语语法)』, Commercial Press (1979).

(4) 진술의 대상이 화자 자신 혹은 청자임
   打算写本书。 책을 한 권 쓸 예정이다.
   哪天回来的？ 언제 돌아왔니?

(5) 진술의 대상을 전후문맥으로 알 수 있음
   怎么样？还不错。 어때? 괜찮아.

이들 문장을 영어로 번역한다면 모두 주어를 첨가해야 한다. 따라서 주선생은 "중국어에서 문장임을 확정하는 마지막 근거는 휴지와 어조뿐이다."라고 한 것이다. 이렇게 정의한 '문장'은 바로 영어의 utterance(발화)이다.

앞에서 기술한 바와 같이 중국어의 명사는 바로 지칭어이고 동사는 진술어이다. 명사와 동사는 통사 범주이고 지칭어와 진술어는 모두 화용 범주이므로, 중국어의 통사론과 화용론은 하나로 통합된 관계임을 여기서 알 수 있다. 요컨대, 문장, 주어와 서술어, 명사와 동사, 이들은 모두 문법을 이야기할 때 가장 기본이며 중요한 '도구' 혹은 '이론적 부품'이다. 중국어와 영어의 이러한 차이는 두 언어가 문법 체계에서 근본적 차이가 있음을 보여준다. 우리가 중국어 문법을 이야기할 때 습관을 존중하고 다른 언어와의 비교의 편의를 위해 여전히 '문장', '주어', '서술어', '명사', '동사'와 같은 명칭을 사용하지만, 이들의 의미는 영어 등 인구어와 중요한 차이가 있음을 항상 기억해야 한다.

필자는 또 다른 두 각도에서 중국어의 통사론과 화용론은 명확히 분리되지 않는다는 새로운 인식을 말하고자 한다. 우선 다음 예를 보자.

a. 这本书出版了。 이 책은 출판했다.
b. ?这本书出版。 ?이 책은 출판하다.
   这本书出版, 那本书不出版。 이 책은 출판하고, 저 책은 출판하지 않는다.

　　── 这本书出版不出版？ 이 책은 출판하나요, 출판하지 않나요?
　　── 这本书出版。 이 책은 출판해요.

　　예문b 앞에 ?는 일반적으로 이 문장이 단독으로 사용되지 않으며, 대비하여 사용하거나 질문에 대한 대답의 경우에는 사용할 수 있음을 나타낸다. 그렇다면 예문a와 b의 대립은 통사론적 대립인가 아니면 화용론적 대립인가? 통사론의 규칙은 강제성을 가진다. 예를 들어 영어 this book publish가 통사 규칙에 위배된다면 이 문장은 어떠한 경우에도 성립되지 않는다. 위에서 b가 일정한 전후 맥락이 있을 때 말할 수 있다면, a와 b의 대립은 화용론적 대립이다. b는 통사적으로 부적격이 아니고, 화용론적으로 부적합한 것이다. 하지만 이러한 대답은 곧 자체모순에 빠지게 된다. 이와 유사한 경우를 많이 볼 수 있기 때문이다.

　　a. 今儿怪冷的。오늘은 엄청 춥다.
　　b. ?今儿冷。　　?오늘이 춥다.
　　　 今儿冷, 昨儿暖和。오늘은 추운데, 어제는 따뜻했다.
　　　 ── 今儿冷不冷？ 오늘은 추워 안 추워?
　　　 ── 今儿冷。오늘은 추워.

　　"今儿冷"도 대비의 경우나 대답할 때는 말할 수 있다. 위의 대답에 따르면, 여기서 b 역시 통사론적으로 부적격이 아닌 화용론적으로 부적합한 것이며, a와 b의 대립 역시 화용론적인 대립이다. 만약 이러한 대립을 근거로 "冷"과 "怪冷的"를 각각 다른 종류로 귀속시킨다면, 예를 들어 주더시(朱德熙)선생처럼 "冷"을 성질 형용사로, "怪冷的"를 상태 형용사로 귀속시킨다면17), 이 두 종류는 화용론적 분류일 뿐 통사론적 분류가 아닌 것이 된다. 하지만 학자들은 모두(주선생 자신도 포함) a와 b의 대립을 통사론적인 문제로 여기며 성질 형용사와 상태 형용사를 두 개의 통사 범주로 보고 있다. 중국어에는 위에서 본 것처럼, 문장이 단독으로 사용 가능한 경우와 사용 불가능한 경우의 대립이 대량 존재하며, 상당히 흔히 나타난다. 만약 이러한 대립을 모두 화용론적인 문제라고 한다면, 문법을 설명할 때는 화용론이 아닌 통사론만을 말하므로 결국 말할 수 있는 통사법이 얼마나 되겠는가? 따라서 필자는 중국어는 용법을 떠나서는 문법을 설명할 수 없거나 말할 수 있는 문법이 거의 없다고 생각한다. 소위 문법 범주와 문법 단위라고 하는 것도 대개 화용 범주와 화용 단위로 구성되기 때문이다.

또 다른 각도에서 보자. 중국어와 라틴어의 어순을 비교할 때 주더시(朱德熙)선생은 예를 들어 "폴이 메리를 보았다(保罗看见了玛丽)"라는 의미를 나타내는데 라틴어로 다음 여섯 가지 표현이 있다고 하였다.

Paulus vidit Mariam.   Mariam vidit Paulus.
Paulus Mariam vidit.   Mariam Paulus vidit.
Vidit Paulus Mariam.   Vidit Mariam Paulus.

왜 어순이 이렇게 자유로울까? 라틴어의 경우, 주어는 주격 표지가 있고, 목적어는 목적격 표지가 있으며, 동사는 주어와 호응하는 일치 표지가 있어서 어순이 어떻게 변해도 어느 것이 주어이고 목적어인지 헷갈리지 않기 때문이다. 다시 말해 이 여섯 가지 표현은 어순만 다를 뿐 구조는 변화가 없으며 모두 '주 - 동 - 목' 구조인 것이다. 어순의 변화가 문법 구조의 변화를 일으키지 않고, 화용상의 변화인 화제, 초점, 시각의 변화를 발생시킨 것이다. 이와 대조적으로 중국어의 어순 변화는 화용상의 변화뿐 아니라 통사 구조의 변화도 발생시킨다. 예를 보자.

---

17) 역자주:「现代汉语形容词研究」,『语言研究』第1期, 1956.

我不吃羊肉。 나는 양고기를 먹지 않는다.
羊肉我(可)不吃。 양고기라면 나는 먹지 않는다.

"我不吃羊肉"는 '주 - 동 - 목' 구조이고, "羊肉我不吃"는 "象鼻子长(코끼리는 코가 길다)"처럼 '주 - 주 - 동'구조, 즉 주술 구조(我不吃)가 술어가 되는 구조이다. 또 예를 들어, 만약 우리가 분포의 차이에 따라 "打(때리다)"와 "挨(맞다)"를 타동사로 분류하고, "掉(떨어지다)"와 "玩(놀다)"을 자동사로 분류하며 품사 체계가 다르면 통사 구조도 달라진다고 한다면, 다음의 어순 변화도 사실은 마찬가지로 통사 구조의 변화가 된다.

你淋着雨没有？ 너 비 맞았니?
("布什挨着拳头没有?" (부쉬가 주먹으로 맞았나요?)와 동일한 구조)

雨淋着你没有？ 비가 너를 젖게 했니?
("拳头打着布什没有?" (주먹이 부쉬를 때렸나요?)와 동일한 구조)

他住在城里。 그는 도시에 산다.
("孩子掉在井里" (아이가 우물에 빠졌다)와 동일한 구조)

他在城里住。 그는 도시에 산다.
("孩在屋里玩" (아이가 집안에서 논다)과 동일한 구조)

이러한 예들은 라틴어는 통사론적 변화와 화용론적 변화가 확연히 분리되지만, 중국어는 많은 경우에 화용론적 변화가 동시에 통사론적 변화이며, 통사론적 변화가 화용론적 변화 속에 포함됨을 잘 보여준다.

4. 중국어 조어법은 복합(复合)이 주이고, 파생(派生)이 부차적이다. 중국어의 통사법도 복합의 수단을 많이 사용한다.

조어법의 유형으로 보면 영어의 조어법은 파생이 주가 되지만 중국어

조어법은 복합이 주가 되는데, 이는 이미 공인된 사실이다. 파생법은 단어의 의미구성이 대부분 '투명'하다. 예를 들어 영어 sweetness는 파생어로, 어근 sweet와 접사 ‑ness의 의미를 안다면 sweetness의 의미를 바로 알 수가 있다. 반면 복합을 통한 조어(법)는 단어의 의미가 대부분 불투명하다. 예를 들어 "甘苦"의 경우, "甘"과 "苦"의 의미를 안다고 해서 반드시 "甘苦"의 의미를 안다고 할 수는 없다. "甘苦"는 하나의 게슈탈트(Gestalt)[18]로, 의미는 그 구성 성분으로부터 완전히 유추하기가 어렵다. 게슈탈트라는 전체성을 강조하기 위해 이러한 복합의 수단을 '혼성混成[19]'이라 부르기로 한다.

현재 통사론 연구는 문장의 생성 방식에 대한 탐색을 중시한다. 예를 들어 '생성 문법生成文法(Generative Grammar)'은 모든 문장이 약간의 기초적인 심층구조로부터 구성 성분의 '위치 이동', '삭제'와 같은 통사론적 조작을 통한 파생을 거쳐 생성된 것으로 본다. 예를 들어 영어의 피동문 The vase was broken by John(꽃병은 존에 의해 깨졌다)은 위치 이동 등의 변형 수단을 통해 뿌리 문장 John broke the vase(존이 꽃병을 깼다)로부터 파생된 것으로 보았다. 사실 문장의 생성 방식에도 역시 파생과 복합의 두 가지가 있다. 필자는 일련의 논문을 통해 복합이 중국어 조어법뿐만 아니라 통사법의 중요한 방식임을 증명하였다. 복합을 통한 통사법은 복합을 통한 조어법과 본질적으로 일치하는데, 모두 개념 혹은 단어의 혼성을 사용한다는 점이다.

그럼 복합을 통해 단어가 어떻게 구성되는지 "的姐"의 생성을 예로 살펴보자.

---

18) 역자주: 부분의 집합체로서가 아닌, 그 전체가 하나의 통합된 유기체로 된 것.
19) 역자주: 의미구성이 부분의 합 이상을 발생시키는 구조의 통합을 말하며, 영어로 blend라 하며 중국어로는 '整合'라 한다.

a 哥哥 오빠(형)　　　b 的哥 택시 운전하는 오빠(형)
x 姐姐 언니(누나)　　y (-)　← xb的姐 택시 운전하는 언니(누나)

중국어에는 이미 "哥哥(형, 오빠)"와 "姐姐(누나, 언니)"의 두 단어가
있고, 또 "的哥"라는 단어도 존재하며 '택시를 운전하는 남자'를 가리킨
다. 하지만 아직 '택시를 운전하는 여자'를 가리키는 단어는 없다. 따라
서 b"的哥"의 "的"자와 x"姐姐"의 "姐"자를 각각 취한 후, 둘을 복합하
여 "的姐"라는 새로운 단어를 생성하였다. 이때 xb는 "的姐"가 x와 y의
섞어 붙이기(糅合)의 산물임을 나타낸다. "的姐"를 y의 위치에 대입하면
완전한 a:b = x:y 의 비례식을 얻을 수 있다. 보통 우리는 "的姐"가 "的
哥"를 모방하여 유추를 통해 만들었다고 말하는데, 유추는 모두 a:b =
x:y라는 비례식을 기초로 하고 있다. 유추는 섞어 붙이기(糅合)라는 복
합의 수단을 통해 실현된다.

다음은 어떻게 복합을 통해 문장을 만드는지 살펴보자. "王冕死了父
亲(왕미엔은 아버지를 여의었다)"이라는 문장이 있다. 영어로는 John
died his father가 아님을 주의하라. 파생을 통한 문장 구성법에 따르면
이 문장은 다음과 같이 생성되었다.

　　심층문장 "死了王冕的父亲"(왕미엔의 아버지가 돌아가셨다) + 위
　　치 이동/삭제
　　→ 표층문장 "王冕死了父亲" (왕미엔은 아버지를 여의었다)

사실 이 문장의 생성 방식은 앞에서 본 "的姐"의 생성 방식과 일치할
가능성이 높다. 다음을 보자.

a　王冕的钱包丢了　　　　b　王冕丢了钱包
　왕미엔의 지갑을 분실했다　　　왕미엔은 지갑을 분실했다

x 王冕的父亲死了   y (一) ← xb 王冕死了父亲
왕미엔의 아버지가 돌아가셨다   왕미엔은 아버지를 여의었다

중국어에서 이미 "王冕的钱包丢了(왕미엔의 지갑을 분실했다)"와 "王冕的父亲死了(왕미엔의 아버지가 돌아가셨다)"의 두 문장이 있고, 또 "王冕丢了钱包(왕미엔은 지갑을 분실했다)"는 '왕미엔은 지갑의 분실로 인해 손해를 입었다'의 의미를 나타낸다. 하지만 '왕미엔은 아버지의 사망으로 인해 손해를 입었다'라는 의미를 나타내는 문장은 없었다. 따라서 우리는 b "王冕丢了钱包"에서 문장의 구조와 "王冕"을 취하고, x "王冕的父亲死了"에서 "父亲"과 "死"를 취하여 이들을 복합하여 "王冕死了父亲"이라는 새로운 문장을 생성하였다. "王冕死了父亲"을 y의 위치에 대입하면 "的姐"와 같은 완전한 하나의 비례식 a:b = x:y가 완성된다.

그 밖에 보기에 특수한 문장들도 역시 섞어 붙이기라는 복합을 통해 생성 방식을 설명할 수 있다. 예를 들어 중국어 "他的老师当得好(그는 선생님으로서 잘 하고 있다)"의 의미는 축어적으로 번역한 영어 문장 His teacher teaches well(그의 선생님은 잘 가르치고 있다)의 의미와 다름을 주의하라. 또 "老王是去年生的孩子(라오왕은 작년에 아이를 낳았다)"의 의미도 축어적으로 번역한 John is a baby born last year(존은 작년에 태어난 아이다)의 의미가 아니다. 또한 "你结你的婚, 我静我的坐(당신은 당신 결혼 하세요. 나는 나대로 조용히 앉아 있을 테니)"와 같은 문장도 모두 섞기 방식의 복합으로 생성되었다고 설명할 수 있다. 하지만 그렇다고 필자가 영어에 복합의 방법을 통해 문장을 만드는 경우가 없다고 하는 것은 아니다. 현재 영어의 형태는 점점 더 간략화되고 있으므로 복합을 통해 문장을 생성하는 경우도 점점 많아지고 있다. 다음 글을 보자.

Don't write anything you can phone, don't phone anything you can talk face to face, don't talk anything you can smile, don't smile anything you can wink and don't wink anything you can nod. ___*Earl Long*

동챠오(董桥, 1942~)[20]선생은 이를 다음과 같이 번역하였다.

> 能够在电话里谈的事情千万不要写在白纸上；当面能谈的事情千万不要在电话里说；轻轻一笑能带过去的就千万别唠叨；眨眨眼睛示意一下既然行了，那就不要微笑；点头可以了事的则不必使眼色。

> 전화로 말할 수 있는 일은 종이에 쓰지 마세요. 만나서 이야기할 수 있는 일은 전화로 말하지 마세요. 미소로 전할 수 있는 이야기는 말로 하지 마세요. 윙크로 전할 수 있는 이야기는 미소로 말하지 마세요. 고개를 끄덕이면 되는 이야기는 윙크로 하지 마세요.

여기서 smile과 wink는 모두 자동사지만 목적어를 가지고 있는데, 이 역시 유추를 통한 복합의 결과이다.

a. talk 말하다   b. talk something 무엇을 말하다
x. smile 웃다   y. (一) ← xb. smile something 무엇을 웃다

무슨 일이든 항상 주객을 분명히 구분해야 한다. 영어에도 복합을 사용하여 생성된 문장이 있지만, 중국어처럼 보편적이고 중요하지도 않다. 이는 중국어 역시 파생을 통한 조어법이 있지만 영어처럼 보편적이고 전형적이지 않은 것과 마찬가지다.

---

20) 역자주: 중국의 유명한 산문작가

5. 중국어는 '주관성'이 강하고, '감정이입'을 나타내는 성분이 많다.

이른바 '주관성(subjectivity)'이란, 화자가 단어나 문장에서 남긴 '자아'의 흔적으로 여기에는 태도, 입장, 감정 등이 포함된다. 언어유형학적으로 보면 주관성이 비교적 강한 언어가 있다. 예를 들어 일본어의 경우, 발달된 경어체계는 일본어를 말할 때 반드시 명확한 형식을 사용하여 말하려는 내용과 청자에 대한 화자의 태도나 감정을 나타내야 함을 보여준다. 많은 동아시아 언어(중국어도 포함된다)의 피동문은 일종의 '뜻대로 되지 않음(不如意)'이라는 피해의 의미를 가지는 경우가 많은데, 이 역시 강한 주관성을 나타내는 표현이라고 할 수 있다. 중국어의 허사는 대부분 여러 가지 주관적 의미를 나타낼 수 있다. 예를 들면 "就"와 "才"는 한 쌍의 부사로, "吃了三碗就不吃了(세 그릇만 먹고는 그만 먹었다)"에서 "就"는 "三碗"이 주관적으로 소량임을 나타내고 "吃了三碗才不吃(세 그릇이나 먹고서야 그만 먹었다)"에서 "才"는 "三碗"이 주관적으로 대량임을 나타낸다. 최근 허사의 주관성 연구, 특히 일부 어기사(语气词)[21] 및 소위 '담화표지(话语标记, Discourse Marker)'와 관련한 연구에 많은 새로운 진전이 있지만, 여기서는 더 자세히 말하지 않기로 하겠다. 다음은 문장 형식(句式)이 어떻게 주관성을 나타내는지 세 가지 문장 형식(주관처치문(主观处置句), 주관득실문(主观得失句), 주관동일문(主观认同句))을 통해 집중적으로 논의하기로 한다.

1) 주관적 처치문 ── "怎么把个晴雯姐姐也没了"

"把"구문은 '처치문(处置句)'이라고도 한다. "我把他打了一顿(나는 그를 한 차례 때렸다)"은 그에 대한 나의 처치이다. 그러면 혹자는 일반

---

21) 역자주: 문장의 어기(语气), 즉 뉘앙스를 나타내는 말로 주로 문장 끝에서 전체 문장의 어기를 확정지으며, 어기조사라고도 한다. 주로 "吗, 呢, 了, 吧, 啊" 등이다.

적인 동사술어문 "我打了他一頓(나는 그를 한 차례 때렸다)"은 그에 대한 나의 처치가 아닌가라고 묻는다. 일반적으로 "把"구문의 목적어는 대명사 "他"처럼 특정한 대상(定指対象)이어야 한다고 말한다. 그런데 "怎么把个晴雯姐姐也没了(어떻게 청문晴雯언니가 없어진 걸까)"22)라는 문장에서 고유명사 "晴雯姐姐"는 당연히 특정한 대상인데 왜 그 앞에 불특정한 대상을 나타내는 "(一)个"를 붙였을까? 또 "没(mo)"는 여기서 자동사인데 어떻게 "把"구문에서 처치를 나타낼 수 있을까? 그밖에 일반적으로 "把"구문의 술어 동사는 복잡한 형식이어야 한다고 말한다. 예를 들면 "我把他打(나는 그를 때리다)"라고 할 수는 없고 "我把他打了一頓(나는 그를 한 차례 때렸다)"으로 해야 한다는 것이다. 하지만 근대 중국어를 연구하는 학자는 "把"구문이 처음 형성될 때는 술어 동사가 모두 간단한 형식이었음을 발견하였다. 이에 대해서는 또 어떻게 설명할 것인가?

이 문제를 해결하는 열쇠는, 서로 연결되지만 성질이 다른 두 가지 '처치'를 구분하는데 있다. 하나는 '객관적인 처치'이고 또 하나는 '주관적인 처치'이다.

> 객관적인 처치 : 갑(동작주)이 의식적으로 을(수동자)에 대해 어떤 영향을 주는 처치를 행하는 것
>
> 주관적인 처치 : 갑(반드시 동작주인 것만은 아니다)이 을(반드시 수동자인 것만은 아니다)에 대해 어떤 처치(반드시 의식적이고 실제 행한 처치인 것만은 아니다)를 한다고 화자가 간주하는 것

갑이 을에 대해 행한 처치를 객관적으로 서술하는 것과 이를 화자가

---

22) 역자주:『红楼梦』第79回에 나오는 문장.

주관적으로 간주하는 것 사이에 연결이 없지는 않지만, 둘은 엄밀히 말해 다른 경우이다. 필자는 「如何处置"处置式"? ('처치구문'을 어떻게 처치할 것인가?)[23]」라는 논문에서 "把"구문의 문법적 의미가 '주관적 처치', 즉 처치대상에 대한 화자의 '감정이입'을 나타내는 것임을 논증한 바 있다. "怎么把个晴雯姐姐也没了"라는 문장은, "晴雯姐姐"에 대한 화자의 강렬한 감정을 표현하고 있다. 또 『홍루몽(红楼梦)』안의 예를 들어보자. 제24회에서 가운(贾芸)이 봉저(凤姐)에게 한 말 안에는 "把"구문과 일반적인 동사 목적어문이 함께 나타나는 문장이 있다.

先把这个派了我罢, 果然这个办得好, 再派我那个。
먼저 내게 이 일을 맡겨 주세요. 이 일을 잘 처리하면, 다음에 저를 그 일에 파견해 주세요.

"先把这个派了我罢"는 "把"구문이고, "再派我那个"는 일반적인 동사목적어문이다. 가운(贾芸)은 온갖 방법을 다 동원하여 봉저(凤姐)에게 부탁하여 대관원에 꽃과 나무를 심는 '이(这个)' 일을 하고 싶어 한다. 하지만 봉저(凤姐)는 오히려 내년의 불꽃놀이를 돕는 '그(那个)' 일을 이야기하면서 슬쩍 얼버무리려 한다. 가운(贾芸)은 내년의 그 불꽃놀이가 모두가 부러워하는 큰 일임을 알지만 그에게는 그림의 떡일 뿐, 그것보다는 눈앞의 '이' 일이 정말 하고 싶었던 것이다. '이 일'은 화자인 가운(贾芸)의 선망의 대상이므로 "把"구문에서 "把"의 목적어가 된다. 반면 '그 일'은 화자가 마음에 들어 하는 대상이 아니므로 일반적인 동사목적어문의 목적어가 되는 것이다. 만약 이 둘의 위치를 바꾼다면, 상황은 크게 달라진다.

---

23) 역자주: 『中国语文』第5期, 2002.

先派我这个罢，果然这个办得好，再把那个派我。

먼저 저를 이 일에 파견 해주세요. 이 일을 잘 처리하면 다음에 그 일을 제게 맡겨 주세요.

이 문장의 의미는 마치 가운(贾芸)이 마음속으로 갖고 싶어 하는 것은 '그 일'이지만, 어쩔 수 없이 '이 일'을 받아들이는 것이 된다.

'주관적 처치'는 또한 "晴雯姐姐" 앞에 수량사 "(一)个"를 붙일 수 있는 이유도 설명할 수가 있다. 왜냐하면 "(一)个"는 주관적 소량을 나타낼 때 자주 사용되기 때문이다. 예를 들면 "看把个大小伙子愁的！(다 큰 남자가 끙끙 앓고 있는 것 좀 보게)"라는 문장은 화자가 자신의 마음속에 있는 약자에 대한 동정을 나타낸다. "把"구문이 처음 생성되었을 때 술어 동사는 단순한 형식이던 것이 점차 복잡한 형식으로 변했는데, 이 문제도 역시 설명이 가능하다. "把"구문의 사용이 증가함에 따라 그 의미 기능이 마모되어 주관적 처치의 힘이 약해졌다. 이때 술어 부분을 복잡하게 함으로써 주관적 처치의 의미 기능을 다시 강화시켰다고 생각할 수 있다.

2) 주관적 득실문 —— "王冕七岁上死了父亲"

동사 "死"는 공인된 자동사로 하나의 명사성 성분과만 결합할 수 있는데, 이 문장은 어떻게 앞과 뒤에 각각 "王冕"과 "父亲"이라는 두 개의 명사성 성분이 출현할 수 있을까? 영어에서 John die his father라는 문장은 영문법에 어긋나므로 성립이 불가능하다. 또 "王冕死了父亲(왕미엔은 아버지를 여의었다)"은 가능한 표현이지만 "王冕病了父亲(왕미엔은 아버지를 병이 나셨다)"은 불가능한 표현이다. 혹자는 이를 두고 "死"와 "病"이 같은 자동사 안에서 각각 다른 부류에 속하므로 양자의 통사론적 성격이 다르기 때문이라고 설명한다. 하지만 "王冕家病了一

个人(왕미엔 집에 한 사람이 병이 났다)"이나 "王冕病了一个工人(왕미엔은 노동자 한 명이 병이 났다)"은 (만약 왕미엔이 직장에서 작업반장이나 주임의 경우라면)또 가능한 표현이다. 또 "王冕七岁上死了父亲(왕미엔은 7살에 아버지를 여의었다)"은 자연스럽지만, "王冕七十岁死了父亲(왕미엔은 70세에 아버지를 여의었다)"은 자연스럽지가 않다. 왜 그럴까?

필자는 이미 발표한 두 편의 졸고에서 이러한 문장을 '주관적 득실문'이라 하였다. 즉 "王冕七岁上死了父亲"과 같은 문장의 성립 가능 여부는 객관적인 득실의 크기와 관계가 있지만, 결국은 득실의 크기가 고려할 만하지 여부에 대한 화자의 생각에 달려있다. 이러한 구문의 의미는 '득실의 크기를 계산하기(计量得失)'라 하기보다는 '득실의 크기를 따져보기(计较得失)'라 하는 것이 더 적합하다. '계산하기(计量)'은 객관적이고 '따지기(计较)'는 주관적이다. "王冕病了工人"은 불가능한 표현이지만, "工人" 앞에 수량사 "一个"를 붙인다면 가능한 표현이 된다. 이는 바로 화자가 득실을 따지고 있음을 나타낸다. 하지만 오해하지 마시길 바란다. 필자는 중국어에 "死"와 "病"이 각각 다른 종류에 속함을 부정하는 것은 아니다. 다만 이러한 통사 분류가 중국어에는 상대적으로 덜 중요하며, 이러한 분류보다 더 중요한 것이 있다는 것이다. "王冕家病了一个人"과 "王冕病了一个工人"의 표현은 모두 화자가 득실을 따지면서 발화한 것으로, 왕미엔의 가족과 작업반장 왕미엔에 대한 감정 이입을 나타내고 있다. "病"과 같은 자동사가 두 개의 명사성 성분과 연결되는 이러한 예는 상당히 많이 있다. 예를 들면 다음과 같다.

郭德纲一开口, 我们仨就笑了俩。
궈더강(郭德纲)이 입만 열면, 우리는 셋 중 둘은 웃는다.

在场的人哭了一大片。

현장에 있는 사람 중 대부분은 울었다.

不到七点，我们宿舍就睡了两个人。

7시도 안되서 우리 기숙사에는 둘이 잠들었다.

今天上午这台跑步机一连跑过三个大胖子。

오늘 오전에 이 러닝머신에는 뚱뚱한 사람 세 명이 연달아 뛰었다.

他们办公室接连感冒了三四个人。

그의 사무실은 연이어 세 네 명이 감기에 걸렸다.

学校毕业了一批又一批，同学结婚了一个又一个。

학교를 차례차례 졸업하고, 동기들은 하나씩 결혼을 한다.

3) 주관적 동일문 ── "我是去年生的孩子"

"我是去年生的孩子"중의 "去年生的"를 '준관형어' 혹은 '가짜 관형어'라고 하는 사람이 있다. 즉 형식상 관형어이지만 의미상으로는 "孩子"를 수식하는 기능이 없기 때문이다. 중국어에서 이처럼 '형식과 의미가 불일치'한 문장은 상당히 많다. 이런 문장의 생성에 대해 '목적어 후치설' 혹은 '주어 후치설'로 보는 견해가 있다. 전자는 "我是去年生孩子的(나는 작년에 아이를 낳은 것이다)"가 원래 문장인데 목적어 "孩子"가 "的"의 뒤로 이동했다는 것이다. 반면 후자는 "我孩子是去年生的(내 아이는 작년에 태어난 것이다)"가 원래 문장인데 주어 "孩子"가 "生的"의 뒤로 이동했다는 것이다. 학생들에게 이처럼 서로 다른 이동설을 주입하는 것은 문제의 해결이 될 수 없다. 왜 이렇게 이동하는가? 이동하는 것과 이동하지 않는 것은 도대체 무슨 차이가 있는가? 필자는 졸고 「"移位"还是"移情"？('위치의 이동'인가 아니면 '감정의 이입'인가?)」[24]에

---

24) 역자주: 『中国语文』第5期, 2008년

서 이러한 문장은 화자의 감정 이입과 주관적 동일시를 나타낸다고 논증하였다. 다음 a문장과 b문장을 비교해보자.

> a. 我是去年生的孩子。나는 작년에 아이를 낳은 것이다.
> b. 我是美国太太。나는 미국인 아내이다.(내 아내는 미국인이다)

> a. 我是昨天出的医院。나는 어제 퇴원한 것이다.
> b. 我是协和医院。나는 협화(协和)병원이다.(나는 협화병원에서 일한다.)

"我是美国太太"와 "我是协和医院"과 같은 b문장에 대해 우리는 특별히 이상하다고 느끼지 못한다. 왜냐하면 중국어는 주어와 술어 사이의 관계가 느슨하다는 것을 모두 인정하기 때문이다. 예를 들면 "我是炸酱面(나는 자장면이다)", "人家是丰年(남들은 풍년이다)", "他是两个男孩儿(그는 아들 둘이다)" 등의 문장도 역시 성립한다. 일본어의 경우도 마찬가지로, "我是鳗鱼(나는 장어이다)"는 유명한 '장어구문(鳗鱼句)'이다. 또 만약 아내가 남편보다 나이가 많은 경우에도 일본어로 "彼は姉さん女房だ25)(그는 누나(연상) 마누라다)"라고 할 수 있다. 그렇다면 왜 a문장에 대해서만 굳이 '형식과 의미의 불일치'라고 하는 걸까? 단지 "我(나)"가 "孩子(아이)"나 "医院(병원)"과 동일하지 않기 때문일까? 사실 a와 b의 통사 형식과 의미 유형은 상당히 일치하는데, 모두 일종의 주관적 동일시의 의미를 나타내고 있다. 객관적으로는 "我"는 "孩子"가 아니다. 이는 "我"가 "太太(아내)"가 아닌 것과 마찬가지다. 하지만 주관적으로 화자는 "我"를 "我的美国太太(나의 미국인 부인)"과 동일시할

---

25) 역자주: 후루카와 유타카(古川裕)는 이 책의 일본어 번역판에서 이를 일본어로 "彼は姉さん女房だ"로 표현하였다. 『현대 중국어 문법6강(現代中國語文法六講)』日中言語文化出版社 2014년, 32쪽 참조.

수 있다. 마찬가지로 "我"를 "我的去年生的孩子(내가 작년에 낳은 아이)"와 동일시할 수도 있다. "昨天出的(어제 퇴원한)"는 "协和(협화)"와 마찬가지로 "医院"을 수식한다. 객관적으로 "我"는 "医院"이 아니지만, 주관적으로는 "我"와 "医院"을 동일시할 수 있다. "我的太太是美国人(내 아내는 미국인이다)"이나 "我娶的是美国太太(내가 장가간 것은 미국인 아내이다)"와 같은 표현과 비교하면, "我是美国太太(나는 미국인 아내이다)"의 표현은 단순하다. 하지만 이러한 단순함에서 힘이 나오는데, 이 문장은 자기의 부인에 대한 화자의 강렬한 감정의 이입을 나타낸다. "感时花溅泪, 恨别鸟惊心。(시절을 걱정하여 꽃들은 눈물을 흘리고, 한스러운 이별에 새들도 놀란다.)26)"이라는 싯구도 있지 않은가? 화자는 사람뿐만 아니라 사물에도 감정을 이입할 수도 있는데, "我是协和医院(나는 협화병원이다)"이 바로 사물에 감정을 이입한 경우이다. 필자는 최근에 『북경청년보(北京青年报)』에서 「我是iPod(나는 아이팟이다)」라는 제목의 기사를 본 적이 있다. 이 기사는 상당수의 미국인들이 '맹목적 iPod 추종' 때문에 신제품이 출시되면 어떤 제품이든 상관없이 무조건 이를 갖고 싶어 하는 현상을 말하고 있다.

어떤 문형의 용법이나 몇 가지 문법 규칙만을 설명한다면, 학생들은 아마도 '나무만 보고 숲을 보지 못하게' 될 것이다. 즉 '장님이 코끼리 만지듯 하다'라는 말처럼 문형의 감성적 의미에 대해서는 전체적으로 파악하기가 어렵다. 동챠오(董桥)선생이 "人心是肉做的(사람의 마음은 살로 만들어졌다)"라고 한 말이 생각이 나는데, 이는 언어도 마찬가지다. 문법 규칙은 인간의 이성적 과정을 추론하지만 감성적 파동을 명확히 설명하는 데는 한계가 있다. "櫻桃红了, 芭蕉绿了(앵두는 붉어졌고, 파초는 푸르러졌네)"는 이성적인 서술 표현이지만, "红了櫻桃, 绿了芭蕉(앵

---

26) 역자주: 두보(杜甫) 『춘망(春望)』의 한 구절.

두 붉어졌고, 파초 푸르러졌네)[27]"라는 표현은 감성적 창작인 것이다. 중국어의 문법을 가르칠 때, 학생들에게 중국어 문법의 특징을 이해시키기 위해서는 중국어의 중요한 문형에 포함된 화자의 '감정의 파동'을 실체로 체득하게 하는 것이 아주 중요하다.

6. 영어는 "是"를 중시하고, 중국어는 "有"를 중시한다.

좀 더 형상적인 설명을 위해 우선 다음의 두 명언을 보자. 하나는 세익스피어(William Shakespeare, 1564~1616)의 『햄릿(Hamlet)』에 나오는 명언 To be, or not to be: that is the question으로 흔히 중국어로는 "生存还是死亡, 问题就在这里。(살 것인가 죽을 것인가, 이것이 문제로다)"로 번역된다. 또 하나는 조설근(曹雪芹)의 『홍루몽(红楼梦)』 제1회 「태허환경(太虛幻境)」에 나오는 대련의 뒤 구절인 "无为有处有还无(없음이 있음이 되는 곳엔, 있음 또한 없음이로다)"이다. 다시 좀 더 대중적인 작품을 예로 들면, 미국의 대중 가수 페기 리(Peggy Lee, 1920~2002)가 노래한 Is that all there is도 있다. 필자는 이를 중국어로 "如是而已(이와 같을 뿐)"으로 번역하였는데, 번역이 지나치게 문어적 표현이기는 하다. 이 노래에는 "Is that all there is? Is that all there is?"라는 구절이 계속 반복된다. 또 중국의 자오번산(赵本山, 1957~)과 샤오선양(小沈阳, 1981~)이 함께 공연한 꽁트 『돈은 충분하다(不差钱)』속의 "这个可以有, 这个真没有(이것은 있어도 괜찮지만, 저것은 정말 없다)"는 잘 알려진 대사도 있다. 필자는 이들을 통해 일반적으로 영어는 be를 사용하여 중요한 의미를 나타내지만, 중국어는 "有"를 사용하여 중요한 의미를 나타낸다는 점을 말하고 싶다.

---

27) 역자주: 송(宋)대의 시인 장첩(蔣捷)의 시 『일전매·주과오강(一剪梅·舟過吳江)』중의 한 구절.

부정사에 관한 최근 연구에서 필자는 동등, 존재, 소유라고 하는 세 개념에 대한 '의미 지도'를 그린 적이 있는데, 영어와 중국어는 다음과 같은 차이가 있다.

개념	영어	중국어
동등	be	"是"
존재		"有"
소유	have	

영어에서는 "be"의 의미 범위가 넓은데, 여기에는 '동등'과 '존재'의 두 개념이 포함된다. 반면 중국어는 "有"의 의미 범위가 넓어 '존재'와 '소유'의 두 개념을 포함한다. 여기서 '존재'는 '소유'이기도 하다. 중국 어에서 "有"와 "是"는 독립된 두 개의 개념이다. "有"의 부정어는 "没" 이고, "是"의 부정어 "不"이다. 또 "陈婴者, 故东阳令史(진영이라는 사 람은 원래 동양의 영사였다)"와 "老王上海人(라오왕은 상해사람이다)" 에서 보듯이 "是"는 중국어에서 생략이 가능하다.

"是"의 착안점은 '이 일을 할 것인가 하지 않을 것인가'에 있다. 이는 '이 일인가 아닌가'와 마찬가지로 '시비(是非)'의 문제인 것이다. 반면 "有"의 착안점은 '이 일이 있는가 없는가'로, '시비'의 문제가 아니라 '유 무(有无)'의 문제이다. '유무'의 문제는 객관적 서술로 직접 진술에 속하 지만, '시비'의 문제는 주관적 판단을 나타내므로 비직접 진술에 해당된 다. 중국어 "是"의 어원은 '이것'이라는 '지시(指示)'와 관계가 있고, 이 의 파생 의미는 '시비'와 관계가 있다. 즉 어원적으로도 파생 의미로도 모두 주관성과 비직접 진술성을 가진다. 중국어의 "有"는 3천 년이래

'소유'와 '존재'를 동시에 나타내왔다. 따라서 중국인의 마음속에서 '소유'와 '존재'는 매우 긴밀한 관련이 있어 서로 교체가 가능하다. 'X가 Y를 소유한다'는 곧 'X에 Y가 존재한다'와 같은 의미가 된다. 비교해보자.

> 소유: 你还有多少钱？ 너 돈 얼마 더 갖고 있니?
> 존재: 你手里还有多少钱？ 너 수중에 돈 얼마 더 있니?

영어에서 '동등'의 개념을 나타낼 때 be를 사용하고, '존재, 소유'의 개념은 there be를 사용하여 나타내는데, 역시 be를 떠날 수는 없다. 그리고 be를 부정할 때에 not을 사용하며, 이는 there be를 부정할 때도 마찬가지다. 즉 영어에서는 "是"와 "有"를 명확히 구분하지 않는데, there be라고 하는 '존재'도 역시 be(동등)의 일종인 것이다. 영어의 have는 '소유'를 나타내고 (there) be는 '존재'를 나타낸다. 영어에서 이 두 개념은 서로 다른 개념이다.

중국인이 영어를 배울 때, 교사는 먼저 there is의 용법을 가르친다. 예를 들면 "公园里有很多游人(공원에 많은 관광객이 있다)"을 The park has many people.이라고 말하지 않고, There are many people in the park라고 번역해야 한다고 지도한다. 역으로 서양인이 중국어를 배울 때 "山上有座庙(산위에 절이 하나 있다)"라고 말해야 하는데, 그들은 주저하더니 "山上是座庙(산위는 절이다)"라고 말하는 것을 흔히 듣게 된다. 서양인에게는 to be인지 아니면 not to be인지가 가장 중요한 문제가 되지만, 중국인들에게는 '있는지' 아니면 '없는지'가 가장 중요한 문제가 되는 것이다.

중국어의 명사와 동사는 모두 동일한 부정사 "没"를 사용하여 부정하는데, 중국인에게 "有没有这样东西(이런 물건이 있는지 없는지)"와 "有没有这件事情(이 일이 있는지 없는지)"의 구분은 결코 중요하지 않다.

有车	没有车/没车	有没有车
차가 있다	차가 없다	차가 있나 없나

有去	没有去/没去	有没有去
갔다	가지 않았다	갔나 안갔나

"有去"는 원래 표준 중국어인 보통화에서 잘 쓰지 않았지만, 현재는 남방 방언의 영향을 받아 사용하는 사람이 점점 많아지고 있다. 이는 자연스러운 현상인데, 왜냐하면 고대 중국어에서 "有去"를 사용하였기 때문이다. 중국어의 역사를 살펴보면 부정사는 바뀌어도 어느 시대나 하나의 부정사가 명사와 동사를 모두 부정하는 경우는 항상 있었다. 이와 반대로 영어에서는 be의 '동등'과 there be의 '존재'를 명확히 구분하지 않으며, '이런 물건이 있나 없나'(없을 때는 no를 사용한다)와 '이런 일이 있나 없나'(없을 때는 not을 사용한다)의 구분을 중시한다. 따라서 '명사를 부정하는가' 아니면 '동사를 부정하는가'를 먼저 구분하는 것이다.

요컨대, 영어는 '명사와 동사가 분립'되어 있고, '동등(이다)'이 '존재(있다)'를 포함하고 있으므로, there be(존재) 역시 be(동등)의 일종에 지나지 않는다. 중국어는 '동등'과 '존재'가 분립되어 있는 대신 '명사가 동사를 포함'하고 있으므로, 동사도 역시 명사의 일종인 것이다. 중국어 문법에 있는 인구어와의 수많은 차이점은, 결국 근원을 찾아보면 모두 이 출발점에 도달하게 될 것이다. 예를 들어 영어의 '완료형'은 have를 사용하여 Have you said it?이라 하고, 과거형은 have를 사용하지 않고 Did you say it?이라 한다. 중국어의 "有"는 영어의 have와 다르다. "你说了没有？(너 말 했니?)"에 대한 대답은 "说了(말했어)"나 "没有说(말 안했어)"로 한다. 즉 "有"와 완성을 나타내는 "了"는 서로 통한다. 하지만 "你说过没有？(너 말한 적 있니?)"와 "你有说过没有?(너 말 한적 있니?)"(이는 현재 북방에서도 자주 사용한다)에서도 "有"를 사용할 수 있다. 중국어의 '상(aspect)'과 영어와의 공통점과 차이점을 정확히 설명하기 위해서는 필자가 위에서 그린 의미 지도를 반드시 이해해야 한다. 여기서 중국과 서양 철학의 서로 다른 배경을 언급하지 않을 수 없다. 자오위안런(赵元任)선생은 오래 전에 다음과 같이 말하였다.

> 영어의 There is를 중국어로 직접 번역하기는 불가능하다. 중국어에는 "有" 밖에 없기 때문이다. There is a man을 중국어로 번역하면 "有人"이 된다. …… 공교롭게도 There is도 has도 중국어로는 모두 "有"로 번역된다. 하지만 "有"자는 "是"를 나타내는 is와는 아무런 관계가 없다. 따라서 서양철학에서 '존재(being)'와 관련된 문제를 중국어로 명확히 설명하기는 어렵다. '존재'와 "是"의 연결을 일부러 끊고, 이를 "有"와 연결시키지 않는 이상.

많은 철학자들의 말처럼, 서양철학은 being을 둘러싸고 형이상학적 사변思辨으로 들어갔지만, 중국의 선진대가들은 "有"에 대한 반성을 통해 형이상학적 사변으로 들어갔다. '유무'의 개념은 중국 전통철학 본체론의 핵심개념이다. 중국인은 '유추(analogy)'하는데 익숙하다. "是(이다)"를 "好像是(…것 같다)" 혹은 "就当是(…로 생각하다)"로 바꾸기도 하고, 또 "甲, 乙也(갑은 을이다)"는 전통적인 훈고학의 기본 격식이 되었다. 또한 "我是美国太太(나는 미국 부인이다)"와 "我是炸酱面(나는 자장면이다)"과 같은 문장도 성립한다. 따라서 중국어에서 "是不是(이다 아니다)"의 문제는 깊이 연구하고 주의할 가치가 없었던 것이다. 필자는 이것이 바로 중국은 "是(동등)"와 "有(존재)"가 분립되어 있는 반면, 서양은 "是(동등)"가 "有(존재)"를 포함하고 있다는 차이점의 철학적 배경일 가능성이 높다고 생각한다.

또 혹자는 중국 철학은 오래전부터 이미 "物(사물)"과 "事(일)" 사이의 관계를 중시하였다고 말한다. 정현(郑玄)은 『대학(大学)』에서 "物"에 대해, "物, 猶事也(사물은 일과 같다)"라고 여겼는데, 이러한 정의는 후대의 철학자들에게도 거듭 인정을 받았다. 주희(朱熹)는 『대학장구(大学章句)』에서 사물에 대한 이 정의를 계승하였고, 왕양명(王阳明)도 역시 "物即事也(사물은 곧 일이다)"라고 여겼다. 아마 이것이, 서양 언어는 '명사와 동사가 분립'되어 있지만 중국어는 '명사가 동사를 포함'한다는 큰 차이점의 철학적 배경일 것이다.

▎맺는말

이야기가 너무 길어졌는데, 앞에서 살펴본 내용의 소결을 맺고자 한다. 이 장에서는 중국어 문법 연구가 '인구어의 시각에서 탈피해야 한다'라고 했는데, 이를 보면 '인구어의 시각'이 마치 부정적인 어구가 된 듯하다. 사실 여기서 말한 '인구어의 시각을 탈피해야 한다'라는 말은, '인구어의 시각의 속박에서 탈피해야 한다'는 의미를 뜻한다. 인구어의 틀을 그대로 중국어에 덮어씌운다면 이는 분명 잘못된 것이다. 하지만 인구어의 시각으로 중국어를 관찰하는 것은 필요하다. 앞에서도 들었던 예로, 우리는 중국어의 관점으로 중국어를 보는 것에 습관이 되어 있다. 이로 인해 중국어는 원형 명사가 직접 지칭어가 될 수 있다는 이 중요한 현상을 좀처럼 깨닫지 못한 것이다. 이 또한 중국어의 특징 가운데 하나이다. 이러한 의미에서 말하면, 우리는 인구어의 시각뿐만 아니라 아프리카언어의 시각, 미주 인디언어의 시각 등도 필요하다. 중국어 문법을 연구하는 일본학자 가운데는 필자가 보기에 중국인 학자보다 더 우수한 연구를 하고 있는 학자도 있다. 그들은 일본어의 시각에서 중국어를 바라보기 때문에 중국인들에게는 보이지 않는 많은 언어 현상들을 발견할 수 있는데, 이는 우리들에게 새로운 깨우침을 가져다준다. 어느 언어를 연구하든 다른 언어와의 대조와 비교를 통해 더 깊은 인식을 하게 되는데, 중국어 연구도 예외는 아니다. 마지막으로 다음 두 구절을 인용하면서 강연을 마치고자 한다.

不识庐山真面目, 只缘身在此山中。[28]
여산盧山의 진면목을 알지 못하는 것은, 이 몸이 이 산속에 있기 때문이니라

참고문헌

- 중국어의 특징에 관한 기존의 연구 성과에 대해서는 吕叔湘(1979)『汉语语法分析问题』, 商务印书馆 ; 朱德熙(1985)『语法答问』, 商务印书馆을 참조.
- 명사, 동사, 형용사 중첩하여 묘사어가 되는 현상에 대해서는 华玉明(2008)『汉语重叠功能的多视角研究』, 남개대 박사학위논문 참조.
- 중국어의 명동 포함에 대해서는 沈家煊(2007)「汉语里的名词和动词」, 『汉藏语学报』第1期 27-47쪽 ; 沈家煊(2010)「我只是接着向前跨了半步 再谈汉语的名词和动词」, 『语言学论丛』第40辑 3-22쪽을 참조
- 중국어의 문법과 용법의 구분이 어려운 점에 대해서는 赵元任(1968)『汉语口语语法』(吕叔湘译), 商务印书馆1979年 ; 朱德熙(1985)『语法答问』, 商务印书馆을 참조.
- 중국어 복합을 사용한 통사법에 대해서는 沈家煊(2006)「"王冕死了父亲"的生成方式 兼说汉语糅合造句」, 『中国语文』第4期 291-300쪽 ; 沈家煊(2006)「"糅合"和"截搭"」, 『世界汉语教学』第4期 5-12쪽 ; 沈家煊(2007)「也谈"他的老师当得好"及相关句式」, 『现代中国语研究』第9期 1-12쪽 ; 沈家煊(2009)「"计量得失"和"计较得失" 再论"王冕死了父亲"的句式意义和生

---

28) 역자주: 蘇軾의 『題西林壁』의 한 구절.

成方式」, 『语言教学与研究』 第5期 15-22쪽 참조.

- 중국어 문형이 나타내는 주관성에 대해서는 沈家煊(2002)「如何处置处置式？论把字句的主观性」, 『中国语文』第5期 387-399쪽 ; 沈家煊(2008), 「"移位"还是"移情"？析"他是去年生的孩子"」, 『中国语文』第5期 387-395쪽 참조.
- 영어는 "是"를 중시, 중국어는 "有"를 중시하는 것에 대해서는 沈家煊(2010)「英汉否定词的分合和名动的分合」, 『中国语文』第5期 387- 399쪽 참조.

제2강 "묘사와 해석"
— 문법 연구의 방법 실례

    이번에 도쿄(東京)에 오기 전에 다이토분카 대학(大東文化大學)의 오오시마 기찌로(大島吉郎)교수님께 무엇을 강연하는 것이 좋을지 물어보았다. 오오시마교수님은 먼저 연구 방법을 이야기해 달라고 하셨고, 오늘의 주제로 필자는 이 제목을 생각했다. 언어를 연구하고 논문을 쓰는 것도 결국은 언어 사실의 묘사와 해석에 불과하다. 묘사가 더 중요하다고 말하는 사람이 있다. 언어 사실을 충분히 묘사하고, 해석을 하지 않는 것이 차라리 공허하게 해석을 하는 것보다는 낫다는 것이다. '동전과 돈꿰미(돈을 꿰는 끈)'의 비유가 있다. 묘사는 동전이며, 해석은 돈꿰미이다. 동전은 당연히 돈 꿰는 끈보다 중요하다. 사실 묘사가 적고 해석이 많은 것은 '소자본'으로 '큰 장사'를 하는 것과 같다고 할 수 있다. 한편, 이 비유는 적절하지 않으며 역시 해석이 더 중요하다고 말하는 사람도 있다. 그들은 언어 사실만 잔뜩 늘어놓고 그 안의 원리를 설명하지 않으면 무슨 의미가 있는가라고 묻는다. 현재는 중국도 역시 시장경제를 시행하고 있어, 소자본으로 큰 장사를 하는 것이야말로 칭찬받을만한 능력이라고 여긴다. 이러한 두 주장은 첨예하게 대립하여 누구도 양보를 하지 않는다. 오늘은 최근에 진행한 두 가지 연구를 예로 필자가 체득한 사실 묘사와 해석 사이의 관계에 대해 이야기하고자 한다. 하나는 현대 중국어, 또 하나는 고대 중국어에 대한 연구로 여러분께 참고가 되길 바란다.

▌사례1 "이백李白"과 "두보杜甫"의 도입

시간이 남아 책을 보다가 주홍(朱鸿, 1960~)[1]의 『대시대의 영웅과 미인(大时代的英雄与美人)』을 보게 되었다. 이 책은 '문회원창총서(文汇原创丛书)'라는 시리즈 중 마지막 편인 『시인은 다난하다(诗人多难)』로, 당대(唐代) 시인들의 출생에 대해 기술하고 있다. 전문은 모두 25단락으로 되어 있는데 매 단락마다 시인 한 두 명이 소개되고 있으며, 출현 순서는 그 출생년도 순이다. 첫머리와 끝머리를 제외한 각 단락의 첫 문장은 기술하고자 하는 시인을 도입하고 있는데, 다음과 같은 문장을 통해 시인들이 '등장'한다.

> (二) 大约在王绩出生四十年之后, 骆宾王出生于婺州义乌一个书香之家。
> 왕적王绩 출생 약 40년 후에, 낙빈왕骆宾王이 무주婺州 의오义乌의 한 학자 집안에서 태어났다.

> (三) 大约在骆宾王出生十年之后, 卢照邻出生了。
> 낙빈왕骆宾王 출생 약 10년 후에, 노조린卢照邻이 출생했다.

> (四) 大约在卢照邻出生之后十四年, 王勃和杨炯问世。
> 노조린卢照邻 출생 약 14년 후에, 왕발王勃과 양형杨炯이 세상에

---

1) 역자주: 중국의 유명작가, 샨시사범대학(陕西师范大学) 교수.

나왔다.

(五) 在王勃和杨炯六岁那年，宋之问呱呱坠地。

왕발王勃과 양형楊炯이 6세 되던 해에, 송지문宋之問이 응애응애
울며 태어났다.

(六) 在宋之问出生之后五年，陈子昂降临人间。

송지문宋之問 출생 5년 후에, 진자앙陳子昂이 인간 세상에 내려
왔다.

(七) 在陈子昂出生十八年之后，张九龄出生。

진자앙陈子昂 출생 10년 후에, 장구령張九齡이 출생했다.

(八) 王之涣小张九龄七岁，是公元688年出生的。

왕지환王之涣은 장구령張九齡보다 7살이 적고, 서기 688년에 출
생했다.

(九) 孟浩然小王之涣一岁，是襄州襄阳人。

맹호연孟浩然은 왕지환王之涣보다 1살 적고, 양주襄州 양양襄陽 사
람이다.

(十) 王昌龄小孟浩然一岁，生于公元690年。

왕창령王昌齡은 맹호연孟浩然보다 1살 적고, 서기 690년에 태어
났다.

(十一) 大约在王昌龄出生十年前后，王维出生。

왕창령王昌齡 출생 약 10년 전후, 왕유王维가 출생했다.

(十二) 李白小王维一岁，是公元701年下凡的。

이백李白은 왕유王维보다 1살 적고, 서기 701년에 속세에 내려
왔다.

(十三) 高适小李白一岁，大约出生于公元702年。

고적高適은 이백李白보다 1살 적고, 약 서기 702년에 출생했다.

(十四) 大约在高适出生之后十年，杜甫出生。

　　고적高適 출생 약 10년 후에, 두보杜甫가 출생했다.

(十五) 岑参小杜甫三岁，是南阳人。

　　잠삼岑参은 두보杜甫보다 3살 적고, 남양南陽 사람이다.

(十六) 在岑参出生三十六年之后，孟郊出生于湖州武康。

　　잠삼岑参 출생 36년 후에, 맹교孟郊가 호주湖州 무강武康에서 출생했다.

(十七) 孟郊出生之后十八年，韩愈登陆于河南河阳。

　　맹교孟郊 출생 18년 후에, 한유韓愈가 하남河南 하양河陽에서 태어났다.

(十八) 韩愈出生五年之后，刘禹锡和白居易问世。

　　한유韓愈 출생 5년 후에, 유우석劉禹錫과 백거이白居易가 세상에 나왔다.

(十九) 柳宗元小刘禹锡与白居易一岁，是早逝。

　　유종원柳宗元은 유우석劉禹錫과 백거이白居易보다 1살 적으나, 요절했다.

(二十) 柳宗元出生之后六年，元稹和贾岛出生。

　　유종원柳宗元 출생 6년 후에, 원진元稹과 가도賈島가 출생했다.

(二十一) 元稹和贾岛出生十二年之后，李贺出生。

　　원진元稹과 가도賈島 출생 약 12년 후에, 이하李賀가 출생했다.

(二十二) 李贺出生十四年之后，杜牧闯入人间。

　　이하李賀 출생 약 14년 후에, 두목杜牧이 인간 세상에 들어왔다.

(二十三) 大约杜牧出生之后十年，李商隐出生。

　　두목杜牧 출생 약 10년 후에, 이상은李商隱이 출생했다.

(二十四) 大约李商隐出生之后二十年到三十年之间，　黄巢一声啼哭, 来到曹州冤句一个商人之家。

이상은李商隱 출생 후 20년에서 30년 사이에, 황소黃巢가 소리 내어 울며 조주曹州 원구冤句의 한 상인의 집에서 태어났다.

여기서 단지 이 23개의 문장을 나열만 하고 어떠한 요약도 하지 않는다면, 모두 불만이며 흥미도 없을 것이다. 자, 그럼 조금 요약을 해보기로 하자.

위의 예에서 시인들을 '등장'시킨 문장은 다음 두 가지 형식을 사용하고 있는데, 이는 이백(李白)과 두보(杜甫)로 대표된다.

a. Y小Xn岁。(李白$_Y$小王维$_X$一n岁。)
   이백李白은 왕유王维보다 1살 적다.

b. X出生之后n年Y出生。(高适X出生之后十n年, 杜甫Y出生。)
   고적高適 출생 10년 후에, 두보杜甫가 출생했다.

사실의 묘사는 여기까지 하면 충분할까? 아직 아니다. 필자는 우선 묻고 싶다. 이백을 등장시키는 문장은 왜 다음 a′가 아닌 a인가? 또 두보를 등장시킨 문장은 왜 b′가 아닌 b인가? a′와 b′ 역시 문법적으로 옳은 문장인데 말이다.

a. 李白小王维一岁。
   이백李白은 왕유王维보다 1살 적다.

a′. 王维大李白一岁。
   왕유王维는 이백李白보다 1살 많다.

b. 高适出生之后十年, 杜甫出生。
   고적高適 출생 10년 후에, 두보杜甫가 출생했다.

b´. 杜甫出生之前十年, 高适出生。

두보杜甫 출생 10년 전에, 고적高適이 출생했다.

이 질문은 대답하기가 쉽다. 등장인물은 서술의 대상이므로, 이백과
두보를 등장시키는 것은 이백과 두보가 화제가 되는 것이다. 화제는 일
반적으로 문장의 앞에서 주어가 되는데, a´와 b´에서는 이백과 두보가
모두 문장의 주어가 아니다. 이 두 문장은 각각 왕유가 어떤지, 고적이
어떤지를 말하고 있으며, 이백과 두보가 어떤지를 서술한 것이 아니기
때문이다. 필자는 이미 해석을 시작했지만, 이는 너무 간단한 것이어서
해석하지 않아도 상관없을 정도이다. 그렇다면 이어서 다음 질문을 해보
자. 이백과 두보는 모두 문장의 주어이자 화제인데, 이백과 두보를 등장
시키는 문장은 왜 다음 a″와 b″가 아닐까?

a″. 李白大高适一岁。

왕유王維는 고적高適보다 1살 많다.

b″. 岑参出生之前三年, 杜甫出生。

잠삼岑參 출생 3년 전에, 두보杜甫가 출생했다.

이 역시 간단한 문제이다. 작가가 전체 편을 통해 사용하고 있는 서술
의 순서는 '현재부터 옛날로의 소급(以今溯古)'이 아닌, '옛날부터 현재
까지(由古及今)'의 순서이기 때문이다.

a와 b의 표현방식은 이 서술순서와 일치하며, a″와 b″의 표현방식은
이와 반대이다. 해석도 역시 쉽게 이해할 수 있어 말하지 않아도 그만이

니, 필자가 가장 흥미를 느끼는 다음 질문을 해보자. 작가는 a와 b의 두 문형을 교대로 사용하고 있는데, 여기에는 무슨 규칙이 있는 것일까? 아니면 아무런 규칙 없이 단지 작가가 단조로움을 피하기 위해 임의로 두 문형을 번갈아가며 사용한 것일까? 자세히 관찰한 후에야 필자는 그것이 아니라 사실은 전후 두 시인의 나이차와 관련이 있음을 발견하였다.

1) 나이차가 1~3세일 경우, 모두 a형식 사용 (총 6문장, 26%)
2) 나이차가 10세 이상일 경우, 모두 b형식 사용 (총 12문장, 52%)
3) 나이차가 그 사이일 경우, a형식과 b형식을 혼용 (총 5문장, 22%)

만약 나이차가 1~3세인 경우에 b로 바꾸어 사용하거나 나이차가 10세 이상일 때 a로 바꾸어 사용했더라도 문법적으로는 당연히 문제가 없지만, 글을 읽어보면 좀 부자연스러운 느낌이 든다. 다시말해 이는 용법이 적절하지 않다고 할 수 있는 것이다.(문장앞에 ?로 표시)

?在王维出生一年之后，李白问世。
왕유王維 출생 1년 후에, 이백李白이 태어났다.

?孟郊小岑参三十六岁。
맹교孟郊는 잠삼岑参보다 36세 적다.

a와 b의 두 문형을 사용하는데 있어서 전체적인 경향은 다음과 같다. 출생년의 차이가 작은 경우 a형식을 사용하고, 큰 경우 b형식을 사용하며, 그 차이가 크지도 작지도 않으면 두 형식을 혼용하고있다. A, B, C, D를 작가가 출생 순서에 따라 서술한 네 명의 시인으로 가정하자.

$$A \text{——} B - C \text{——} D$$

A와 B의 간격이 길기 때문에, b형식의 문장을 사용하고, B와 C의 간격이 짧으므로 a형식의 문장을 사용하고 있다. 또 C와 D의 간격이 길지도 짧지도 않으므로 양자를 혼용하고 있다.

두 문형의 선택은 화제의 인물 간의 나이차와 관련 있는데, 이 역시 사실의 묘사이다. 이러한 흥미로운 사실에 대해 더 나아가 왜 이러한 연결성이 나타나는지 의문이 생길 것이다. 다음으로 해석을 해보자.

이는 언어가 가진 '거리 도상성(distance iconicity)'의 원칙이 작용하기 때문이라는 것이 필자의 생각이다. 간단히 말해, 도상성은 '언어의 구조는 인간이 인식하는 객관세계의 구조와 유사하거나 이에 대응한다'는 것을 가리킨다. 여기서 '인간이 인식하는'이라는 수식어가 아주 중요한데, 이에 대해서는 뒤에 자세히 설명하기로 한다. 예를 들어, "一本书(책한 권)"를 영어로 하면 one book이고, "两本书(책 두 권)"는 two books가 되는데, 이때 복수인 books는 단수인 book보다 음소가 하나 더 많다. 이는 '수량 도상성'이다. 중국어에서 "我的爸爸(나의 아빠)"는 "我爸爸(내 아빠)"라 말할 수 있지만, "我的书包(나의 책가방)"은 일반적으로 "我书包(내 책가방)"라 할 수 없다. 이는 '거리 도상성'이다. 개념적으로 "我(나)"와 "爸爸(아빠)"의 연결성은 "我(나)"와 "书包(책가방)"의 연결성보다 긴밀하다. 아빠는 영원히 나의 아빠이며 타인에게 양도할 수 없지만, 책가방은 타인에게 양도가 가능하고 양도 후에는 더 이상 나의 책가방이 아니기 때문이다. 또 '시간 도상성'도 있는데, 이의 전형적인 예는 "在马背上跳(말 등 위에서 뛰다)"와 "跳在马背上(말 등 위로 뛰다)"이다. 전자는 먼저 말 등 위에 있는 상태에서 뛴 것이고, 후자는 먼저 뛰고 나서 나중에 말 등 위에 있는 상태로 되는 것이다. 즉 어순과 사태의 발생순서가 서로 일치하고 있다. 도상성에 대해서는 여러분들이 이미 잘 알고 계시리라 생각하므로, 여기서는 더 이상 소개하지 않기로 한다. 만약 흥미가 있다면, 따이하오이(戴浩一, 1941~)2)와 장민(张敏)3) 두 선생의 관련 논문을 참고하기 바란다.

　다시 앞의 문제로 돌아가서 구체적으로 말하면, 세 가지 단계의 거리 가 서로 대응되고 있다. 이들은 각각 객관적인 시간거리, 심리적인 도달 거리, 화제의 접속거리이다.

　　객관적인 시간거리　　나이차가 작다　　나이차가 크다
　　심리적인 도달거리　　도달거리가 짧다　　도달거리가 길다
　　화제의 접속거리　　　접속거리가 짧다　　접속거리가 길다

　실제의 나이차가 1~2세인지 아니면 7~8세인지는 객관적인 시간차 이다. '시간거리'라는 말도 '공간 거리'의 비유 표현이다. A와 B사이의 공간거리가 크면 A에서 B까지 도달하는 시간도 길어진다. 역으로 A에 서 B까지 도달하는 시간이 길면, 우리는 A와 B 사이의 공간 거리도 클 것으로 추측할 수 있다.

　'심리적인 도달거리'란 사람들이 어떤 지시나 서술의 대상을 기억창고 에서 꺼내거나 주위 환경으로부터 식별해내는 난이도를 가리킨다. 이러한 난이도는 이에 엑세스할 때 걸리는 시간으로 판단할 수 있다. 작가의 기억 창고에는 당나라 시대의 각 시인들이 존재하고, 작가가 한 시인에 대해 서술한다는 것은 동시에 기억창고에서 이 특정한 서술대상을 끄집어내는 것이다. 작가의 기억창고에 출생년도가 연속하는 두 시인의 시간거리는 각각 다른데, 'A ── B ─ C ── D'에서 보듯이 큰 것도 있고 작은 것

---

2) 역자주: Tai. James H-Y (1985) Temporal sequence and Chinese word order. Iconicity
　in Syntax, ed. By John Haiman. Amsterdam and Philadelphia: John Benjamins. (戴浩
　一, 时间顺序原则和汉语的语序,『国外语言学』第1期, 1988)
3) 역자주: 张敏,『认知语言学与汉语名词短语』, 中国社会科学出版社, 1998.

도 있다. 여기서 A와 B가 기억된 장소간의 거리는 상대적으로 멀고, B와 C가 기억된 장소는 가깝다고 판단할 수 있다. 따라서 작가는 A시인에 대해 서술하고 난 후 이어서 B시인을 서술할 때, B를 끄집어내기가 어렵고 시간이 많이 걸린다. 반면 B시인에 대해 서술하고 난 후 이어서 C시인을 서술할 때는, C를 끄집어내기가 쉬우며 걸리는 시간도 짧다.

여기서 말한 기억을 끄집어 낼 때의 난이도는 단지 가설에 불과한데, 이에 대한 심리학적인 증거가 있을까? 물론이다. 실험 결과에 따르면 정보는 대뇌에서 두 가지 방식으로 저장된다. 문장을 구성하는 어구처럼 순서를 형성하는 정보는 선형 방식으로 저장된다. 반면 지도상의 정보처럼 순서를 형성하지 않는 정보는 이미지 방식으로 저장된다. 어느 저장방식이든 A에서 B까지의 거리가 멀수록 심리적으로 A에서 B에 도달하기까지의 시간도 길다는 것이, 실험결과 증명되었다.

숫자의 순서에 관한 실험은, 피험자에게 3~7개의 숫자로 구성된 배열을 기억하게 한 후에, 그 가운데 한 숫자를 보여주고 바로 뒤에 이어지는 숫자를 빨리 대답하게 하는 것이다. 예를 들어, 먼저 숫자배열 38926을 기억하게 한 다음, 숫자 9를 보여주면 피험자는 2라고 대답하는 것이다. 실험 결과, 숫자의 배열이 길수록, 또 제시되는 숫자가 배열의 뒤쪽에 위치할수록 피험자가 대답하는데 걸리는 시간도 이와 비례해 길어졌다. 이는, 피험자가 반응을 할 때 숫자를 앞에서부터 순서대로 탐색해가며 제시된 그 숫자를 찾은 다음에 뒤에 이어지는 숫자를 말한다는 것을 보여준다. 중요한 것은 첫 번째 숫자부터 제시된 숫자까지의 거리가 길수록 정답의 숫자에 도달하기까지 걸리는 시간도 길어진다는 것이다. 이 실험 결과의 데이터와 그래프는 다음과 같다.

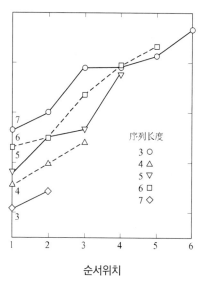

序列長度

3 ○
4 △
5 ▽
6 □
7 ◇

순서위치

숫자 배열에서 다음 숫자를 말하는 데 걸리는 반응시간은
순서의 위치와 숫자 배열의 길이에 따라서 변한다(Sternberg 1969)

　이미지 방식의 기억 실험에서는 피험자에게 허구의 섬 지도를 보여준
다. 섬에는 초가집, 나무, 돌무더기, 우물, 호수, 모래사장과 숲의 일곱
가지 사물이 그려져 있다. 피험자들에게 먼저 지도상에서 이 사물들의
위치를 잘 기억하게 한 다음, 비어있는 지도 위에 정확하게 이 사물들의
위치를 다시 표시하게 했다. 그 다음 시험자는 큰 소리로 한 사물의 이
름을 말하고, 피험자에게 심리지도 위의 그 사물에 집중하도록 요구했
다. 5초가 지난 후 다시 다른 사물의 이름을 말하고, 피험자에게 그 사물
에 집중하고 이번에는 전자버튼으로 집중이 완료되었음을 표시하도록
했다. 이 일곱 가지 사물의 지도상의 거리는 각각 다른데, 긴 것도 있고
짧은 것도 있다. 실험 결과는, 지도에서 두 사물의 거리가 멀수록 피험자
의 심리지도에서 초점의 전이에 필요한 시간도 길어짐을 알 수 있었다.
이 실험에서 사용한 지도와 시험 결과의 데이터는 다음과 같다.

이미지에서 두 점 사이의 심리 스캐닝
시간 측정에 사용된 허구의 지도 Kosslyn et al.(1978)

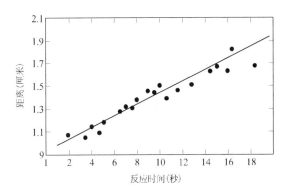

지도에서 두 점 사이의 스캐닝시간은 두 점 사이의 거리에 비례한다

마지막으로 '화제 접속의 거리'이다. '화제의 접속거리'란, 작가가 문장에서 하나의 화제로부터 다른 화제로 옮겨갈 때 직접적인가 아니면 간접적인가 하는 것을 가리킨다. 당연히 직접적인 경우는 거리가 짧고, 간접적인 경우는 거리가 멀다. 다음 a와 b의 두 문형을 비교해보자.

a. 李白小王维一岁。

　이백李白은 왕유王維보다 1살 적다.

b. 高适出生之后十年, 杜甫出生。

　고적高適 출생 10년 후에, 두보杜甫가 출생했다.

언어의 형식으로 보면, a에서는 이백이 문두에 오고 또 이백과 왕유 사이의 거리는 짧다. 하지만 b에서 문두에 온 것은 두보가 아니라 고적이며, 두보와 고적 사이의 거리는 비교적 멀다. 작가는 왕유에 대해 서술을 마치고 이백에 대해 서술을 시작할 때, 첫 문장은 "李白小王维一岁(이백은 왕유보다 1 살 적다)"로 이백이 문두에 온다. 이는 이백이 직접 등장한 것으로, 이백과 왕유 사이의 거리는 짧다. 또 고적에 대해 서술을 마치고 두보에 대해 서술을 시작할 때, 첫 문장은 "在高适出生之后十年, 杜甫出生(고적 출생 10년 후에 두보가 출생했다.)"이다. 이는 고적을 통해 간접적으로 두보를 도입하고 있는데, 이때 고적은 문두에 위치하며 두보와 고적 사이의 거리는 길다. 양자를 잇는 거리가 짧은 것은 긴축형식인 a를 사용하고, 긴 것은 느슨한 형식인 b를 사용하는 것이다. 이 두 가지 언어형식에 대응하는 것은, 위에서 말한 시간거리의 차이와 심리거리의 차이임을 분명히 알 수 있다.

이를 다음과 같이 정리할 수 있다. 첫 번째 단계의 '객관적인 시간'은 물리적 세계에 속하고, 두 번째 단계의 '심리적 도달'은 심리적 세계에 속하며, 세 번째 단계의 '화제의 접속'은 언어의 세계에 속한다. 이 세 가지 세계를 각각 통속적으로 '천지天地, 인심人心, 언어言語'라 부를 수 있다.

천지: 물리세계 (객관적인 시간의 거리)
인심: 심리세계 (심리적인 도달의 거리)
언어: 언어세계 (화제 접속의 거리)

이 '세 가지 세계'는 각 단계 그대로 거리에 대응 관계, 즉 도상성의 관계가 존재한다. 만약 언어적 측면으로만 문제를 본다면, 첫 번째와 두 번째 단계는 모두 언어의 '의미' 단계에 속하는데, 하나는 객관적 의미 (시간거리)이고 하나는 주관적인 의미(심리 거리)가 된다. 또 세 번째 단계는 언어의 '형식' 단계(화제의 거리)가 된다. 이렇게 본다면, 이 대응 관계 역시 언어의 의미와 형식간의 도상성이라 말할 수 있다. 이렇게 말하면 세 개의 단계를 두 개로 간편화할 수 있다는 장점도 있지만, 중간에 존재하는 심리적 단계를 간과하기 쉽다는 단점도 있다.

실제로 '심리적 도달'이라는 중간단계를 무시하고, 이 단계가 필요한지를 묻는 이도 있다. 그렇다면 '객관적인 시간의 거리'와 '화제접속의 거리' 사이에 도상성 관계를 직접 만들 수 있을까? 대답은 불가능하다고 본다. 객관적인 거리로 말하면 10세의 나이차는 3세의 나이차보다 거리가 멀지만, 주관적인 인식으로는 반드시 그렇지만은 않기 때문이다.

他们两个差3岁才相配。
그들은 3살 차이가 나야 잘 어울린다.(나이차 1, 2세로는 부족)

他们两个差10岁就相配了。
그들은 10살 차이면 잘 어울린다.(나이차 20~30까지는 필요 없다)

"才(겨우)"를 사용하여 화자가 생각하기에 3세의 나이차가 크다는 것을 나타내고, "就(곧)"를 사용하여 화자가 생각하기에 10세의 나이차가 작다는 것을 나타내고 있다. 앞에서 『诗人多难』속의 용법의 대립을 보았다.

王维小李白一岁。
왕유王維는 이백李白보다 1살 적다.

?孟郊小岑參三十六岁。

맹교孟郊는 잠삼岑參보다 36살 적다.

岑參出生三十六年之后，孟郊出生。

잠삼岑參 출생 36년 후에, 맹교孟郊가 출생했다.

?在王維出生一年之后，李白问世。

왕유王維 출생 1년 후에, 이백李白이 세상에 나왔다.

만약 '?'로 표기된 부자연스러운 두 문장에 각각 '주관량'의 대소를
나타내는 "就"와 "才"를 추가한다면, 문장은 아주 자연스럽게 읽힌다.

孟郊就小岑參三十六岁。

맹교孟郊는 잠삼岑參보다 36살 적다.(주관적으로 보아 맹교와의 나이
차는 작다)

在王維出生一年之后，李白才问世。

왕유王維 출생 1년 후에, 이백李白이 비로소 세상에 나왔다.(주관적으
로 보아 이백과의 나이차는 크다)

실제로는 동일한 거리지만 다른 요소의 영향으로 인해 사람들이 느끼
는 길이가 다르다는 사실은 심리학에서 이미 증명되었다.

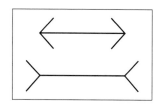

뮐러라이어(Muller-Lyer)의 착시도형

이것은 유명한 착시 도형으로 두 평행선의 실제 길이는 같다. 이와 마찬가지로 두보와 고적의 나이차가 10세일 경우, 다음 두 문장은 모두 자연스럽다.

在高适出生之后十年，杜甫才出生。（李白只比王维小一岁呀。）
고적高適 출생 10년 후에, 비로소 두보杜甫가 출생했다. (이백은 왕유보다 겨우 1살 적다)

杜甫就小高适十年。（孟郊要比岑参小三十六岁呢。）
두보杜甫는 고적高適보다 겨우 10살 적다. (맹교는 잠삼보다 36살이나 적다)

이는, 심리적인 거리는 객관적 시간의 거리가 기초가 되며 대체로 객관적인 시간의 거리와 일치하지만, 항상 일치하지는 않으며 불일치하는 경우에는 심리적 거리가 기준이 됨을 보여준다. 따라서 '심리적 거리'라는 단계는 없어서는 안되며, 결코 무시해서도 안된다. 만약 누가 앞의 "就"와 "才"의 문장을 증거로, 거리의 도상성 원칙이 성립하지 않음을 증명하고자 한다면, 이는 협의(狹義)의 '객관적 의미론'의 입장에서 문제를 보고 있는 것이다. 물체의 크기는 객관적인 기준으로만 판단할 수 있고 전체는 항상 부분보다 크며, 부분이 전체보다 더 클 수는 없다고 주장하는 사람이 있다면, 그에게 다음 시와 글, 그림 두 장을 보여주고 싶다. 시는 도연명(陶淵明, 365~427)4)의 것으로 모두 익숙할 것이다.

结庐在人境，　사람 사는 마을에 초가를 지었으나,
而无车马喧。　왕래하는 마차의 소란스러움이 없다.

----

4) 역자주:《음주(飮酒) 五》

问君何能尔, 그대에게 묻건대 어찌 그럴 수 있는가?
心远地自偏。마음이 멀어지니 땅은 절로 외진 곳이 되누나.

마지막 구절 "心远地自偏"에 주의하라. 첸중수(钱钟书, 1910~1998)
의 소설 『위성(围城)』에 다음과 같은 묘사가 나온다.

鸿渐一眼瞧见李先生的大铁箱, 衬了狭小的船首, 仿佛大鼻子
阔嘴生在小脸上, 使人起局部大于全体的警奇, 似乎推翻了几何学
上的原则。
홍젠은 이선생의 큰 트렁크를 한 번 보고는, 좁은 뱃머리와 비교
해 큰 코와 입이 작은 얼굴에 붙어있는 것처럼 일부가 전체보다 크
다는 놀라움을 느꼈다. 이는 마치 기하학의 원칙을 뒤집는 것 같았
다.

만약 사람의 느낌이 모두 기하학의 원칙을 준수한다면 세계는 얼마나
단조롭겠는가? 다음은 인터넷에서 다운받은 사진 두 장인데, 아이의 발
과 개의 머리가 몸보다 더 커 보인다.

발이 큰 아이의 사진

위에서 본 개의 사진

지각이 항상 외부 세계의 복제는 아니다. 인간의 기대와 신념, 동기 등 내부 정보는 모두 지각에 미묘한 영향을 미친다. 따라서 지각은 창조성이 매우 큰 과정이라 할 수 있다. 지각하는 자는 외부정보의 가설을 끊임없이 구축하고 있는 것이다. 이 점은 신경심리학적 증거의 지지를 받고 있다. 청개구리에서 사람에 이르기까지 각종 동물의 시각체계는 외부정보를 선택적으로 받아들인다. 예를 들어, 청개구리는 정태적 경계와 동태적 경계, 밝기 변화, 작은 원형 동물의 이동이라는 네 가지 외부정보만을 받아들일 수 있다. 연구 결과 청개구리의 신경체계 역시 네 종류의 시각 세포만 있는데, 각각 네 가지 외부정보의 자극을 처리함을 알 수 있다. 이는 생존을 위한 진화의 결과이다. 모나리자의 초상화를 접한 청개구리는 아무런 반응이 없지만, 작은 원형 동물의 이동을 보게 되면 눈이 빛나면서 혀를 밖으로 내민다. 지각심리학자들 중에는 외부정보에 중점을 둔 사람도 있고 내부정보에 중점을 둔 사람도 있는 등 연구방향에는 다소 차이가 있지만, 지각 내부정보와 외부정보의 결합이라는 점에는 이미 대다수 지각심리학자들이 인식을 같이 하고 있다.

필자가 이 예를 사용하여 설명하고 싶었던 점은 다음과 같은 것이다. 만약 묘사를 위해 각 단락의 첫 번째 문장을 나열하기만 한다면, 모두 불만족스러워 하고 심지어 이상하다고 여겨 왜 이러한 사실을 나열하는지 물을 것이다. 사실의 묘사에도 묘사하는 방법에 주의해야한다. 묘사하는 방법에 주의해야 한다는 것은 해석을 시도하고 있음을 말한다. 필자가 마지막으로 선택한 열거법(1~3세는 하나의 형식, 10세 이상은 다른 형식, 중간은 두 형식의 혼용)은 적절한 묘사로 볼 수 있으며, 제대로 묘사를 하게 되면 해석 역시 그 안에 있다고 할 수 있다. 필자가 위에서 대략 '묘사'와 '해석'의 두 부분으로 나누었지만, 여러분도 알듯이 언어 사실을 묘사할 때 이미 해석도 시작된 것이다. 이론적인 해석은 사실 묘사된 언어 사실 안에 이미 포함되어 있기 때문이다.

덧붙여 말하면, 필자가 이백과 두보의 '등장'에 대한 논문을 발표한 후 여러 의견이 있었다. 혹자는 어느 한 개인의 글 한 편만으로 논문에서 말한 규칙성을 입증하기는 어렵다고 하였다. 어느 문형을 사용할지는 작가의 자유이며, 이 글은 우연히 규칙성을 가진 경우일 뿐이라는 것이다. 필자 역시 이에 동의하며 누군가 더 넓은 범위에서 이 규칙의 보편성을 입증하기를 바란다. 하지만 그 규칙성이 우연의 결과라는 점에는 찬성할 수 없다. 예를 들어보자. 작은 연못에 거북이 무리가 살고 있는데, 그 중 1~3세의 작은 거북이가 26%, 10세 이상의 큰 거북이는 52%를 차지하는데, 작은 거북이와 큰 거북이를 합하면 78%가 된다. 반면 4~9세의 중간 크기의 거북이는 겨우 22%에 불과하다. 관찰 결과, 작은 거북이는 모두 한 마리도 예외 없이 작은 과립형의 사료만 먹고, 큰 거북이는 모두 큰 과립형의 사료만 먹지만, 중간 크기의 거북이만 큰 사료와 작은 자료를 혼식함을 알 수 있었다. 그렇다면 이 한 연못의 사료 나눠먹기 현상 하나만으로, 왜 이러한 현상이 일어난 것인지를 물어 볼 가치가 있을까? 아니면 이것은 완전히 우연이라고 말하며 물을 가치가 없는 것일까? 만약 그 규칙성이 거북이의 크기와 사료 과립의 크기 간에 일종의 대응 관계라면, 당연히 더 많은 연못을 통해 이를 검증해야 할 것이다. 하지만 이 가설의 규칙을 뒤엎기 위해 만약 어느 연못에 거북이는 크기에 상관없이 큰 과립과 작은 과립을 모두 먹는 혼식을 하거나 작은 거북이는 작은 과립만 먹고 큰 거북이는 혼식하는 것을 발견했다는 것만으로는 부족하다. 이 규칙을 뒤엎기 위해서는 반드시 동등한 조건하에서 한 연못 안에 작은 거북이는 모두 큰 과립만 먹고, 큰 거북이는 모두 작은 과립만 먹는 것을 발견해야만 한다. 우리가 발견한 규칙성은, 만약 작은 거북이가 큰 과립을 먹는다면 큰 거북이도 역시 큰 과립을 먹을 것이고, 그 역은 성립하지 않는다라고 하는 일종의 '약한 예측'이다. 이러한 약한 예측은 다음의 논리적으로 가능한 네 가지 가능성 중 한 가지를 배제한 것이다. 그 한 가지는 다음 중 네 번째 문장이다.

1) 작은 거북이는 작은 과립을 먹고, 큰 거북이는 큰 과립을 먹는다.
2) 작은 거북이와 큰 거북이가 작은 과립도 먹고 큰 과립도 먹는다.
3) 작은 거북이는 작은 과립을 먹고, 큰 거북이는 작은 과립과 큰 과립을 먹는다.
4) 작은 거북이는 작은 과립과 큰 과립을 먹고, 큰 거북이는 작은 과립을 먹는다.

　필자는 이전에 언어는 개방적이고 동태적이며 복잡한 체계라고 말한 적이 있다. 우리가 할 수 있는 예측은 단지 이러한 약한 예측일 뿐이다. 하지만 약한 예측이라 하더라도 증명이 가능하므로 과학성을 가지고 있다고 할 수 있다. 우리가 앞에서 논의한 '거리 도상성'을 뒤엎기 위해서는, 동등한 조건하에서 시인들 사이의 나이차가 큰 경우는 모두 긴축형식인 a형식을 사용하고, 나이차가 작은 경우에는 모두 느슨한 b형식을 사용하고 있는 예를 찾아야 한다. 다른 의견이 있는 사람은 증거를 들어야 할 것이다.

▌사례2 고대 중국어의 "之"구문과 "之"의 기능

　"之"자구조라 함은 "鸟之将死(새의 임박한 죽음)"와 같은 '명사+之+동사구'의 구조를 가리킨다. "之"자를 생략한 "鸟将死(새는 죽을 것이다)"는 '주술 구조'가 된다. 진대(秦代) 이전의 고대 중국어에서 "之"자구조와 '주술 구조'는 교체하여 사용할 수 있었다. 예를 보자.

a. <u>民之望之</u>5), 若大旱之望雨也。 (『孟子·滕文公下』)

백성들의 그것을 갈망함이, 마치 큰 가뭄에 비가 내리기를 바라는 것과 같습니다.

b. <u>民望之</u>, 若大旱之望云霓也。 (『孟子·梁惠王下』)

백성들이 그것을 갈망하는 것이 마치 큰 가뭄에 먹구름과 무지개를 바라는 것과 같습니다.

a. 是故愿<u>大王之孰计之</u>。 (『史记·张仪列传』)

그러므로 대왕의 이 점을 깊이 헤아리심을 바라옵니다.

b. 是故愿<u>大王孰计之</u>。 (史记·苏秦列传』)

그러므로 대왕께서는 이 점을 깊이 헤아리시기를 바라옵니다.

또 "之"자구조와 주술 구조를 전후로 병렬하여 사용한 예도 있다.

<u>戎之生心</u>, <u>民慢其政</u>, 国之患也。 (『左传·莊公二十八年』)

(오랑캐 나라) 융의 딴마음을 먹는 것, 백성들이 군주의 정치를 업신여기는 것이 국가의 근심이옵니다.

<u>人之爱人</u>, 求利之也 ; 今<u>我子爱人</u>, 则以政。 (『左传·襄公三十一年』)

사람의, 다른 사람을 사랑함은, 그를 이롭게 하고자 하는 것입니다. 지금 님께서 다른 사람을 사랑함은, (그에게) 백성을 다스리는 일을 맡기고자 하시는 것입니다.

子曰 : "不患<u>人之不己知</u>, 患<u>不知人</u>也。" (『论语·学而』)

공자께서 말씀 하셨다. "남들의 나를 알아주지 않음을 걱정하지 말고, (내가) 남을 알지 못하는 것을 걱정하여라."

이러한 언어 사실은 예전부터 사람들의 주목을 받았고, 이 때의 "之"가 어떤 기능을 하는가의 문제가 줄곧 논의되어 왔다. 대답 가운데 하

---

5) 역자주: 탕湯임금의 정벌을 가리킴.

나는 "之"가 주술 구조를 '어구화', '명사화' 혹은 '지칭화' 한다는 것이다. 하지만 이 대답의 문제점은, "之"를 붙이지 않은 주술 구조도 역시 문장의 주어와 목적어가 될 수 있는데 왜 굳이 이렇게 어구화, 명사화, 지칭화 하는가라는 것이다. 즉 양자는 병렬구조인데 왜 하나는 어구화, 명사화, 지칭화 하는데 반해, 다른 하나는 그렇게 하지 않는 것인가? 또 하나의 대답은 "之"가 주어와 술어를 '붙이는(粘连)' 기능을 한다는 것이다. 하지만 "之"가 없어도 주어와 술어는 긴밀하게 붙어있지 않은가? 또 다른 대답은 이때 "之"가 이미 관형어 표지가 되었다는 것인데, "王之诸臣", "侮夺人之君", "贤圣之君"("之"의 뒤는 명사)과 같은 흔히 있는 예에서 "之"는 여전히 지시사이다. 하지만 혹자는 "之"자 구조가 전국시대의 금문(金文), 『상서(尚书)』와 『시경(诗经)』에 출현하고 있으므로 춘추전국시대에 이미 존재하였음을 지적하고 있다. 이처럼 "之"가 생성되고 널리 사용되던 시대에 흔히 볼 수 있는 예문에서 "之"가 아직 관형어 표지로 성숙되지 않았다는 것은 말이 되지 않는다. 또 다른 대답은 "之"가 어기를 나타내어 강조와 완곡의 기능을 한다는 것이다. 하지만 '강조'와 '완곡'은 정반대의 두 어기인데, 도대체 "之"는 어떤 어기를 나타낸다고 할 수 있는가? 또 다른 관점은, "之"가 '우아한' 풍격을 나타낸다는 것이다. 이 주장은 "之"가 쇠퇴한 이후 시대의 문장에서는 적용이 가능하나 선진(先秦) 시기에는 아직 적용되지 않으며, 특히 "之"자구조와 주술 구조가 병렬로 사용되거나 교대로 사용되는 예문은 설명이 불가능하다. 또 다른 대답은 "之"가 전후 문단의 음절수가 모두 홀수나 짝수가 되도록 음절수를 조절하는 기능을 한다는 것이다. 하지만 "之"의 첨가 후에 오히려 음절의 조화가 깨졌음을 보여주는 많은 실례들이 있다.

德之不修, 学之不讲, 闻义不能徙, 不善不能改, 是吾忧也。

(『论语·述而』)

덕의 수양하지 못함, 배운 것의 익히지 못함, 의로움을 듣고도 실천하지 못함, 선하지 못한 것을 고치지 못함이 나의 근심이다.

丹朱之不肖[6], 舜之子亦不肖。

(『孟子·万章上』)

(요임금의 아들) 단주丹朱의 못났음이고, 순임금의 아들도 못났었다.

众之为福也, 大 ; 其为祸也, 亦大。

(『吕氏春秋·决勝』)

(군대가) 많은 것의 복이 됨이 크지만, 그것이 화가 되는 것도 크다.

"之"를 첨가하지 않으면 "德不修"와 "学不讲"은 3음절로, 뒤의 5음절 주술 구조와 홀수, 홀수로 짝이 맞는데, "之"를 첨가한 후에 음절이 오히려 어울리지 않게 되었다. 마지막 대답은, "之"가 '비교적 높은 접근성(accesibility)'을 나타낸다는 것이다. 구정보는 접근성이 높으므로 "之"자구조를 사용하려는 경향이 있고, 신정보는 접근성이 낮으므로 주술 구조를 사용하려는 경향이 있다는 것이다. 하지만 이 주장은 '접근성'이라는 개념을 제시한 점에서는 좋지만 정보의 신구로 접근성의 높고 낮음을 판단하는 데는 문제가 있다.

禄之去公室五世矣, 政逮于大夫四世矣, 故夫三桓之子孙微矣。

(『论语·季氏』)

작록(을 주는 권한)의 (노나라) 왕실을 떠남이 5대가 되었고, 정치가 대부에게 돌아간 지 4대나 되었으니 저 삼환의 자손들도 쇠약해진 것이다.

"禄之去公室"와 "政逮于大夫"는 모두 화제로 구정보인데, 왜 하나는 "之"를 첨가하고 다른 하나는 첨가하지 않았을까? 위에 기술한 두 구조가 병렬된 경우도 설명하기가 어렵다.

이 문제에 대답을 할 수 없는 것은 언어 사실의 묘사가 제대로 이루어지지 않았기 때문이라는 것이 필자의 생각이다. 언어 사실을 제대로 묘사하려면 원전에 대한 자세한 설명과 분석이 필요하다. 원전에 대한 자세한 고찰 결과, "之"자구조를 '앞에는 사용하고 뒤에는 사용하지 않은' 세 가지 경우가 있음을 발견하였다.

(1) 병렬구조에서 주로 앞은 "之"자구조, 뒤는 주술 구조로 되어있다.
(2) 시대가 다른 두 문헌에서 동일한 사건을 가리키는 두 어구의 형식은, 주로 앞은 "之"자 구조, 뒤는 주술 구조로 되어있다.
(3) 동일한 문헌 안에서 동일한 사건을 가리키는 두 어구의 형식은, 일반적으로 앞은 "之"자 구조, 뒤는 주술 구조로 되어있다.

이에 대해 각각 설명해 보기로 하겠다. 먼저 (1)의 경우, 즉 병렬구조에서 앞에는 "之"자구조를, 뒤에는 주술 구조를 사용한 경우의 예문을 보자.

戎之生心, 民慢其政, 国之患也。 (『左传·莊公二十八年』)
(오랑캐 나라) 융의 딴마음을 먹는 것, 백성들이 군주의 정치를 업신여기는 것이 국가의 근심이옵니다.

人之爱人, 求利之也；今我子爱人, 则以政。 (『左传·襄公三十一年』)
사람의 다른 사람을 사랑함은 그를 이롭게 하고자 하는 것입니다, 지금 님께서 다른 사람을 사랑함은 백성을 다스리는 일을 맡기고자 하시는 것입니다.

尔之许我, 我其以璧与珪, 归俟尔命；尔不许我, 我乃屏璧与珪。
(『尚书·金滕』)
당신들의 저를 허락하심이, 저는 옥으로 만든 벽과 규를 가지고 돌아가 당신들의 명을 기다리겠습니다. 당신이 저를 허락하지 않으시면, 저는 벽과 규를 바로 거둬들이겠습니다.

伯有闻郑人之盟己也, 怒；闻子皮之甲不与攻己也, 喜。

(『左传·襄公三十年』)

백유는 정나라 사람들의 (자신을 위해서) 맹약 맺음을 듣고 노하였지만, 자피의 무사들이 자기들을 공경하는 일에 참가하지 않았다는 것을 듣고는 기뻐하였다.

君之视臣如手足, 则臣视君如腹心。君之视臣如犬马, 则臣视君如国人。君之视臣如土芥, 则臣视君如寇雠。　(『孟子·離娄下』)

군주의 신하 봄이 자신의 손발 같다면, 신하는 군주 보기를 자신들의 배와 심장 같이 할 것입니다. 군주의 신하봄이 개나 말 같다면, 신하는 군주 보기를 보통 사람같이 할 것입니다. 군주의 신하봄이 흙이나 티끌 같다면, 신하는 임금보기를 원수 같이 할 것입니다.

子曰："政之不行也, 教之不成也, 爵禄不足劝也, 刑罚不足耻也, 故上不可以亵刑而轻爵。"　(『禮记·緇衣』)

공자께서 말씀하셨다. "정치의 행해지지 않음, 교화의 이루어지지 않음은, 벼슬로 권할 것이 못되고, 형벌은 부끄러워 할 것이 못되기 때문이다. 그러므로 위 사람은 형벌을 업신여기고 벼슬을 가벼이 여겨서는 안 된다."

战势不过奇正, 奇正之变, 不可胜穷也。奇正相生, 如还之无端, 孰能穷之？　(『孙子兵法·势篇』)

전쟁의 형세는 기병奇兵과 정병正兵에 지나지 않는데, 기병과 정병의 변화는 이루 다 헤아릴 수 없다. 기병과 정병은 상생하여 변화하는 것은 고리가 끝이 없는 것과 같으니, 누가 그것을 헤아릴 수 있으리오?

仁人之得饴也, 以养疾待老也；跖与企足得饴, 以开闭取楗也。

(『呂氏春秋·異用』)

어진이의 엿을 얻음은 병든 이를 공양하거나 늙은이를 봉양하기 위함이지만, 도척盜跖과 기족企足이 엿을 얻으면 잠긴 문을 열고 남의 재물을 취하기 위함이다.

<u>若事之捷</u>, 孙叔为无谋矣。<u>不捷</u>, 参之肉将在晋军, 可得食乎？

(『左传·宣公十二年』)

만약 이번 싸움의 승리는 손숙님께서 좋은 계책이 없다는 것입니다. 이기지 못한다면, 오삼五參 저의 살은 진나라 군영에 있을 터이니 먹을 수가 있겠습니까?

<u>德之不修</u>, <u>学之不讲</u>, <u>闻义不能徙</u>, <u>不善不能改</u>, 是吾忧也。

(『论语·述而』)

덕의 수양하지 못함, 배운 것의 익히지 못함, 의로움을 듣고도 실천하지 못함, 선하지 못한 것을 고치지 못함이 나의 근심이다.

<u>丹朱之不肖</u>, <u>舜之子亦不肖</u>。

(『孟子·万章上』)

(요堯임금의 아들) 단주의 못났음이고, 순舜임금의 아들 역시 못났었다.

<u>众之为福</u>也, 大；<u>其为祸</u>也, 亦大。

(『吕氏春秋·决勝』)

(군대가) 많은 것의 복이 됨이 크지만, 그것이 화가 되는 것도 크다.

이어서 (2)의 경우, 즉 시대가 다른 두 문헌에서 동일한 사건을 가리키는 두 어구 중 앞은 "之"자 구조, 뒤는 주술 구조를 사용한 것으로 주로 『좌전(左传)』과 『사기(史记)』의 예를 비교해보자.

    a. <u>秦穆之不为盟主</u>也, 宜哉！

(『左传·文公六年』)

    진나라 목공의 맹주가 되지 못했음이 마땅했다.

    b. <u>秦缪公……不为诸侯盟主</u>, 亦宜哉！

(『史记·秦本纪』)

    진나라 무공이 제후의 맹주가 되지 못했던 것도 역시 마땅했다.

a. 夫差！而忘越王之杀而父乎？ （『左传·定公十四年』）

부차야 너는 월왕의 너의 아버지 죽였음을 잊었느냐?

b. 阖庐使立太子夫差, 谓曰：“尔而忘句践杀汝父乎？”

（『史记·吴太伯世家』）

합려가 태자 부차를 자신의 앞에 세워놓고서 말하였다. "너는 구천이 너의 아버지를 죽인 것을 잊었느냐?"

a. 君子是以知秦之不復东征也。 （『左传·文公六年』）

군자는 이로써 진나라의 더 이상 동쪽으로 정벌해 나가지 못함을 알았다.

b. 是以知秦不能复东征也。 （『史记·秦本纪』）

이로써 진나라가 더 이상 동쪽으로 정벌해 나가지 못한다는 것을 알았다.

a. 惠公之在梁也, 梁伯妻之。 （『左传·僖公十七年』）

혜공의 양나라에 있음에, 양나라 군주 백작이 자신의 딸을 그에게 시집보냈다.

b. 初, 惠公亡在梁, 梁伯以其女妻之。 （『史记·晋世家』）

처음에 혜공이 도망가 양나라에 있을 때, 양나라 군주 백작이 그의 딸을 그에게 시집보냈다.

a. 寡君之使婢子侍执巾栉, 以固子也。 （『左传·僖公二十二年』）

아버지이신 이 나라 군주의 저로 하여금 당신을 남편으로 모셔 수건과 빗을 받쳐 들게 함은, 당신을 묶어 두고자하기 때문입니다.

b. 秦使婢子侍, 以固子之心。 （『史记·晋世家』）

진나라 군주께서 저로 하여금 당신을 남편으로 모시게 한 것은 당신의 마음을 묶어 두고자하기 때문입니다.

a. 邳郑之如秦也, 言于秦伯曰 : ……   『左传·僖公十年』

비정의 진나라로 감에, 진나라 군주인 백작에게 말하였다. "……"

b. 邳郑使秦, 闻里克诛, 乃说秦缪公曰 : ……   『史记·晋世家』

비정이 진나라에 사신으로 가 이극이 잡혀 죽었다는 것을 듣고 는 곧 진나라 무공에게 말하였다. "……"

a. 楚子问鼎之大小, 轻重焉。   『左传·宣公三年』

초나라 군주 자작이 (천자의 권력을 상징하는 솥인) 정의 크기와 무게를 물었다.

b. 楚王问鼎小大轻重。   『史记·楚世家』

초나라 왕이 (천자의 권력을 상징하는 솥인) 정鼎의 크기와 무게를 물었다.

a. 父母之爱子, 则为之计深远。   『战国策·赵策』

부모의 자식을 사랑함은, 그를 위하여 깊고 멀리 생각하여야 한다.

b. 父母爱子, 则为之计深远。   『史记·赵世家』

부모가 자식은 사랑한다면 그를 위하여 깊고 멀리 생각하여야 한다.

다음으로 (3)의 경우 그대로, 즉 동일한 문헌 안에서 동일한 사건을 가리키는 두 어구 중 앞은 "之"자 구조, 뒤는 주술 구조인 경우는 다음 두 예문을 비교해보자.

a. 国之将兴, 明神降之, 监其德也。将亡, 神又降之, 观其恶也。

『左传·莊公三十二年』

나라의 흥하려 함에는 밝은 신이 내려와 군주의 덕을 살필 것입 니다. 망하려 함에도 신이 내려와 군주의 악함을 살필 것입니다.

b. <u>国将兴</u>, 听于民。将亡, 听于神。 (同上)

나라가 흥하려 함에 백성에게 물어 듣는다. 망하려 함에는 신령에게 물어 듣는다.

『장공32년(庄公三十二年)』에서는 a의 기술이 앞에, b의 기술이 뒤이다.

a. <u>善人之赏</u>, <u>而暴人之罚</u>, 则家必治矣。 (『墨子·尚同下』)

선한 사람의 포상, 포악한 사람의 징벌이면, 나라는 틀림없이 다스려질 것이다.

b. <u>善人赏而暴人罚</u>, 则国必治矣。 (同上)

선한 사람을 포상하고, 포악한 사람을 벌한다면, 나라는 틀림없이 다스려질 것이다.

c. <u>善人赏而暴人罚</u>, 天下必治矣。 (同上)

선한 사람을 포상하고, 포악한 사람을 벌한다면, 천하는 틀림없이 다스려질 것이다.

『묵자·상동하(墨子·尚同下)』에서 "천하의 뜻을 통일하다(同一天下之义)"라는 화제 아래 차례로 a治家、b治国、c治天下에 대해 설명하고 있다.

a. (刘邦) 曰："吾入关, 秋毫不敢有所近, 藉吏民, 封府库, 而待将军。所以遣将守关者, 备<u>他盗之出入与非常</u>也。" 『史记·项羽本纪』

(유방이) 말하였다. "우리가 관중關中에 들어와 추호도 감히 가까이 하지 않았으며 관리와 백성들을 호적에 등기하고, 관청의 창고를 봉하여 장군을 기다리고 있었습니다. 장수를 파견하여 함곡관을 지킨 까닭은 다른 도둑의 출입과 의외의 변고에 대비하기

위함이었습니다."

b. (樊哙) 曰 : "……今沛公先破秦入咸阳, 毫毛不敢有所近, 封闭宫
室, 还军霸上, 以待大王来。故遣将守关者, <u>备他盗出入与非常</u>
<u>也</u>。" (同上)

(번쾌가) 말하였다. "지금 패공께서 먼저 진나라를 쳐부수고 함
양에 들어와 어떤 물건도 추호도 감히 가까이 하지 않았고, 궁실
을 봉하고서 대왕이 오시기를 기다리고 있었습니다. 장수를 파견
하여 함곡관을 지킨 까닭은 다른 도둑의 출입과 의외의 변고에
빈틈없이 대비하기 위함이었습니다."

『항우본기(项羽本纪)』에는, 먼저 a에서 유방刘邦이 항백项伯을 약속하
여 만나 항백에게 항우项羽를 설득하러 가 주기를 바라는 장면을 기술하
고 있다. 그 후 b에서 홍문鸿门의 연회에서 항장项庄이 칼춤을 추는데 그
의도가 패공沛公을 죽이려는데 있으므로, 번쾌樊哙가 들어와 항우에게 똑
같은 말을 하는 장면을 기술하고 있다.

a. <u>是故愿大王之孰计之</u>。 (『史记·张仪列传』)
이런 까닭으로 대왕의 이를 진지하게 고려하심을 바라옵니다.

b. 愿大王<u>孰计之</u>。 (同上)
대왕께서는 진지하게 고려하시기를 바라옵니다.

a에서 "孰(숙)"는 바로 "熟(숙: 진지하다)"이다. 위의 예는 『장의열전
(張儀列傳)』에서 장의张仪가 초나라 회왕怀王에게 한 단락씩 도리를 설명
하는 장면으로, "愿大王之孰计之(대왕의 이를 진지하게 고려하심을 바
라옵니다)"로 끝나는 단락을 앞에 사용하고, "愿大王孰计之(대왕께서는
이를 진지하게 고려하시기를 바라옵니다)"로 끝나는 단락을 뒤에 사용
하였다. 다시 본 장의 처음에서 제시한 예, "大王孰计之/大王之孰计之"

를 보자. 이 예문은 "之"자구조와 주술 구조가 교체되어 사용되는 경우를 설명하기 위한 것이지만, "之"자의 기능에 대해서는 설명하지 못하고 있다. 왜냐하면 한 문장은 『사기』의 『장의열전』에 나온 것이고, 또 한 문장은 동일한 『사기』의 『소주열전』에 나온 것이므로, 어느 기술이 먼저이고, 어느 기술이 나중인지 알 수가 없기 때문이다. 연구 방법으로는, '최소 대립쌍(minimal pair)'을 사용하고 있는 것이 일반적인 방법인데, 위의 a와 b는 최소 대립쌍을 구성하고 있는 이 두 구도 모두『장의열전』에서 인용한 것이다. 단지 기술의 시대가 다를 뿐이다.

사실을 여기까지 묘사한다면, 해석도 이미 내포되어 있다. "之"의 기능은 무엇인가? 지시하는 언어의 '식별성(identifiability)'을 높이는 것, 즉 다시 말해 지시하는 대상의 '접근성(accessibility)'을 높이는 것이다.

지시 대상의 '접근성(accessibility)'이란, 청자가 지시의 어구를 들었을 때 두뇌의 기억이나 주위 환경 속에서 목표사물 또는 사건을 탐색하고 찾아낼 때의 난이도를 말한다. 쉽게 찾아낸 것은 접근성이 높고, 쉽게 찾아내지 못한 것은 접근성이 낮다고 할 수 있다.

일반적으로 접근성의 고저高低는 목표물의 객관적인 상태에 따라 결정된다. 예를 들어, 부피가 큰 것은 부피가 작은 것보다 접근성이 높고, 최근에 기억한 것은 아주 오래전에 기억한 것보다 접근성이 높다. 또 찾으려는 대상이 이전에 찾은 것과 유사한 경우가 그렇지 않은 경우보다 높으며, 이미 찾은 적이 있는 대상을 다시 한 번 더 찾을 때의 접근성이 높다고 할 수 있다.

지시표현의 '식별성'이란, 화자가 제공한 지시표현에 대해 청자가 두뇌의 기억이나 주위 환경 속에서 목표사물 또는 사건을 탐색하고 찾아낼 때의 지시 강도를 말한다. 지시 강도가 높은 것은 식별성이 높고, 지시 강도가 낮은 것은 식별성이 낮다고 할 수 있다.

일반적으로 식별성의 고저高低도 역시 지시표현의 객관적인 상태에 따라 결정된다. 예를 들어, 지시사를 대동한 경우는 지시사를 대동하지 않은 경우보다 식별성이 높고, 인칭대명사가 일반명사보다 식별성이 높다. 수식어가 많은 경우가 적은 경우보다 식별성이 높으며, 강세를 두어 읽는 것이 강세가 없는 경우보다 식별성이 높다고 할 수 있다.

'접근성'과 '식별성'의 관계는 다음과 같이 말할 수 있다. 청자의 입장에서 보아 지칭 대상의 접근성이 낮을 경우에는 화자가 사용하는 지시표현의 식별성을 높일 필요가 있고, 청자의 입장에서 보아 지칭 대상의 접근성이 높을 경우에는 화자가 사용하는 지시표현의 식별성을 낮추어도 괜찮다는 것이다. 지시표현의 식별성을 높이면 지시 대상의 접근성도 높아진다. 예를 들어보자.

> a. 把杯子拿走！ 컵을 가져가!
> b. 把这只杯子拿走！ 이 컵을 가져가!
> a′. (光口头说) 把这只杯子拿走！ (말로만) 이 잔을 가져가!
> b′. (还用手指) 把这只杯子拿走！ (손으로도 가리키며) 이 잔을 가져가!

앞의 두 문장에 대해, 청자가 가져가기를 바라는 컵이 청자의 입장에서 접근성이 높다고 화자가 판단할 경우에, 화자는 a라고 말하는 것만으로 충분하고 b와 같이 말할 필요는 없다. 반대로, 이 컵이 청자의 입장에서 접근성이 낮다고 화자가 판단할 경우에는, b와 같이 지시사를 첨가하여 말할 필요가 있으며 a는 적절하지 않다. b와 같이 지시사가 첨가된 지시표현 "这只杯子(이 컵)"의 식별성은 a의 "杯子(컵)"보다 높기 때문이다. 마찬가지로 아래 두 문장에 대해서도, 청자가 가져가기를 바라는 컵이 청자에게 이미 접근성이 높다고 화자가 판단할 경우, a′와 같은 언어 표현만으로 충분하며 b′에서처럼 손으로 가리킬 필요까지는 없다. 반대로, 청자가 가져가기를 바라는 컵이 청자의 입장에서 접근성이 낮다고 화자가 판단할 경우에는, b′와 같이 손으로 가리키면서 말할 필요가 있는 것이다. b′의 지시표현 "这只杯子(이 컵)"에 손으로 가리키는 비언어적 행위를 추가한 경우는 "这只杯子(이 컵)"로 단지 언어로만 표현한 경우보다 접근성이 높기 때문이다.

'접근성'과 '식별성'을 구분하는 것은, 화자와 청자를 구분하고 소쉬르 (Saussure, Ferdinand De, 1857~1913)가 말한 '기표記表(시니피앙: 지시 언어)'와 '기의記意(시니피에: 지시 대상)'를 구분하기 위해서이다. 접근성은 청자의 입장에서 말한 것이고, 식별성은 화자의 입장에서 말한 것이다. 또 접근성은 지시된 목표물의 측면에서 말한 것이고, 식별성은 지시하는 언어의 측면에서 말한 것이다.

지시사 "这(이)"와 손가락으로 가리키는 신체행위가 식별성을 높이는 작용을 하는 것처럼, "之"도 역시 식별성을 높이는 작용을 한다. 식별성을 높이는 것은 동시에 접근성을 높이는 것이다. "鸟之双翼(새의 두 날개)"는 지시 대상 사물의 접근성을 높이고, "鸟之将死(새의 임박한 죽음)"는 지시 대상 사건의 접근성을 높인다. 즉 주술 구조가 지시하는 사물이나 사건의 접근성이 낮다고 화자가 판단하면, "之"를 첨가함으로써 그 접근성을 높이는 것이다. 예를 들면 다음과 같다.

> 孔子曰 : "禄之去公室五世矣, 政逮于大夫四世矣, 故夫三桓之子孙微矣。"
> 공자께서 말씀하셨다. "작록(을 주는 권한)의 (노나라) 왕실을 떠남이 5대가 되었고, 정치가 대부에게 돌아간 지 4대나 되었으니 저 삼환의 자손들도 쇠약해진 것이다."

위에서, 찾으려는 목표물이 방금 찾은 목표물과 서로 비슷하다면 접근성은 높다고 기술했는데, 이 문장에서도 먼저 "禄去公室(작록이 노나라 왕실을 떠났다)"라는 사건을 지시하고, 이것이 구정보라 하더라도 접근성이 낮다고 판단한 화자는 "之"를 덧붙임으로써 이의 식별성을 높이고 있다. 또 이어서 "政逮于大夫(정치가 대부에게 돌아갔다)"라고 하는 사건을 지시하는데, 이 사건은 앞에서 기술한 사건과 관련이 있고 또 병렬 관계에 있으므로, 앞의 사건이 언급된 후에는 이 사건의 접근성이 높다고 화자가 판단하여 "之"를 덧붙이지 않고 있는 것이다.

이러한 설명을 뒷받침하는 심리학적인 증거도 있다. 심리학에서 자주 사용되는 '스트룹 색상-단어 검사(Stroop color word test)'는, 피험자에게 초록색으로 쓴 "红(붉다)"자와 붉은색으로 쓴 "绿(푸르다)"자를 보여주는 테스트이다.

스트룹 색상-단어 테스트
"红"은 초록색, "绿"은 붉은색이다

피험자는 글자를 읽을 때는 아무런 간섭을 받지 않고 읽을 수 있었지만, 그 글자의 색을 말할 때는 간섭을 받았다. 즉 글자 "红"자를 붉은색이라고 말하고, "绿"자를 초록색이라고 말하기가 쉬웠다. 이는 개념인 '붉은색'이 자극을 받을 때 종류가 같은 색의 개념인 '초록색'도 쉽게 자극을 받기 쉬우므로, 간섭이 발생하였음을 보여준다.

따라서 병렬구조의 문장에서, 앞에 "之"를 사용하고 뒤에는 "之"를 사용하지 않는 것도 사실은 일종의 '스트룹 효과'인 것이다. "禄去公室"라는 사건이 활성화된 후에는 같은 종류의 사건인 "政逮于大夫"도 쉽게 활성화된다. 이 해석에 반례는 없을까? 병렬구조는 반례가 많지 않은 것처럼 보이며 주로 두 가지 종류의 문장을 생각할 수 있다. 하나는 "犹(마치 …와 같다)", "若(…와 같다)"를 사용한 비유문이고, 또 하나는 긍정문과 부정문의 대비문이다. 예를 보자.

> 民归之，由水之就下。　　　　　　　　　　　　（『孟子·梁惠王上』）
> 백성들이 그 분을 따라가는 것이 마치 물의 아래로 흐름과 것과 같
> 습니다.

> 皆患其身不贵于国也，而不患其主之不贵于天下也；皆患其身之不
> 富也，而不患其国之不大也。　　　　　　　　　（『吕氏春秋·务本』）
> 모두들 그 자신이 나라에서 존귀하지 않을까 하는 것은 걱정하지만,
> 그 군주의 천하에서의 존귀하지 않음은 걱정하지 않는다. 모두들 그
> 자신이 부유하지 않을까 하는 것은 걱정하지만, 그 나라의 커지지
> 않음은 걱정하지 않는다.

첫 번째 문장의 "由"는 바로 "犹"이다. 이 두 문장은 실제로는 진정한 의미의 병렬문이 아니다. 병렬문의 경우 전후 의미상의 중요도에 차이가 없는데, 위의 두 문장은 차이가 있으며, 뒤 문장에 의미의 중점이 있다. 화자는 의미의 중점이 있는 곳은 자연히 식별성을 높여야 한다고 생각한다.

시대가 다른 두 문헌에서 동일한 사건을 가리키는 어구의 형식과, 동일한 문헌에서 동일한 사건을 가리키는 전후의 두 어구에서, 전자는 "之"를 사용하고 후자는 사용하지 않은 이유는 무엇일까? 이는 이미 찾은 목표물을 다시 한 번 검색할 때의 접근성은 높기 때문에 지시표현의 식별성을 더 이상 높일 필요가 없기 때문이다. 문헌에 따라서는, 기술된 시대의 전후를 판정하기가 어려운 것도 있다. 예를 보자.

> a. 昔尧之治天下也，使天下欣欣焉人乐其性。　　　（『莊子·在宥』）
> 옛날 요임금의 천하를 다스림에, 세상 사람들을 기쁘게 만들고,
> 자신들의 본성을 즐기게 하였다.

b. 昔尧<u>治天下</u>, 吾子立为诸侯。 (『莊子·天地』)
   옛날 요임금이 천하를 다스릴 때에는 선생께서 제후로 계셨습니다.

이 두 문장은 기술된 시대의 순서를 비교하기가 어렵다. 하지만 텍스트를 자세히 분석해보면, 『재유(在宥)』편의 "昔尧之治天下也"은 처음으로 "尧"와 "尧治天下"에 대해 언급하였음을 발견할 수 있다. 새롭게 화제가 된 것은, 뒤 문장에서 서술대상이 되므로 "尧治天下"의 식별성을 높여야 할 필요로 인해 "之"가 첨가된 것이다. 『천지(天地)』편에서는 "昔尧治天下"의 문장이 출현하기 전에, "尧"에 대해 이미 10차례나 언급하고 있고, 그 중에 "尧治天下"도 포함되어 있기 때문에 "尧"와 "尧治天下"의 접근성이 이미 상당히 높아져 있음을 알 수 있다. 따라서 "之"를 첨가하지 않은 형식이 되는데, 이 역시 여전히 위의 규칙을 준수하고 있다고 말할 수 있다.

a. 而抉吾眼县（悬）吴东门之上, 以观<u>越寇之入灭吴</u>也。
   (『史记·伍子胥列传』)
   내 눈을 도려내어 오나라 동문 위에다 걸어두어라. 월나라 도둑의 오나라로 침입함과 멸망시킴을 똑똑히 보리라.

b. 必取吾眼置吴东门, 以观<u>越兵入</u>也。 (『史记·越王勾践世家』)
   꼭 내 눈을 꺼내어 오나라 동문에다 걸어 두어라. 월나라 도둑의 (오나라로) 들어오는 것을 똑똑히 보리라.

위의 두 예도 기술된 시대의 전후를 비교하기 어려우며, 역시 텍스트에 대해 자세한 분석이 필요하다. a의 경우, 『오자서열전(伍子胥列传)』은 오자서 그대로 서술대상으로 주인공이다. 주인공이 한 말은 중요하며, 그의 일생을 나타내는 고사의 일부이기 때문에 상세히 서술해야 한다.

따라서 지시하려는 사건인 "越寇入灭吳"의 식별성을 높일 필요가 있는 것이다.

b의 경우 『월왕구천세가(越王句践世家)』에서 오자서는 주요 서술대상이 아니며 주인공도 아니다. 그가 한 말도 특별히 상세히 부각시켜 기술할 필요가 없기 때문에, 사마천(司馬遷)이 집필할 때도 오자서에 관한 완전한 이야기는 독자들이 『오자서열전』을 읽으면 알 수 있다고 생각하여, "悬吳东门之上"을 간단히 "置吳东门"으로 표현하고, "越寇之入灭吳"도 간단히 "越兵入"로만 표현한 것이다. 따라서 이 예도 역시 위의 규칙을 따르고 있는 것이다.

그 밖에 반례로 보이는 것들도 모두 필자가 제시한 해석으로 설명이 가능하다. 예를 들면 다음과 같다.

a. (沛公) 曰 : "……愿伯具言臣之不敢倍（背）德也。"

(『史记·项羽本纪』)

(패공이) 말하였다. "…… 항백 당신께서 항장군께 저의 감히 은덕을 져버리지 않을 것임을 잘 말씀드려 주기를 바라옵니다.

b. 张良曰 : "请往谓项伯，言沛公不敢背项王也。" (同上)
장량이 말하였다. "항백에게 가서서 패공은 감히 항왕을 배반하지 않을 거라 말씀하여 주시기를 바라옵니다".

b의 장량(张良)이 패공(沛公)에게 한 말이 앞에 나오고, a의 패공이 항백(项伯)에게 한 말이 뒤에 나온다. 기술된 순서도 이와 같은데, 이 예는 마치 위에서 서술한 규칙을 위배한 것 같지만 사실은 그렇지 않다. 왜냐하면, 말을 하는 언어 환경이 서로 다르기 때문이다. 장량이 패공을 설득하며 "沛公不敢背项王(패공은 항왕을 배반할 수 없습니다)"라고 항백에게 말하게 하였다. 패공이 듣고서 왜 그렇게 말해야 하는지를 묻지 않고, "君安与项伯有故？(당신은 왜 항백과 관계가 있는 것입니까?)"라

고 질문하는데, 이를 통해 "沛公不敢背項王"이라는 표현이 패공에게는 예상한 것이며 패공의 입장에서 보면 접근성이 높다는 것을 알 수 있다. 따라서 "之"를 붙이지 않은 것이다. 하지만 패공이 항백에게 한 말은, 항백의 입장에서는 아마 예상 밖의 일로 접근성이 낮기 때문에 "之"를 붙인 것이다.

다음 예문도 일견 반례가 포함된 것처럼 보인다.

> 周颇曰 : "固欲天下之从也。天下从, 则秦利也。" 路说应之曰 : "然则公欲秦之利夫?"　　　　　　　　　　　　　　(『吕氏春秋·应言』)
>
> 주파가 말하였다. "진실로 천하의 따름을 바랍니다. 천하가 따른다면 진나라가 이롭습니다." 노열이 이에 응대하여 말하였다. "그렇다면 공께서는 진나라의 이롭게 됨을 바라십니까?"

주술 구조의 "秦利"가 앞에 있고 "之"자구조의 "秦之利"가 뒤에 있지만, 사실은 이 역시 진정한 반례라 할 수 없다. 지칭어의 지시 대상은 사물과 사건 외에 발화 그 자체도 될 수 있다. 발화 자체를 가리키는 지칭어는 '문맥지시'라고 하며, '전방조응前方照應(anaphora)'[6)]와 '담화직시談話直示(discourse deixis)'[7)]로 구분할 수 있다. 예를 들어 이 두 개념의 차이를 설명해보겠다.

a. 她经常胃痛, 胃痛就不吃东西。
그녀는 자주 위가 아픈데, 위가 아프면 음식을 먹지 못한다.

b. 女儿 : 我又胃痛了。
딸: 저 또 위가 아파요.

---

6) 역자주: 선행사가 앞에 오고 그것을 지시하는 조응 표현이 뒤에 오는 것으로 후방조응에 상대되는 개념.
7) 역자주: 발화 그 자체를 포함하고 있는 담화상의 어떤 부분을 지시하는 것.

妈妈 : "胃痛" 那你还吃冰激凌！

엄마: "위가 아프다"면서 너 그런데도 아이스크림을 먹니!

  a문장에서 뒷부분의 "胃痛"은 앞에 출현한 "胃痛"을 지시하는 전방조응인데, 이는 '지시'라고 하기보다 '대용(代用)'이라고 하는 것이 더 적합하며, 보통 강세를 둘 수 없다. b의 대화에서는 엄마가 말한 "胃痛"은 딸이 말한 "胃痛"을 직접 가리키거나 인용한 것으로 '담화직시어'가 된다. 이를 쓸 때에는 인용부호를 붙이고 읽을 때는 강세를 두어야 하며, 뒤에는 지시사인 "那(그)"를 붙일 수도 있다. 담화직시어는 단순히 지시의 기능만 하는 것이 아니라 청자의 주의력을 지시된 발화의 의미(명제 내용 혹은 언외지의言外之義)로 향하게 하는 역할을 한다. 화자는 직시하거나 한 단락의 말을 인용할 때 이에 대한 반대나 풍자 등(위의 예는 엄마가 비꼬고 있는 경우이다)의 주관적인 태도를 나타낸다. 강세를 두거나 인용부호, 지시사 "那(그)"를 붙이는 것도 모두 청자와 독자의 주의를 끌어 지시된 말의 의미와 화자의 주관적인 태도를 의식하게 하기 위한 것이다. 종합하면, 담화직시어는 텍스트 안에서 의미의 중심부분이다. 위의 예에서 주파(周頗)가 한 말은, 바로 선진(先秦) 중국어의 지시어가 발화 그 자체를 가리킬 때에도, "之"를 사용하여 식별성을 높일 수 있음을 보여준다. "天下从(천하가 따른다)"은 전방조응으로, 단순히 앞에 나온 "天下之从(천하의 따름)"을 그대로 가리키는 것일 뿐 의미의 중심이 아니므로 주술 구조로 되어있다. 반면 "秦之利(진나라의 이롭게 됨)"는 담화직시어로 노열(路说)이 주파(周頗)가 한 말 "秦利(진나라가 이롭게 되다)"를 인용함으로써 주파의 주의를 그 의미로 향하게 하려는 것과 동시에 이러한 견해에 대한 자신의 반대 태도를 나타내고 있다. 이는 의미의 중심이기 때문에 "之"자구조를 사용하고 있다.

  연구 방법을 이야기하면, 반례로 보이는 경우도 반드시 구체적인 분석을 할 필요가 있다. 그 중에는 진정한 반례도 있지만, 실제는 반례가 아니라 역으로 가설의 규칙성을 증명하는 경우도 있기 때문이다. 예를 들면, 1년 사계절 중에 7~8월에는 아이스크림을 먹고 1~2월에는 불을 피워 따뜻하게 하는 것이 일반적인 규칙이다. 만약 어떤 사람이 오스트레일리아의 경우를 가지고 이 규칙이 성립하지 않음을 증명하고자 한다면, 이는 헛수고이다. 오스트레일리아는 결코 반례가 될 수 없으며, 오히려 역으로 그 규칙의 정확성을 증명해준다. 이 규칙의 본질은 날씨가 더우면 아이스크림을 먹고, 날씨가 추우면 불을 피워 따뜻하게 하는 것이다. 지구상의 사람들은 대부분 북반구에서 생활하므로, 7~8월이 덥고 1~2월이 춥기 때문이다.

위에서 두 연구사례에 대해서도 '묘사'와 '해석'이라는 두 부분으로 나누어서 기술하였다. 하지만 실제로는 언어 사실을 묘사하면서 동시에 해석이 이미 마음 속에 존재하고, 또 해석을 할 때도 새로운 언어 사실을 계속해서 묘사하고 있는 것이다.

▌맺는말

위의 두 연구 사례를 종합하여, 사실나열과 이치설명 사이의 관계에 대해, 즉 언어 사실의 묘사와 해석의 관계에 대해 필자는 다음 몇 가지 느낀 점이 있다. 첫째, 묘사는 해석의 기초이며, 묘사를 매우 중시해야 한다는 것이다. 사실을 제대로 묘사하게 되면, 해석 역시 그 안에 있기 때문이다. 둘째, 어느 정도의 이론 인식과 안목이 없으면, 또 "왜?"라는 의문이 많지 않으면, 의미 있는 언어 사실들을 발견할 수가 없으며 제대로 묘사할 수가 없게 된다. 셋째, 묘사와 해석은 한 동전의 양면과 같이 두 가지가 아닌 하나의 일이라는 것이다. 사실을 묘사함과 동시에 해석을 하고 있는 경우도 있고, 해석을 할 때도 역시 새로운 언어 사실을 묘사하기도 하기 때문이다.

마지막으로, '언어 현상'과 '언어 사실'을 구분할 필요가 있다. 우리는 "이러한 현상이 발생했다'라고는 해도, "이러한 사실이 발생했다"라고는 하지 않는다. 또 "사실에 근거해서 말한다"라고는 해도 "현상에 근거해서 말한다"라고는 하지 않는다. 일반적으로 '사실'은 이치설명을 위해 '현상' 중에서 뽑아낸 것으로, 해석을 할 때 '묘사'되어진 것이다.

참고문헌

- 사례1의 연구에 대해서는 沈家煊(2008)「李白和杜甫：出生和"出场"──论话题的引入与象似原则」, 『语文研究』第2期 1-4쪽 참조.
- 사례2의 연구에 대해서는 沈家煊, 完权(2009)「也谈"之字结构"和"之"字的功能」, 『语言研究』第2期 1-12쪽 참조.
- '약한 예측'에 대해서는 沈家煊(2004)「语法研究的目标──预测还是解释？」, 『中国语文』第6期 483-492쪽 참조.

제3강 왜 중국어는 동사도 명사라고 하는가?
— 문법 연구의 타파와 재건립

필자는 최근 중국어 품사 문제와 관련하여 새로운 관점을 제시하였다. 중국어의 명사와 동사는 인구어印歐語처럼 각각 독립된 품사가 아니며 명사가 동사를 포함하고 있다는 견해이다. 즉 중국어의 동사는 사실 본질적으로 모두 명사성을 가지고 있으며, 명사라는 큰 부류 안의 동태명사(动态名词, 줄여서 动名词)라고 하는 하나의 특수한 하위 부류라는 것이다. 필자는 인구어의 품사 분류 모델을 '명동 분립(名动分立)'이라 하며, 중국어의 품사 분류 모델을 '명동 포함(名动包含)'이라 부르기로 한다. 중국 문법학계는 줄곧 중국어의 형용사를 동사의 한 하위 부류로 인정해 왔다. 이는 인구어의 형용사가 서술어로 쓰일 때에는 계사繫辭인 be동사가 필요하지만, 중국어는 형용사가 직접 서술어로 쓰일 수 있기 때문이다. 그렇다면 중국어는 명사가 동사를 포함하고, 또 동사는 형용사를 포함하게 된다. 이 때 형용사는 성질 형용사만을 가리키며 상태 형용사는 포함되지 않는다.

이러한 기본적인 관점과 관련되는 또 하나의 관점이 있다. 그것은 중국어를 우선 '명사'와 '묘사어(状词)'로 구분해야 한다는 것이다. '묘사어'란 '상태 묘사어(摹状词, descriptions)'의 약어이고, 이와 대립하는 '명사'는 동사와 형용사를 모두 포함하는 '대명사(大名词)'를 가리킨다. 중국어의 명사, 동사, 형용사는 중첩 후에 모두 상태 묘사어구(摹状词语)가 된다는 것이 이 관점의 가장 중요한 근거이다.

또한 명사의 하류 부류인 동사는 '동명사(动名词)'로, 먼저 단음절인지 2음절인지(다른 기준이 아닌)에 따라 동작성의 강약을 구분해야 한다는 것이 필자의 견해이다. 이때 단음절 동사는 '강동작성 명사(动强名词)'라 부르며, 2음절 동사는 '약동작성 명사(动弱名词)'라 부르기로 한다.

오늘은 왜 중국어는 동사도 명사라 할 수 있는지, 그리고 이러한 관점이 중국어 문법 연구에 어떤 장점이 있는지에 대해 집중 논의하고자 한다.

▌두 가지 곤경으로부터의 탈피

우리는 중국의 품사 문제와 관련하여 두 가지 곤경에 빠졌다. 첫 번째 곤경은 '1단어 1품사(词有定类)'를 추구하면 결국은 '1품사 다기능(类无定职)'이 되어버리고, '1품사 1기능(类有定职)'을 추구하면 결국은 '1단어 다품사(词无定类)'가 되어버린다는 것이다. 두 번째 곤경은 '단순성의 원리(简单原则)'를 만족하면 '확장 규칙(扩展规约)'에 위배되고, 역으로 '확장 규칙'을 만족하면 '단순성의 원리'에 위배된다는 것이다.

우선, 첫 번째 곤경에 대해 설명해보기로 한다. 다음 세 개의 간단한 예를 보자.

鬼哭 귀신이 운다
爱哭 울기를 좋아한다, 잘 운다
哭墙 통곡의 벽

리진시(黎錦熙, 1890~1978)선생[1]의 관점으로 보면, 어휘 "哭"(울다)는 정해진 품사가 없는 '1단어 다품사(词无定类)'이지만, 문장 안에서 품사 변별이 가능한 '문장 내 1기능(依句辩品)'을 한다. 즉 "哭"가 문장 안에서 맡은 '역할(职务)'은 변별이 가능한데, "鬼哭(귀신이 운다)"에서는 서술어이므로 동사가 되고, "爱哭(울기를 좋아한다)"에서는 목적어이므로 명사가 되고, "哭墙(통곡의 벽)"에서는 관형어이므로 형용사가 된다.

하지만 주더시(朱德熙)선생의 관점에서 보면, "哭"는 '품사가 정해져 있어(词有定类)' 동사이지만, 문장에서의 '역할'은 고정되어 있지 않다. "鬼哭"에서는 서술어가 되고 "爱哭"에서는 목적어가 되며, "哭墙"에서는 관형어가 된다.

이 두 가지 견해는 마치 병에 반쯤 들어있는 술에 대해서 하나는 "반병이 비었다"라고 말하는 것이고, 또 하나는 "아직 반병이 남아있다"라고 말하는 것처럼 관찰의 출발점이 다를 뿐이다.

다음으로 두 번째 곤경을 보자. '단순성의 원리(简单原则)'와 관련하여, 뤼수샹(吕叔湘)선생은 품사 변환에 대해 다음과 같은 유명한 말을 하였다. "동일한 조건하에서 같은 품사의 단어가 모두 동일하게 활용된다면, 이는 품사 변환으로 볼 수 없다.[2]"라는 것이다. 중국어의 동사가 그대로 모두 주어와 목적어가 될 수 있다면, 주어나 목적어로 쓰일 때 동사가 명사로 전환되었다고 말할 필요가 없으며, 동사 자체에 바로 주어와 목적어의 기능이 있다고 보아야 한다는 것이다. 즉 동사가 '명사화' 혹은 '명물화' 되었다는 주장은 사족인 셈이다. 주더시(朱德熙)선생은 이러한 '단순성의 원리'를 견지하였으며, "하나의 이론이나 체계를 평가할 때, 단순성은 엄격성과 함께 중요한 기준이 된다"라고 하였다.

---

1) 역자주: 중국의 유명한 문법학자로, 문법서 『신저국어문법(新著國語文法)』을 썼다.
2) 역자주: 원문은 "凡是在相同条件下, 同类的词都可以这样用的, 不算此类转变"이다.

‘단순성의 원리’는 ‘오캄의 면도날(Occam's razor)원칙’이라고도 불리는데, 동일한 현상을 두고 어느 한 해석은 많은 가설을 필요로 하고, 다른 해석은 필요로 하는 가설이 적다면 가설이 적은 쪽을 신뢰해야 한다는 것이다. 중국어 동사가 모두 주어, 목적어가 될 수 있다는 것에 대해, 하나의 해석은 다음 두 가지 가설이 필요하다. 첫 번째는, 명사는 주어와 목적어가 되며, 동사는 서술어가 된다는 것이고, 두 번째는, 동사가 주어와 목적어가 될 때는 명사로 변환한다는 것이다. 반면 다른 해석은 단 하나의 가설만을 필요로 한다. 즉 중국어 동사의 기능에는 서술어가 되는 것 외에 주어, 목적어도 될 수 있다는 것이 그것이다. 당연히 필요로 하는 가설이 적은 후자의 해석을 신뢰해야 할 것이다. 결국, ‘오캄의 원칙’을 관철시키는 것은 곧 ‘오캄의 면도날’을 휘두르는 것이다. 모든 불필요한 단위나 범주, 조작 등의 절차는 전부 깎아내야 하는 것이다.

혹자는 “거의 모든 동사는 주어, 목적어가 될 수 있다”라는 견해에 의문을 나타내기도 한다. 그는 “是(…이다), 有(있다), 认为(여기다), 等于(…와 같다)” 등과 같은 일부 추상동사가 주어나 목적어가 되는 것에 의문을 가진다. 하지만 이 역시 가능하다. 예문을 보자.

我想是，她一定离婚了。
나는 그렇다고 생각하는데, 그녀는 분명히 이혼했다.

有总比没有好，大家还是想有。
있는 것이 없는 것보다는 낫다. 모두들 갖고 싶어한다.

认为怎么样？不认为又怎么样？
그렇게 생각하면 어때? 그렇게 생각하지 않으면 또 어때?

我不要近似，我要等于。
나는 유사한 것 말고, 꼭 같은 걸 원한다.

이처럼 특정한 언어 환경만 설정된다면, 동사가 주어나 목적어의 위치에 들어가는데 제한이 없다. 또 언어 코퍼스와 통계수치를 가지고 말을 하는 사람도 있다. 예를 들면, 개별 동사가 주어나 목적어가 되는 경우는 언어 코퍼스에서 소수의 예에만 해당된다거나, 단음절 동사는 '명사+的+동사' 구조 속에 들어가는데 상당한 제한을 받는데, 이는 서면어에만 그렇고 구어에서는 그렇지 않다는 것이다. 하지만, 주더시(朱德熙)선생이 중국어의 동사가 주어나 목적어가 될 때, '명사화'가 일어나지 않음을 논증하기 위해 제시한 다음 7개의 예문을 보자.

去是有道理的。가는 것이 이치에 맞다.
不去是有道理的。가지 않는 것이 이치에 맞다.
暂时不去是有道理的。잠시동안 가지 않는 것이 이치에 맞다
他暂时不去是有道理的。그는 잠시동안 가지 않는 것이 이치에 맞다
他的去是有道理的。그가 가는 것이 이치에 맞다
他的不去是有道理的。그가 가지 않는 것이 이치에 맞다
他的暂时不去是有道理的。그가 잠시동안 가지 않는 것이 이치에 맞다

주선생은 2음절이 아닌 단음절동사 "去"를 사용하여 예증을 하였다. 그는 개별 동사 "去" 뿐만 아니라 "他的去, 他的不去" 등의 어구도 사용하여, "동사와 동사구는 어디에 나타나든 그 형식은 완전히 같다"라고 하였다. 어휘 "去"의 품사성이 변했다거나 동사구 "不去", "暂时不去"의 성질이 변화했다라고 말할 필요가 없는 것이다. 만약 언어 코퍼스에서 이러한 예문을 찾는다면 아마 아예 찾기가 어렵거나 찾더라도 극소수에 불과할 것이다. 하지만 이것으로 주선생의 견해를 부정할 수는 없다. 언어 코퍼스에서 찾을 수 없다는 것이 앞으로 영원히 찾을 수 없음을 보장하지는 않기 때문이다. 촘스키(N. Chomsky, 1928~)의 말을 빌면,

문법 규칙은 이미 존재하는 합법적인 문장을 생성하는 것 외에도 아지 존재하지 않는 합법적인 문장도 생성할 수 있다. 이것이 현재 '생성 문법" 근본 이론이다.

언어 코퍼스와 관련하여, 아동 언어 코퍼스에 수록된 2~4세 아동의 말 중에는 동사나 동사구가 서술어 "怕(무서워하다, 두려워하다)"의 목적어가 되는 예문들이 있다.

> 怕丢了。잃어버릴까 겁난다.
> 我怕倒。나는 넘어질까 겁난다.
> 怕打屁股。엉덩이를 맞을까 겁난다.
> 我怕说我。야단을 맞을까 겁난다.
> 我怕掉下去。떨어질까 겁난다.
> 我怕不出来接我。나를 마중하러 나오지 않을까 겁난다.
> 我怕过来偷我的。내 것을 훔치러 올까 겁난다.

하지만 언어코퍼스가 매우 중요하므로 참고와 근거가 될 수는 있어도, 여기에 의존해서는 안되며 맹신은 더욱 금물이라고 생각한다.

'중심확장규칙'은 블룸필드(L.Bloomfield, 1887~1949)가 제창한 '내심구조이론(向心结构理论)'을 말하는데, 오늘날 '생성 문법'에서 말하는 'X-bar'이론과도 대체로 유사하다. 이는 하나의 성분이 중심이 되어 확장을 할 때, 확장된 구조의 문법 특징은 중심 성분의 문법 특징과 같음을 말한다. 즉 중심 성분이 명사성이면 확장된 구조 역시 명사성이며, 중심 성분이 동사성이면 확장된 구조 역시 동사성이라는 것이다.

우리가 직면한 곤경은 "这本书的出版(이 책의 출판)"이라는 아주 간단한 예로 설명할 수 있다. "这本书的出版"은 일반적으로 문장 안에서 주어나 목적어가 되는데, '단순성의 원리'에 따라 우리는 동사 "出版(출판하다)"에 대해 '명사화'되었다고 말해서는 안된다. 하지만 "出版"을 여전히 동사라고 하면 또 '중심확장규칙'에 위배된다. "出版"은 동사인데, 이를 중심어로 하여 확장한 후의 구조인 "这本书的出版"은 명사구이기 때문이다.

바로 이러한 두 가지 곤경으로 인해 우리는 뤼수샹선생이 말년에 했던, "문법 연구는 '큰 타파와 재건립'이 필요하다. '단어', '동사', '형용사', '주어', '목적어'같은 전문용어는 잠시 내려놓고, 지금까지 감히 건드리지 못했던 각종 규칙들에 과감히 손질을 가해야 할 것이다."라는 말의 의미를 잘 이해할 수 있게 되었다.

이제 '명동 포함' 모델이 생겼으니, 우리는 적어도 명사와 동사의 문제에서는 위의 두 가지 곤경에서 벗어나게 되었다. "哭(울다)"는 '1단어 1품사'인가 아니면 '1단어 다품사'인가? 명사와 동사는 결국 구분이 없는가? 어느 각도에서 본다면, 중국어에서 명사와 동사는 구분이 없다고 할 수 있다. 왜냐하면 동사 역시 명사이기 때문이다. "哭"는 동사이면서 역시 명사이다. 하지만 또 다른 각도에서 본다면, 중국어에서 동사와 명사는 구분이 있다고 할 수 있다. 왜냐하면 모든 명사가 다 동사는 아니기 때문이다. "鬼(귀신)"와 "墙(벽)"은 분명히 동사가 아닌 명사이다. 이러한 모델은 명사가 동사를 포함하고 있으며, 동사는 특수한 하위 부류의 하나인 동명사로서 명사라는 큰 범주에 속해 있다. 이로써 첫 번째 곤경에서 벗어날 수 있게 되었다. 그리고 "出版"은 동사이면서 명사이므로, "这本书的出版"이 '중심확장규칙'에 위배된다는 문제가 더 이상 존재하지 않기 때문이다. 또 "不出版"은 동사구이면서 명사구이므로, "(这本书的不出版)이 책의 미출판"역시 '중심확장원칙'에 위배된다는 문제 역시 존재하지 않는다. 이로써 두 번째 곤경에서도 벗어날 수 있게 되었다.

이론적인 문제가 해결되니, 응용상의 문제도 역시 완전히 해결하는것이 가능해졌다. 기존 품사 이론의 제약을 받아 주어와 목적어가 되는 동사(구)를 동사성 성분으로 표시하게 되면, 컴퓨터가 단어나 구의 구조를 분석하는데 불리하다. 왜냐하면 단어와 구를 분석하거나 이해하기 위해서는, 지칭어(指称语)와 진술어(陈述语)의 구분이 가장 중요한 구분이기 때문이다. 이제 우리는 '단어에 정해진 품사가 없다(词无定类)'라는 속박에서 자유로워져서, 정정당당하게 이를 명사(구)로 부를 수 있으며, 이들이 진술어라는 가능성도 배제시킬 수 있게 되었다.

문법 연구의 '타파'를 말하기 위해서는 '단순성의 원칙'과 '중심확장규칙'과 같은 중요한 원리를 가벼이 여겨 버려서는 안 된다. 나중에 높은 댓가를 치러야하기 때문이다.

▌반걸음만 앞으로 나아갈 뿐

'명동 포함' 모델을 주장한다고 해서 '단순성의 원리'와 '중심확장규칙'을 버릴 필요는 없다. 단지 기존 이론의 기초 위에 앞을 향해 반걸음만 나아가면 된다. '명동 포함' 모델을 논증하기 위해서 필요한 것은 다음 ABC 세 가지 뿐이다. 필자는 이를 중국어와 인구어의 차이 ABC라 부르기로 한다.

- A. 他开飞机。　 *He fly a plane.　 He flies a plane.
  그는 비행기를 운전한다.

- B. 他开飞机。　 *He flies plane.　 He flies a plane.
  그는 비행기를 운전한다.

- C. 开飞机容易。 *Fly a plane is easy.　 Flying a plane is easy.
  비행기 운전은 쉽다.

A와 C에 관한 중국어의 특징은 주더시(朱德熙)선생이 일찍부터 견지

하고 강조한 것이다. 구체적으로 A는 중국어 동사 "开"가 문장 안에서 진술어가 될 때 인구어처럼 '진술화'과정을 거치지 않음을 나타낸다. 혹자는 이 '진술화'를 '용해(溶解)'의 과정이라고도 하는데, 영어 fly가 flies로 변하는 것이 바로 여기에 해당된다. 이러한 의미에서 본다면 중국어의 동사는 그대로 곧 진술어가 된다. C는 중국어 동사가 명사처럼 쓰일 때, 즉 주어와 목적어가 될 때 인구어처럼 일종의 '명물화' 혹은 '명사화' 과정을 거치지 않음을 나타낸다. 이는 영어 fly가 flying 혹은 to fly가 되는 과정을 뜻한다. 필자는 단지 위의 A와 C 두 가지 기초 위에서, B만을 추가했을 뿐이다. 그 요점은, 중국어 명사 "飞机"가 문장 안에서 지칭어 역할을 할 때 인구어처럼 '지칭화' 과정을 거치지 않음을 나타내는 것이다. 영어는 plane이 a plane이 되는 지칭화 과정이 필요하다. 이러한 의미에서 본다면 중국어 명사는 그대로 곧 지칭어가 된다. 위의 ABC를 종합하여 보면 '중국어의 동사는 명사이기도 하며, 동사는 명사의 하위 부류'라는 결론에 자연스럽게 도달하게 된다.

B에 대해 우리는 과거에도 모르지는 않았지만, 그다지 중시하지 않았을 뿐이다. 필자는 언젠가 "他开飞机/He flies a plane"와 "开飞机容易/Flying a plane is easy"의 두 문장을 예로 들어 학생들에게 중국어와 영어의 주요 차이점을 물어본 적이 있다. 많은 학생들이 A와 B의 차이를 말하는 것은 가능했으나, C의 차이는 알아채지 못했다. 하지만 영어 문장 He flies plane은 역시 He fly a plane과 마찬가지로 영어문법에 어긋난다. 이는 우리가 중국어의 시각으로 중국어를 보는데 익숙해져 있어서, 중국어의 원형 명사는 그대로 직접 주어와 목적어가 될 수 있다는 점이 인구어와 다른 중요한 특징임을 간과했기 때문이다. 우리가 '타파'할 것을 이처럼 중국어만의 시각으로 중국어를 바라보는 습관인 것이다.

ABC 세 가지 중에 두 가지는 주선생이 이미 밝혀내고 강조함으로써, 인구어의 시각에서 탈피하는 여정에 이미 한 걸음을 내딛었다. 필자는 나머지 하나만을 밝히고 강조하였으니 주선생이 걸어온 기초 위에 단지 반걸음만을 전진했을 뿐이다. 주선생이 생전에 강조하고 견지한 그 두 가지는 우리 후학들에게 물려준 가장 중요한 학술 유산이다. 절대로 염가처리해서는 안될 것이다.

▎언어 유형론의 각도에서 본 '명동 포함(名动包含)'

우리가 무너뜨려야 하는 것이 또 하나 있다. 그것은 두 범주가 대립할 때, 갑과 을이 서로 배척하는 하나의 경우뿐이라는 관점이다. 사실은 배척 관계 외에 일종의 포함 관계, 즉 갑이 을을 포함하는 경우도 있다. 20세기 30년대 야콥슨(R.O. Jakobson, 1896~1982)[3]은 트루베츠코이 (N.S. Trubetskoi, 1890~1938)[4]의 음위대립 이론을 기초로 하여 형태론에도 포함 관계의 대립이 존재함을 밝혔다. 이해하기 쉬운 예로 영어의 man과 woman의 대립이 있다. man은 woman을 포함하고 있는데, 이는 중국어의 "男人(남자)"과 "女人(여자)"의 대립과는 다르다.

갑을 분립
男人[+양성], 女人[+음성]

갑을 포함
man[-음성], woman [+음성]

---

3) 역자주: 러시아 출신의 미국 언어학자로 프라하학파의 창시자가 됨. 언어학을 통해 현대 구조주의 사상에 지대한 영향을 끼쳤다.
4) 역자주: 러시아의 언어학자. 코카서스어·핀우그르어·슬라브어 등을 연구, 음운론 연구와 그 원리의 확립에 공헌하였다.

여기서 man[-음성]은 man이 [음성]의 특징을 갖고 있지 않음을 뜻하는 것이 아니라, 이 특징을 가지고 있는지 여부가 명시되지 않음을 나타낸다. 그렇다면, 중국어의 명사와 동사에 대해 살펴보자. 영어의 noun과 verb의 대립은 중국어 "男人"과 "女人"의 관계와 흡사하며, 중국어의 명사와 동사의 구별은 영어 man과 woman의 관계와 흡사하다. 현재 '생성 문법'은 영어에서 출발하여 인류 언어에서 명사와 동사의 대립에 대해, 명사는 [+N], 동사는 [+V]이라는 분립 모델로 보고 있다. 하지만 이는 앞의 두 가지 대립모델 가운데 배척 관계의 대립만 본 결과이다. 사실 인류 언어를 살펴보면, 명사는 [-V]가 되고(명사가 [V]의 특징을 가졌는지를 명시하지 않음), 동사는 [+V]가 되는 명동 포함 모델도 있다.

중국어 외에도 필자는 필리핀 타갈로그어(Tagalog language, 필리핀 토속어)5)의 모든 실사는 명사임을 설명하는 연구논문을 여러 편 본 적이 있다. 저명한 생성 언어학자 라슨(R.K. Larson)은 '라슨껍질이론(shell theory of Larson)'을 제창하였는데, 최근 베이징대(北京大)에서 강연을 한 적이 있다. 그는 중국어가 이란의 일부 언어와 마찬가지로 명사가 동사를 포함하는 '대명사류(大名词类)'일 가능성이 높다고 보았다. 그의 이 결론은 생성 문법의 범주 안에서 논증을 통해 얻은 것이다. 사실 그의 논증은 간단하다. "我的马(나의 말)", "白的马(흰 말)", "死的马(죽은 말)"의 세 명사구 속의 "的"가 동일한 것이라면(주선생은 이를 "的3"이라고 칭했다), "的"앞의 성분 "我(나)", "白(희다)", "死(죽다)" 역시 반드시 동일한 부류에 속해야 한다는 것이다.

근래 네덜란드의 언어학자들은 다언어 품사 체계를 비교한 '암스테르담 모델(Amsterdam Model)'을 제안하였는데, 필자도 한 학생과 함께

---

5) 역자주: 필리핀 마닐라를 중심으로 하는 루손 섬 중부, 민다나오 섬, 비사얀 섬 등에 분포하는 타갈로그족의 언어로 영어와 함께 필리핀의 공용어로 사용됨.

이 모델에 대해 소개하는 글을 쓴 적이 있다.[6] 이 모델은 주어/목적어, 서술어, 관형어, 부사어의 네 문법기능에 대해 무표적(无標的)[7]으로 이 문법기능을 할 수 있는가를 기준으로 하여, 한 언어가 명사, 동사, 형용사, 부사의 네 가지 품사를 가지고 있는지를 판단하는 것이다. 테스트 결과는 우리에게 영어처럼 명사, 동사, 형용사, 부사의 네 가지로 나누는 것이 언어의 보편적인 양상은 아님을 보여주었다. 언어의 품사 체계는 완전히 일치하는 것이 아니며, 서로 많은 차이가 있다. 이 모델에서 통가어(faka-Tonga, 중태평양 폴리네시아어의 일종)처럼 명사와 동사가 합쳐진 언어도 있고, 투스카로라어(Tuscarora, 북미 인디안어)처럼 명사는 없고 동사만 있는 언어도 있다.

이 암스테르담 모델 이외에도, 언어를 '타입 - 토큰(type-token)' 타입의 언어와 '명사 - 동사' 타입의 언어로 구분하는 또 다른 품사 모델도 있다. 이 모델에 따르면 '타입 - 토큰'형 언어에 속하는 통가어는 우선 타입과 토큰을 구분하고, 다시 토큰에서 명사와 동사를 구분한다. 요컨대, 현재 언어 유형론자와 기능주의 언어학자, 일부 생성 문법학자들은 언어 간의 차이를 만드는 원인 중 하나로 품사 분류상의 차이를 들고 있는데, 이는 품사의 분류법이 언어의 유형을 결정하는 중요한 참고사항이 된다는 것이다. 또 명사와 동사의 관계는 '문법화'의 각도에서 살펴볼 수도 있다. 명사와 동사가 만약 두 개의 서로 독립된 부류이고, 교차 부분(명동 겸류)이 아주 적다면 명사와 동사의 문법화 정도는 높다고 볼 수 있다. 역으로, 만약 명사와 동사가 대부분 교차하고 기본적으로 하나의 부류로 합쳐진 경우라면 명사와 동사의 문법화 정도는 낮다고 하겠

---

6) 역자주:完权、沈家煊,「跨语言词类比较的"阿姆斯特丹"模型」,『民族语文』第3期, 2010.
7) 역자주: 유표적(有標的)에 상대되는 개념으로, 언어의 일반적인 경향을 보이는 것이라면, 유표적은 언어의 일반적인 경향에 대하여 예외적인 것을 말한다.

다. 명사와 동사의 문법화 정도를 측정하는 기준은 '어느 한 고정된 형식이 일부 원형 실사에게 [+진술] 특징을 표기하는가의 여부'를 보는 것이다. 만약 이러한 고정된 표기가 있다면, 서로 다른 원형 실사는 각각 두 가지 가장 중요한 문장 성분인 주어/목적어, 서술어 사이에 고정적인 관계가 생기며, 명사와 동사의 문법화 정도는 높아지게 된다. 이러한 각도에서 필자는 최근 중국어와 통가어, 영어를 비교해 보았는데, 그 결과 명사와 동사의 문법화 정도는 중국어가 가장 낮고 인구어가 가장 높으며, 통가어는 양자의 중간인 과도기적 분화 단계임을 발견하였다.

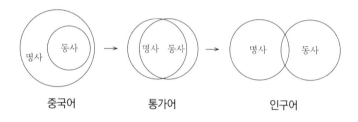

이는 마치 세포분열과 마찬가지로 인구어의 실사류는 이미 분화하여 상대적으로 독립된 두 개의 '명사'와 '동사'로 변하였다. 중국어의 실사류는 현재까지도 이러한 분화에 이르지 못했으며, 통가어는 현재 분화중이다. 이 '분화' 과정 역시 품사의 '문법화' 과정으로 구체적인 화용 범주가 추상적인 통사 범주로 변화하는 과정이다. 중국어는 구(phrase)의 단계에서 주로 양상을 표기한 "了, 着, 过"처럼 이미 [+진술] 특징을 표기한 형식이 있지만, 이들은 아직까지는 강제성의 표기가 아니다. 반면 통가어는 구의 단계에서 '어례語例'라는 표기형식이 이미 강제성 표기가 되었다. 인구어, 특히 라틴어는 이러한 양사 표기가 이미 동사 형태 변화의 일부가 되었으며, 동사의 형태표기로 고정화되었으므로 문법화 정도가 가장 높다. 필자가 이러한 상황을 소개하는 이유는 품사 모델은 하나만 있는 것이 아니며, 언어 유형론의 입장에서 보면 중국어를 '명동 포

함' 모델이라 하는 것이 세계 언어의 대가족 안에서 중국어의 지위를 더욱 잘 설명하는 것임을 알리고 싶었기 때문이다.

▍'실현 관계'와 '구성 관계'

중국어의 '명동 포함'을 논증 할 때, 필자는 중국어의 명사는 '지칭어'이고 동사는 '진술어'라고 하였다. 이러한 사실은 단독으로 존재하는 것이 아니고, 다른 두 사실과 연결되어 있다. 이 두 사실은 중국어의 주어는 '화제(topic)'라는 것과 중국어의 문장은 '발화(utterance)'라는 것이다. 자오위안런(趙元任)선생은 중국어 문장의 주어는 "실제로는 화제"라고 했으며, 중국어의 문장을 "양쪽 끝이 휴지休止로 제한된 한 단락의 말"이라고 정의했다. 주선생은 또한 "중국어에서 문장임을 확정하는 가장 마지막 근거는 휴지와 어조"라고 하였으며, 이렇게 정의한 '문장'이 바로 한 단락의 발화이다.

필자는 주더시(朱德熙)선생의 이론을 기초로 앞을 향해 반 보만 내딛었을 뿐이라고 하였는데, 의미 외에 또 다른 의미가 하나 더 있다. 주선생은 이미 영어와 같은 인구어에서 phrase와 sentence의 관계는 작은 단위와 큰 단위의 관계인 반면, 중국어에서 구와 문장의 관계는 추상적인 단위와 구체적인 단위의 관계임을 지적하였다. 이것이 주선생이 먼저 반 걸음을 내딛은 것이고, 이어서 내딛은 반걸음은 필자가 우리도 추상과 구체적인 관계로 영어의 phrase와 sentence의 관계를 볼 수 있다고 말한 점이다. 이렇게 놓고 보면 영어는 추상에서 구체로의 과정이 일종의 '실현 관계'로 실현의 과정과 방식을 거친다. 하지만 중국어는 추상에서 구체로의 과정이 '구성 관계'여서 추상적 단위나 추상적 범주 자체가 바로 구체적 단위나 구체적 범주로 구성되며, 실현의 과정이나 방식을 거치지 않는다.

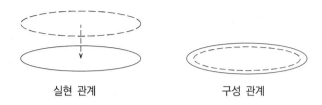

실현 관계   구성 관계

이 그림에서 점선의 원은 추상 범주를 나타내고, 실선의 원은 이에 대응하는 구체 범주를 나타낸다. 만약 추상 범주가 구체 범주로 '실현'이 되면 이것이 곧 실현의 과정(화살표 직선)이며 실현의 방식이 존재한다. 만약 추상 범주의 '구성'이 곧 구체 범주라면 실현 과정과 실현 방식의 문제가 존재하지 않는다.

이제 우리는 '실현'과 '구성'이라는 한 쌍의 개념으로 영어와 중국어의 '문장', '주어/서술어', '명사/동사'라는 세 범주의 차이에 대해 통일된 설명을 할 수 있게 되었다.

	문장/발화	주어-술어/화제-설명	명사-동사/지칭-진술
영 어	실현 관계	실현 관계	실현 관계
중국어	구성 관계	구성 관계	구성 관계

여기서 '실현'과 '구성'은 새로운 개념이 아니라 아주 평범한 개념임을 강조하고자 한다. 예컨대, 우리는 "바이러스"라는 용어를 사용하여 숨겨진, 자체복제가 가능하며 컴퓨터 소프트웨어를 파괴하는 프로그램을 가리키는데 이미 익숙해져 있다. 하지만 많은 과학자들은 "바이러스"라는 용어를 사용하여 이러한 프로그램을 지칭하는데 줄곧 반대를 해왔다는 점을 알아야 한다. 그들은 이 같은 은유성 용어를 사용하는 것은

사실의 진상을 은폐함으로써 과학성이 떨어진다는 입장을 고수한다. 컴퓨터바이러스라는 비교적 추상적인 개념과 일반 바이러스라는 비교적 구체적인 개념간의 관계에 대해 사람마다 관점이 다르고 과학자들은 컴퓨터바이러스의 개념이 일반 바이러스의 개념을 통해 '실현'된다고 생각하며, 후자는 전자의 설명 가운데 하나에 불과하다고 생각한다는 것이다. 하지만 보통 사람들은 컴퓨터 바이러스라는 개념의 '구성' 자체가 곧 일반 바이러스라고 생각하며, 전자는 후자를 떠나서는 이해가 불가능하다고 생각한다. 필자는 '실현'과 '구성'이라는 두 개념의 구분이 언어의 분석에만 유용한 것이 아니라 다른 많은 학문영역에서도 광범위하게 운용되고 있음을 말하고 싶다. 존 롤스(John Rawls, 1921~2002)[8]는 1955년에 인류 활동의 규칙을 '실현성 규칙'과 '구성성 규칙'의 두 종류로 나눌 수 있음을 최초로 주장하였다.

실현성 규칙: 정상적인 활동을 실현시킴. 예: 교통 규칙
구성성 규칙: 활동 자체를 창조하거나 구성함. 예: 운동 규칙

'실현성 규칙'이란 '만약 Y라면, X를 실행한다'라는 것이다. 예컨대 만약 자동차를 운전한다면, 빨간불에 서고 파란불에 가는 규칙을 실행하는 것이다. 자동차 운전이라는 활동의 존재와 교통규칙의 존재여부는 무관하며, 실행하지 않거나 준수하지 않더라도 징벌과 제재만 받을 뿐 자동차는 운전할 수는 있다.

'구성성 규칙'이란 'E라는 환경 안에서 X를 실행한다면 이를 Y로 간주한다'는 것이다. 예컨대 축구 경기에서는 발로 차 넣거나 머리고 쳐서 넣은 공을 골로 간주한다. 구성성 규칙은 사람의 활동을 구성하며, 이러

---

8) 역자주: 미국의 정치 철학자. 하버드대학교 교수를 지냈다. 『정의론』에서 공리주의를 대신할 실질적인 사회정의 원리를 '공정으로서의 정의론'으로 전개했다.

한 활동이 존재하기 위해서는 규칙이 존재해야 한다. 이 규칙을 준수하지 않으면 예기의 결과를 얻지 못할 뿐 징벌을 받지는 않는다. 축구경기에서 손으로 공을 쳐서 들어가면 골로 인정되지 않으며, 장기를 둘 때 말(馬)이 사선으로 가지 않고 장군을 부르면 장군으로 인정하지 않는다.

예를 좀 더 들어보겠다. 서양에서 경찰은 법 집행자인데, 가정에서 부부싸움을 하면 경찰이 출동해서는 두 말 않고 남편을 수갑 채워 연행한다. 누가 옳고 그른지는 법정에서 판단하기로 하고, 아무도 경찰의 손가락 하나 건드리지 못한다. 반면, 중국에서는 같은 상황에서 경찰이 출동하면 우선 싸움을 말리고, 말리다가 잘못하면 몇 대 얻어맞기도 한다. 중국 경찰의 책임은 법률 질서와 함께 사회 도덕의 질서도 수호하는 것이다. 서양은 정치 질서가 도덕 질서를 빌어 '실현'되는 것이고, 중국은 정치 질서 자체가 도덕 질서로부터 '구성'된다고 말할 수 있다. 또 다른 예를 들어보자. 2008년 베이징(北京) 올림픽 전에 베이징시가 취한 일련의 제한 조치들, 가령 자동차 이부제 운행, 길가의 상가 외관정비 등은 시민에게 많은 불편을 초래했다. 이를 두고 공안국장은 "집에 가족이 결혼을 하면 대청소를 하고 새 옷으로 갈아입고 손님을 맞이하지 않는가? 중국의 올림픽 개최는 곧 국가가 결혼식을 거행하는 것이다"라고 하였다. 반면 이에 대한 서양의 어조는 달랐다. 중국 정부의 이러한 행위는 자기 홍보이고 민의의 강요라는 것이다. 하지만 방문하는 손님에게 좋은 인상을 남기고 싶어 하는 것은 중국 정부뿐만 아니라 국민들도 마찬가지라는 점을 알아야 한다. 서양에서 나라는 단지 가정으로부터 '실현'되는 것으로 국가는 국가, 가정은 가정, 국가의 일은 국가의 일, 가정의 일은 가정이 일이다. 하지만 중국은 국가가 가정으로부터 실현될 뿐만 아니라 국가 자체도 가정으로 '구성'된다. 따라서 국가는 대가정大家庭이고 국가의 일은 곧 국민의 일인 것이다. 이 같은 관념은 언어에도 반영되어 나타나는데, '국가'라는 단어는 '사물'이라는 단어와 같다. 사물事物은 일事

이 곧 물건物, 즉 추상적인 물건이고, 국가國家는 국가國가 곧 가정家, 즉 큰 가정임을 나타낸다. 또 시청률이 상당히 높았던 텔레비전 한 프로그램 제목 중에 '도덕 법정'이라는 복합어도 볼 수 있다.

중국의 그림과 시의 관계를 말하자면, 소동파蘇東坡의 "시 속에 그림이 있고, 그림 속에 시가 있다. (诗中有画, 画中有诗)"라는 유명한 말이 있다. 이를 홍루몽 연구가인 주여창(周汝昌, 1918~2012)선생은 "시가 곧 그림이고, 그림이 곧 시다.(诗即是画, 画即是诗)"라는 말로 바꾸어 말했는데, 여기서 '시'와 '그림'의 관계에 대한 소동파와 주여창의 인식의 차이를 알 수 있다.

소동파 : 실현 관계, "有(존재)"의 관계, 시 속에 그림이 있고, 그림 속에 시가 있다.

주여창 : 구성 관계, "是(동등)"의 관계, 시가 곧 그림이고, 그림이 곧 시다.

또 불경 속의 네 구절을 보자.

色9)不异空, 空不异色, 色即是空, 空即是色。 (『般若波罗蜜多心经』10))
색이 공과 다르지 않고 공이 색과 다르지 않으며, 색이 곧 공이요 공이 곧 색이라.

이 네 구절은 많은 사람들이 들어본 불경의 게偈(노래가사)로, 의미는

---

9) 역자주: "色"은 '물질'을 뜻한다.
10) 역자주:『般若波罗蜜多心经』은 곧『마하반야바라밀다심경 마하摩訶般若波羅蜜多心經』이며, 간칭으로『반야심경般若心經』혹은『心經』이라 한다. 마하(MAHA)는 크다 (대승)의 뜻을 가지고 있으며, 반야(PRAJNA)는 법을 깨달은 지혜를 말한다. 바라밀다 (PALAMITA)는 언덕너머(세상의 모든 고뇌를 경험하고) 완전한 열반의 세상에 도달하였음을 말한다.

'색은 공을 떠날 수 없고 공 역시 색을 떠날 수 없다. 색이 곧 공이고, 공이 곧 색이다'로 해석할 수 있다. 앞의 두 구절은 '색'과 '공'이 실현 관계이며, '有'의 관계이고, 공이 있음으로 색이 있음을 말한다. 뒤의 두 구절은 '색'과 '공'이 구성 관계이고, '是'의 관계이며, 색이 곧 공이고, 공이 곧 색임을 말하고 있다.

▎왜곡된 관계

'왜곡된 관계(skewed relation)'라는 명칭과 이와 관련 언어 현상은 자오위안런(赵元任)선생이 제기한 것으로, 대응과 비대응이 동시에 존재하는 관계를 가리킨다. 갑이 A에 대응하고, 을이 B에 대응하는 것은 일대일 대응이다. 왜곡된 대응이란 갑은 A에 대응하지만, 을은 B에 대응하면서 또 동시에 A에도 대응하는 관계를 말한다.

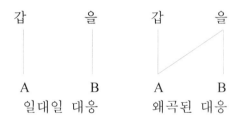

'명동 포함' 모델은 중국어의 명사와 동사 관련된 각종 왜곡 관계를 명확히 잘 설명할 수 있다. 주요 내용은 다음 다섯 가지이다. 첫째, 명사는 주어, 목적어로 쓰이며 일반적으로 서술어로는 쓰이지 않는다. 하지만 동사는 서술어, 주어, 목적어로 모두 쓰일 수 있다. 둘째, 명사를 수식하는데 일반적으로 형용사가 쓰이고 부사는 쓰이지 않는다. 하지만, 동사를 수식하는 데는 부사와 형용사가 모두 가능하다. 이 두 왜곡 관계는

잘 알려진 것이어서 더 이상 자세히 설명하지 않겠다. 필자는 다만 문어文語에서 "的"와 "地"의 두 글자 및 '관형어'와 '부사어' 사이 역시 일종의 왜곡 관계임을 보충하고자 한다. "地"는 부사어 표기로, "漂亮的衣服(예쁜 옷)"는 가능한 표현이지만 "漂亮地衣服(예쁘게 옷)"로 쓸 수는 없다. 하지만 "的"는 관형어 표기이면서 또 부사어 표기이기도 하다. 예를 보자.

> 中国人民解放军的迅速（的、地）转入反攻，使反动派惊慌失措。
> 중국인민해방군의 신속한 반격으로 반동파는 놀라 어쩔 줄을 몰랐다.
> 중국인민해방군이 신속하게 반격을 하여 반동파는 놀라 어쩔 줄을 몰랐다.

> 个别系统和单位只注意孤立（的、地）抓生产而忽视了职工生活。
> 일부 단체와 기업들은 생산만의 중시를 하고, 직원들의 생활에는 관심을 기울이지 않았다.
> 일부 단체와 기업들은 생산만을 중시하고, 직원들의 생활에는 관심을 기울이지 않았다.
> (『语法修辞讲话』에서 재인용)

셋째, 명사를 부정할 때는 "没"를 사용하고, 일반적으로 "不"는 사용하지 않는다. 하지만 동사를 부정할 때는 "不"와 "没"를 모두 사용한다. "没有人(사람이 없다)"의 "没有(없다)"는 문어에서는 "无(없다)"로 써야 한다. "没有来(오지 않았다)"에서 "没有(~하지 않았다)"는 문어에서 "未"와 "无"가 모두 가능하다. 문어는 단음절이 주가 되는데, 단음절 동사는 단음절 명사와 마찬가지로 "无"를 사용하여 부정한다. "无"가 명사와 동사를 모두 부정할 수 있는 용법은 현대 중국어에서도 많이 보존되어 있다. 예를 들면 다음과 같은 것들이다.

有头无尾	시작은 있고 끝이 없다
有口无心	입은 거칠지만 악의는 없다
有名无实	유명무실하다. 이름은 있으나 알맹이가 없다
有一无二	하나밖에 없다
有眼无珠	눈이 있으나 눈동자가 없다. 눈 뜬 장님이다
有意无意	의식적이건 무의식적이건
无声无息	소리도 숨결도 없다
无法无天	법도 무시하고 하늘도 꺼리지 않다
无声无臭	소리도 냄새도 없다
有教无类	누구에게나 차별 없이 교육을 실시하다
有死无二	죽더라도 변하지 않다
无偏无党	불편부당하다. 공평무사하다
有始无终	시작은 있고 끝이 없다
无私有弊	비록 사심이 없으나 처지로 인하여 사람들의 의심을 받게 되다
有去无回	가면 돌아오지 않는다
有借无还	빌리기만 하고 갚지 않는다
有备无患	유비무환이다. 사전에 준비하면 재난을 피할 수 있다
有恃无恐	믿는 데가 있어 두려움을 모르다
有惊无险	무서우나 위험하지는 않다
无拘无束	아무런 구속이 없다
无怨无悔	아무런 원망도 후회도 없다
无尽无休	한도 끝도 없다
无可无不可	가한 것도 없고 불가한 것도 없다. 아무래도 좋다
有过之无不及	지나치면 지나쳤지 못 미치지는 않다
有一搭无一搭	일부러 말을 찾아 하다. 있어도 그만 없어도 그만

넷째, 명사를 연결할 때는 "和"를 사용하고, 일반적으로 "并"은 사용하지 않는다. 하지만 동사를 연결할 때는 "和"와 "并"이 모두 가능하다.

사실 "和"는 두 명사성 성분을 연결할 뿐 아니라 단음절이나 2음절에 관계없이 두 동사성 성분의 연결에도 사용된다.

我们要继承和发扬革命的优良传统。
우리는 혁명의 우수한 전통을 계승하고 발전시켜야 한다.

中央的有关文件, 我们正在认真地学习和讨论。
중앙의 관련문서에 대해 우리는 현재 학습과 토론을 열심히 진행 중이다.

多余的房子只能卖和出租。
남는 집은 팔거나 임대할 수밖에 없다.

老师讲的你要认真地听和记。
선생님께서 말씀하는 것을 너는 열심히 듣고 적어야 한다.

다섯째, 명사성 성분을 대신 지칭할 때는 "什么(무엇)"를 사용하고, 일반적으로 "怎么样(어때)"은 사용하지 않는다. 하지만 서술성 성분을 지칭할 때는 "怎么样"과 "什么" 모두 가능하다. "怎么样"은 서술성 성분만을 대신할 수 있으며, "什么"는 명사성 성분과 서술성 성분 모두 대신 지칭이 가능하다. 다음은 주더시(朱德熙)선생이 제시한 예문이다.

명사성 성분을 대체	서술성 성분을 대체
看什么？看电影。	看什么？看下棋。
뭘 보니? 영화 봐.	뭘 보니? 바둑 두는 거 봐.
怕什么？怕鲨鱼。	怕什么？怕冷。
뭐가 무서워? 상어가 무서워.	뭐가 무서워? 추운게 무서워.

考虑什么？考虑问题。　　考虑什么？考虑怎么样把工作做好。
뭘 생각하니? 문제를 생각해.　뭘 생각하니? 어떻게 하면 일을 잘
　　　　　　　　　　　　　　　할 수 있을지 생각해.

葡萄、苹果、梨，什么都有。　唱歌、跳舞、演戏，什么都会。
포도, 사과, 배, 뭐든지 다 있다.　노래하고 춤추고 공연하고, 뭐든지
　　　　　　　　　　　　　　　다 할 수 있어.

　중국어에서 위의 이러한 왜곡 관계를 실현하는데, 특히 왜곡된 대응 이미지속의 사선 연결을 실현하는데 동사의 '명사화'는 필요치 않다. 왜냐하면 명사가 가진 문법 특징을 모든 동사도 가지고 있지만, 그 역은 성립하지 않기 때문이다. 이것이 바로 '명동 포함' 모델의 특징이다. 이러한 왜곡 관계는 "无/未"와 "和/并"를 사용하여 어떤 단어가 명사성인지 동사성인지 판단할 경우에, 그 단어가 동사성이 없다는 것은 판정할 수 있지만 명사성이 없다는 것은 판정할 수 없음을 우리에게 알려준다.

　중국어의 실사는 원래 명사성을 가지고 있다. 뤼수샹(吕叔湘)선생은, 바로 이 때문에 중국어의 명사에 대해 왜 '그 자체는 부정을 받지 않는다'고 하는지도 쉽게 이해할 수 있다고 하였다. 또 주더시(朱德熙)선생도 중국어의 명사에 대해 정면으로 '명사에만 있는 문법 특징'을 정의하기 어려운 것도 쉽게 이해가 된다고 생각하였다. 명사의 문법 특징은 정면이 아닌 반면, 즉 소거법消去法을 사용하여 설명할 수밖에 없다는 것이다. 이는 다시 말해 명사는 동사처럼 서술어로 쓰일 수 없다고 하는 것이다.

▌ 대명사(大名词)와 상태 묘사어(摹状词)

　중국어의 명사, 동사, 형용사를 합쳐 '대명사(大名词)'라는 하나의 큰 범주로 귀납하는 것은 중국어의 중요한 사실인 명, 동, 형 세 품사가 중

첩 이후에 모두 상태 묘사어구(摹状词语)가 된다는 중요한 사실을 설명하는데 유리하다. 필자는 앞의 제1강에서 이미 이 사실을 설명하였다. "白白(거저, 아낌없이), 慢慢(천천히, 느릿느릿), 大大方方(시원시원하다, 대범하다), 随随便便(신경 쓰지 않다, 마음대로 하다)"처럼 형용사가 중첩 후에 상태 묘사어가 되는 것은 더 이상 설명이 필요 없다. 또 "飘飘(나부끼다, 펄럭이다), 抖抖(벌벌 떠는 모양), 摇摇摆摆(건들건들하다, 휘청휘청하다), 指指点点(결점을 찾다, 나쁜 말을 하다)"처럼 동사나 "层层(층층이, 겹겹이), 丝丝(매우 가늘다, 은근하다), 兴兴头头(신이 난 모양), 妖妖精精(요상한 모양)"처럼 명사 역시 중첩 후에는 상태 묘사어가 된다. 여기서 보충할 것은 명사구, 동사구, 형용사구도 중첩 후에는 모두 상태 묘사어가 된다는 점이다. 예는 다음과 같다.

很烫	很烫很烫地做了碗姜汤 아주 뜨겁게 생강탕을 한 그릇 만들었다
很小心	很小心很小心地挤出一点胶水 아주 조심스럽게 풀을 약간 짰다
哭着	哭着哭着就瞌睡了 울다울다 졸고 있다
一颤	车身颠得一颤一颤的 자동차가 부르르 떨리고 있다
大把	钞票大把大把地往袋里扔 지폐를 한 주먹 한 주먹씩 주머니 속에 던져넣는다
一本书	一本书一本书地读下去 한권 한권씩 읽어 내려간다

현행 품사 체계는 명사, 동사, 형용사를 우선 구분하고, 그 다음 형용사 내부를 다시 성질 형용사와 상태 형용사의 두 부류로 나눈다. 이때 상태 형용사가 곧 상태 묘사어이다. 문법 체계로 보면, 위의 사실을 근거로 만약 "丝/山水(실/산수)", "抖/摇摆(털다/흔들거리다)", "白/大方(희다/(언행) 시원시원하다)"을 명사, 동사, 형용사의 세 부류로 나눈다면, 모든 중첩형의 상태 묘사어와 "白/大方"류의 단어만을 어느 한 부류 내의 작은 두 소부류로 보는 것은 불합리하다. 역으로, 만약 "白/大方"류의 단어와 모든 중첩형의 상태 묘사어만을 동일한 부류의 작은 두 소부류로 본다면, 중첩 이전의 "丝/山水", "抖/摇摆", "白/大方"을 세 개의 독립된 부류로 보는 것도 역시 불합리한 것이다. 합리적인 방법은 중국어의 실사를 우선 첫 번째 단계에서 대명사(大名词)와 상태 묘사어로 나누고, 두 번째 단계에서 다시 대명사 내부를 명사, 동사, 형용사(성질 형용사)로 나누는 것이다.

요컨대, 중국어에서 명사, 동사, 형용사의 구별은 대명사(大名词)와 상태 묘사어의 구별에 비해 상대적으로 중요하지 않다고 할 수 있다. 단어와 구의 구별도 그다지 중요하지 않다. 이들도 역시 중첩형이 되면 모두 상태묘사의 기능을 가지기 때문이다.

▎"出租汽车(택시)" 문제

중국어의 문법 구조를 이야기할 때, 단음절과 2음절의 구분은 명사와 동사의 구분보다 더 중요하다. 어느 한 구조가 동목 구조인지 수식 구조 인지 알기 위해서는 주로 구조 속의 단어가 명사인지 동사인지 보는 것이 아니라 그들이 단음절어인지 2음절어인지 보아야 하기 때문이다. 예를 들어 "出租(렌트하다)"는 동사이고 "汽车(자동차)"는 명사임을 안다고 해도, "出租汽车(택시)"가 수식 구조인지 동목 구조인지는 여전히 알 수가 없다. 하지만 음절수를 바꾸면 두 구조를 구분할 수가 있는데, "出租车(택시)"[2+1]은 수식 구조이고 "租汽车(자동차를 렌트하다)"[1+2]는 동목 구조이다.

동목 구조: 出租汽车　租/汽车　*出租/车
수식 구조: 出租汽车　出租/车　*租/汽车。

　필자는 중국어에서 명사와 동사의 구분이 쓸모없다고 말하는 것은 아니다. "出租汽车"는 명사와 동사로 동목 구조(자동차를 렌트하다)인지 수식 구조(렌트한 자동차, 택시)인지 판단이 어렵지만, "汽车出租(자동차 렌트)"는 이것이 '명사+동사'의 조합임을 안다면 동목 구조는 아닌 수식 구조임을 판단할 수 있다. 단음절과 2음절의 구분의 중요성을 보여주는 예로 "碎纸机(문서절단기)"도 있다.

碎/纸/机　　　*纸/碎/机
*粉碎/纸张/机　　纸张/粉碎/机

　위의 예에서 상하좌우의 대립도 "碎/粉碎"와 "纸/纸张"의 명사, 동사 구분과는 관계가 없으며 단음절, 2음절(및 어순)과 관계있다.
　수식 구조는 보통 [2+1]의 음절조합이 일반적이며, [1+2]는 성립이 어려운 경우가 많다. 이 음절의 조합은 수식을 받는 피수식어(중심어)가 명사인지 동사인지와는 무관하다.

A	B	C	D
煤炭店	*煤商店	双虎斗	*虎争斗
酱油瓶	*油瓶子	欧洲游	*欧旅游
演讲稿	*讲文稿	十三评	*九评论
舞蹈家	*舞专家	本字考	*字考证

위에서 성립되는 것은 피수식어가 단음절 명사("店, 瓶, 稿, 家")인 경우 (A) ("煤炭店(석탄가게)", "酱油瓶(간장병)", "演讲稿(강연원고)", "舞蹈家(무용가)")와 다음절 동사("斗, 游, 评, 考")인 경우 (C) "双虎斗 (두 호랑이의 싸움)", "欧洲游(유럽여행)", "十三评(13편의 비평)", "本字考(本字에 대한 고찰)")이다. 성립하는 않는 것은 피수식어가 2음절 명사("商店, 瓶子, 文稿, 专家")인 (B)와 2음절 동사("争斗, 旅游, 评论, 考证")인 (D)이다.

동목 구조는 음절 조합이 [1+2]가 일반적이고, [2+1]은 일반적이지 않다. 이 역시 목적어가 명사인지 동사인지와는 무관하다.

A	B	C	D
租房屋	?出租房	比长跑	?比试跑
买粮食	?购买粮	学画画	?学习画
关门窗	?开关窗	谈买卖	?谈判买
传疾病	?传染病	做调查	?进行查

위에서 성립되는 경우는 동목 구조의 목적어가 2음절 명사("房屋, 粮食, 门窗, 疾病")인 (A)("租房屋(집을 임대하다)", "买粮食(양식을 사다)", "关门窗(문과 창문을 닫다)", "传疾病(질병을 옮기다)")와 2음절 동사("长跑, 画画, 买卖, 调查")인 (C)("比长跑(장거리 달리기 시합을 하다)", "学画画(회화를 배우다)", "谈买卖(사업을 이야기하다)", "做调查(조사를 하다)")이다. 또 성립되지 않는 경우는 동목 구조의 목적어가 단음절 명사("房, 粮, 窗, 病")인 (B)와 단음절 동사("跑, 画, 买, 查")인 (D)이다.

우리는 동사 내에서 우선 동사성이 약한 어휘들을 '명동사(名动词)'로 구분하는데 익숙하다. 이 때 판단의 기준으로는 "进行(~을 진행하다)"

등 형식 동사의 목적어가 될 수 있는가, 명사의 수식을 받을 수 있는가, 직접 명사를 수식할 수 있는가 등이 있다. 하지만, 이러한 판단기준은 명확하게 적용하기도 어렵거니와 또 그다지 중요하지도 않다. 더 심각한 문제는 이론의 자기모순과 (품사)체계의 전후 불일치를 초래할 가능성이다. 주지하듯이 영어 동사의 분사 형식은 동사와 명사의 이중성을 가지고 있으므로, 야스퍼슨(O. H. Jespersen, 1860~1943)은 이를 동사와 명사의 혼혈아로 비유하였다.

> Brown deftly painting his daughter is a delight to watch.
> Brown's deft painting of his daughter is a delight to watch.
> 브라운은 자신이 멋지게 그린 그의 딸의 그림을 바라보는 것이 즐겁다.

첫 번째 문장에서 동사 paint의 분사 형식 painting은 부사 deftly의 수식을 받고, 목적어로 his daughter를 수반하여 동사의 성격을 나타낸다. 두 번째 문장에서는 painting이 세 개의 관형어 Brown's와 deft, of his daughter의 수식을 받으며 명사의 성격을 나타낸다. 주선생은 중국어의 명동사 역시 동사와 명사의 혼혈아로, 동사와 명사의 이중성을 가지는이와 '유사한 현상'이라고 보았다. 명동사인 "研究"를 예로 들면, 동사의 성격으로는 부사의 수식을 받을 수 있고("不研究(연구하지 않는다)"), 목적어가 올 수도 있다("研究文学(문학을 연구한다)"). 또한 이의 명사적 성격으로는 명사와 수량사의 수식을 받을 수 있으며("历史研究(역사연구)", "一些研究(약간의 연구)"), 동사 "有"의 목적어가 될 수도 있다("有研究(연구가 있다)"). 나아가 주선생은 "没有研究"는 중의 구조라고 하였다.

没有研究N   "没有历史研究", "没有一些研究"

　　　　　　　역사 연구가 없다, 연구가 별로 없다

没有研究V   "没有马上研究", "没有研究文学"

　　　　　　　바로 연구를 하지 않았다, 문학을 연구하지 않았다

　　위의 "研究" 중 하나는 명사('연구')이고, 하나는 동사('연구하다')이다. 명동사의 특성에 따라, "研究很重要(연구는/연구하는 것은 아주 중요하다)" 역시 중의 구조로 생각할 수 있다. 나아가 "跳很重要"도 중의 구조로 볼 수 있는데, "富士康[11]的十一跳很重要(폭스콘 직원 11명의 투신은 아주 중요하다)" 중의 "跳"는 명사('투신자살')이고, "接二连三地跳楼很重要(연이어 건물에서 뛰어내리는 것은 아주 중요하다)" 중의 "跳"는 동사('뛰어내리다')이다. 중요한 문제는, "跳很重要" 역시 중의 구조라고 인정한다면, 중국어의 모든 동사가 동사와 명사의 성격을 겸유하고 있다고 말하는 것이 되어 전체 문법 체계의 전후 모순을 초래하게 된다는 점이다. 문제의 관건은, 영어는 모든 동사가 뒤에 -ing를 붙이면 분사 형식으로 변하는데, 주선생이 정의내린 '명동사'는 중국어 동사의 작은 한 부류일 뿐이라는 것이다. 영어의 분사 형식과 비교하려면, 중국어도 '명동사'가 아닌 전체 동사여야 한다. 이 문제의 근원은 중국어에서 명사, 동사의 대립을 지나치게 강조하여, 동사와 명사를 완전히 대립시킨데 있다.

　　그럼, 어떻게 이 문제를 해결할 것인가? 우선 중국어는 '명동 포함' 유형이라는 점을 확립해야 한다. 유형 안에서, 동사를 다시 동사성의 강약을 기준으로 나눈다면 우선 단음절과 2음절로 기준으로 구분할 수 있다. 단음절과 2음절의 구분은 구조의 유형과 직접적인 관련이 있어, 형

---

11) 역자주: FOXCONN, 미국의 컴퓨터 부품 전문 제조업체

태적 수단처럼 명확하기 때문이다. 단음절 동사는 '강동사성 명사'라 할
수 있으며, 2음절 동사는 '약동사성 명사'라 할 수 있다. 하지만 동사성
의 강약과 무관하게 동사는 모두 명사의 하위 부류인 '동명사'가 된다.

▌보어 문제

　명사와 동사의 대립을 지나치게 중시하게 되면, 중국어 보어 문제의
해결이 어려워진다. 우리는 동사 뒤의 사물을 나타내는 성분은 그것이
동작의 대상이든 동작의 결과든 모두 '목적어'라 한다. 하지만 동사 뒤
에서 성질을 나타내는 성분은 둘로 구분하여, 동작의 대상은 목적어라
하고, 동작의 결과는 '보어'라고 하는데, 이는 논리적으로 맞지 않다.
중국어는 목적어의 성격이 명사성과 동사성 모두 가능하고, 또 목적어
에 대상과 결과가 모두 포함됨을 이미 인정하고서, 왜 동사나 형용사
로 된 '결과 목적어'를 일반 목적어와 상대되는 '보어'라고 부르는 것
인가?

拆房子 (동작의 대상 – 목적어)
집을 철거하다

怕累 (동작의 대상 – 목적어)
피곤할까 두렵다

盖房子 (동작의 결과 – 목적어)
집을 짓다

想累 (동작의 결과 – 보어)
생각을 해서 피곤해졌다

写老师 (동작의 대상 – 목적어)
선생님께 쓰다

打假 (동작의 대상 – 목적어)
위조품 제조 판매를 단속하다

写论文 (동작의 결과 – 목적어)
논문을 쓰다

打死 (동작의 결과 – 보어)
때려 죽였다

換了<u>印度裝</u> (동작의 대상-목적어)　不学<u>好</u>, 学<u>坏</u>。 (동작의 대상-
인도 의상을 (바꿔) 입었다　　　　목적어)

좋은 것을 안배우고, 나쁜 것을
배우다

換了<u>印度裝</u> (동작의 결과-목적어)　没学<u>好</u>, 学<u>坏</u>了。 (동작의 결과-
보어)
인도 의상으로 바꿔 입었다　　　　배워서 습득하지 않고, 오히려
나빠졌다

　위의 각 네 개 항목 중 오른쪽 아래 항목만 나머지 세 개 항목과 다르
다. 동사 뒤의 동작 결과를 나타내는 성분만을 '보어'라고 부르는데, 논
리적으로 이를 '목적어'와 대립되는 문장 성분으로 보아서는 안된다는
것이 필자의 생각이다. 만약 우리가 '보어'와 '목적어'를 반드시 대립시
킨다면, '목적어'에 결과 목적어는 없으며 대상 목적어만 있다고 말하거
나 혹은 동사성 성분은 안되고 명사성 성분만 가능하다고 말해야 할 것
이다. 하지만 이 두 가지는 모두 중국어의 언어 사실에 명백히 위배된다.
만약 단순한 시각으로 중국어를 보아 동사 뒤에서 보충하는 단어를 모두
'보어'라 하고 '목적어'라는 용어를 취소한다면, 합리적인 구조는 다음과
같아야 한다.

	대상보어	결과보어
사물보어	拆房子 写老师 换了印度裝	盖房子 写论文 换了印度裝
성질·상태보어	怕累 打假 学坏	想累 打死 学坏

한 가지 중요한 증거는, 동보 구조 "问明白(물어서 알다)"는 "问个明白"로 할 수 있으나, "问个明白"는 동목 구조 "盖个亭子(정자를 짓다)"와는 구조적으로 같지 않다는 것이다.

盖了个亭子	问了个明白
盖一个亭子	问一个明白
盖他个亭子	问他个明白
盖得个亭子	问得个明白
盖了些亭亭馆馆	问了个明明白白
盖得了些亭亭馆馆	问得了个明明白白

영화 『삼창(三枪)』12)에서 장이머우(张艺谋)가 노래한 진나라 랩(RAP, 秦腔)13)이 있는데, 그 중 한 구절은 다음과 같다. "큰 삼촌, 작은 삼촌 모두 그의 삼촌, 높은 책상, 낮은 의자 모두 나무. (他大舅他二舅都是他舅, 高桌子低板凳都是木头。)" 우리는 이를 모방해서 다음과 같이 말할 수 있겠다. '중국어는 대상을 나타내든 결과를 나타내든 모두 목적어, 명사든 동사든 모두 보어' 여러분 오해가 없길 바란다. 필자는 목적어를 취소한 후 보어 내부를 세분할 필요가 없다고 말하는 것이 아니다. 단지 이러한 구분은 두 번째 단계의 작업임을 말한 것뿐이다.

▌ "之"와 "的"의 기능

'명동 포함' 모델은 우리에게 중국어는 명사와 동사의 대립을 지나치

---

12) 역자주: 원제목은 『三枪拍案警奇』로, 1985년 상영한 科恩형제 감독의 영화 『血迷宫』을 장이머우감독이 각색하여 2009년에 상영. 한국에는 '삼창박안경기'로 소개되었다.
13) 역자주: 극중 장이머우가 陝西(섬서) 방언으로 부른 랩.

게 중시해서는 안되며, 또 아무데나 명사와 동사를 대립시켜서도 안된다는 점을 보여준다. 명사와 동사의 지나친 대립은 "鸟之将死(새의 임박한 죽음)"와 "这本书的不出版(이 책의 출판 불가)" 중의 "之"와 "的"이 어떤 기능을 하는지를 정확히 볼 수 없게 만든다.

The bird is going to die.　鸟将死 새가 곧 죽으려고 한다
the bird's coming death　鸟之将死 새의 임박한 죽음

영어 The bird is going to die(새가 죽으려고 한다)와 the bird's coming death(새의 임박한 죽음)는 문법 성격이 아주 다르다. 전자는 문장이고, 후자는 구이며 전자가 구로 변한 결과이다. 또 die는 동사이고, death는 명사이며, death는 die가 명사와 혹은 지칭화된 결과이다. 중국어 문법에 대해 설명할 때 영어와 비교하여, "鸟将死"와 "鸟之将死"의 차이도 영어와 같다고 생각한다. 따라서 고대 중국어 문법을 연구할 때 "之"의 기능은 단어를 구로 바꾸는(词组化) 표지, 명사화표지, 지칭화표지라고 설명한다. 하지만 사실 중국어에서 "鸟将死"는 문장이면서 동시에 구이고, "死"는 동사(die)이면서 명사(death)로, 진술어이면서 동시에 지칭어가 된다. 즉 단어에서 구로의 변화나 명사화, 지칭화는 발생하지 않는다. 이는 중국어의 명사와 동사가 구분할 수 없거나 구분할 필요가 없음을 말하는 것이 아니라 이러한 구분이 상대적으로 덜 중요함을 말한다. 우리는 "鸟之将死"나 "这本书的不出版" 중의 "死"와 "出版"이 명사성인지 동사성인지에 대해 지나치게 집착할 필요가 없다. 중요한 것은 "之"와 "的"의 성질과 기능을 명확히 아는 것이다. 요컨대, "鸟之将死(새의 임박한 죽음)"와 "鸟之双翼(새의 두 날개)", "这本书的不出版(이 책의 출판 불가)"과 "这本书的内容(이 책의 내용)"은 모두 동일한 구조로 볼 수 있으며, "之"와 "的"의 기능은 지시 대상이 사물이든 사건이든

관계없이 이 지시 대상의 식별도(指別度)를 높이는 것이다. 지금까지 우리는 중국어에서 명사와 동사의 대립을 지나치게 중시하여 고대 중국어 "之"자구조의 연구에 많은 어려움을 가져왔다. 현대 중국어 "的"의 성격과 기능을 연구하는 데에는 동일한 전철을 밟지 않기를 바란다.

▍뇌영상 실험에 관한 결과 분석

신경심리학의 연구에 따르면, 영어와 기타 인구어는 명사와 동사가 대뇌 피질층에서 활동 영역이 다른데, 동사의 활동 영역은 전두엽(frontal cortex)이지만 명사의 활동 영역은 후배엽(posterior cortex)이다. 뇌영상 실험에 따르면, 동사는 대뇌 전반부에 강렬한 반응이 있는 반면, 명사는 대뇌 후반부에 강렬한 반응이 나타난다. 이러한 결과는 신경심리학의 연구 결과와도 일치한다. 부로카 실어증(Broca's Aphasia)[14] 환자는 동사의 처리에 장애가 있으며(부로카구역은 대뇌의 앞부분이다), 베르니케 실어증(Wernicke aphasia)[15] 환자는 명사의 처리에 장애가 있다(베르니케구역은 대뇌의 뒷부분이다).

여기서 소개하고자 하는 것은 중국어에 대한 자기공명 영상(fMRI)[16]

---

14) 역자주: 부로카 실어증 (Broca's Aphasia)은 두뇌 좌반구 전엽 아랫부분이 손상된 사람이 뇌졸중으로 인해 겪는 일시적 혹은 영구적 언어장애로, 언어와 밀접하게 관련되지 않은 능력은 보존된다. 부로카 실어증 환자는 content word(핵심 단어)(예, 명사, 동사, 부사)는 비교적 잘 유지하지만, 종종 function words(기능적 단어)(예, 관사, 접속사, 대명사, 조동사, 전치사)와 문법적 형태소는 생략한다. 어떤 환자들은 동사의 결핍을 나타내는 경우도 있다.

15) 역자주: 베르니케 실어증(Wernicke aphasia)은 좌반구 측두엽 뒷부분의 청각인지 영역의 손상에 기인하며, 상대방의 말을 잘 이해하지 못하지만 의미 없는 말들을 장황하게 잘 하는 경우이다

16) 역자주: 기능적 자기공명영상(functional Magnetic Resonance Imaging: fMRI)은 가장 빈번하게 사용되는 뇌기능 영상화 방법이다.

을 이용한 뇌영상 실험으로, 우선 피험자에게 어휘 판정(lexical decision)을 하게 하였다. 실험재료는 중국어의 2음절 명사 "道路(도로), 电影(영화), 观众(관중)"과 동사 "担任(맡다, 담당하다), 打破(타파하다. 깨다), 告诉(말하다, 알리다)", 동명겸류사 "变化(변화, 변화하다), 编辑 (편집, 편집하다), 建议(제안, 제안하다)" 등이다. 실험의 결과는 다음 두 가지로 정리할 수 있다.

1) 중국어 명사와 동사의 반응구역은 대뇌의 앞부분과 뒷부분에 분산 되어 있지만, 영어는 동사가 대뇌 앞부분에서만 반응하는 것과 달 리 중국어는 명사와 동사 모두 대뇌 앞부분이 반응한다. 연구자는 이것이 중국어 문법에서 명사와 동사의 특수성과 관련이 있다고 보았다. 즉 중국어 동사는 자유롭게 주어와 목적어가 되고, 명사는 자유롭게 서술어가 된다는 것이다.

2) 미상핵(尾状核, caudate nucleus)만이 유일하게 명사, 동사의 차이 를 나타내는 부위이다. 이 부위에서 명사는 동사보다 반응이 강렬 하다. 기존의 연구에 따르면 인간은 인지와 언어 활동을 수행할 때 미상핵 부분과 전두엽 부분이 유사한 기능을 한다고 알려져 있으 나, 연구자들도 왜 미상핵 부분이 명사에만 반응하는지는 확실하 지 않다고 말했다.

첫 번째 결과에서 말한 중국어 문법의 특수성에는 문제가 약간 있다. 중국어의 현실은 동사는 자유롭게 주어와 목적어가 될 수 있지만, 명사는 자유롭게 서술어가 될 수 없다는 것이다. 즉 명사와 동사의 기능이 비대 칭적이다. 이는 중국어 뿐 만 아니라 영어도 마찬가지다. 이 문제는 필자의 논문 「从"演员是个动词"说起("배우는 동사이다"로부터 말하기)」17)에서 집중적으로 다루고 있다. 중국어의 '명동 포함' 모델이 생겼으므로, 위의 첫 번째 결과도 수정이 가능할 뿐 아니라 두 번째 결과에서 명확히 말하지 못한 원인도 역시 설명이 가능해졌다. 다음 그림을 보자.

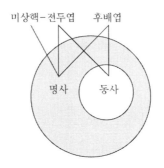

동사는 명사의 한 하위 부류로 명사 속에 포함된다. 동사도 역시 명사, 즉 동명사(动名词)인 것이다. 따라서 동사도 뇌의 후배엽을 활성화시킨다. 하지만 또 한편으로는 모든 명사가 동사는 아니므로, 동사가 아닌 일반명사도 서술어가 될 수 있다(이때 전두엽을 활성화시킨다). 하지만 이들이 서술어가 되는 명사 술어문은 특수한 경우에 속하므로, 명사는 대뇌의 전두엽 외에도 전두엽의 기능과 관련 있는 미상핵도 활성화시킨다는 것이다.

▌ 아동의 명사, 동사 습득

또 다른 언어 심리학의 실험으로 '매칭법'이 있다. 이는 피험 아동에게 새로운 어휘를 그에 대응하는 사물이나 동작과 연결하도록 요구하는

---

17) 역자주: 「从"演員是个动词"说起—"名词动用"和"动词名用"的不对称」, 『当代修辞学』第1期, 2010.

실험이다. 실험 결과, 영어, 일본어, 중국어 세 언어를 사용하는 아동들은 3살에 이미 새로운 명사와 새로운 사물을 연결할 수 있었다. 하지만 5살에 영어권 아동과 일본어권 아동은 새로운 동사와 새로운 동작을 연결할 수 있는 반면 중국어권 아동은 불가능하였다. 그들은 5살에 새로운 동사와 새로운 사물을 연결하려는 경향이 있었다.

이 결과에 대한 설명은 다음과 같다. 사물의 개념은 동작의 개념보다 습득하기 쉬우며, 아동은 명사와 동사를 습득할 때 '명사를 우선하는 경향(noun bias)'이 있다. 이는 새로운 어휘를 만나게 되면 아동은 우선 그것을 명사로 인식하고 이를 새로운 사물과 연결시킨다는 것이다. 즉 그것이 명사가 아니라 동사라는 상반된 실마리가 있는 경우에만 새로운 어휘를 새로운 동작과 연결시킬 수 있었다. 어휘가 동사임을 판단하게 하는 주요 실마리는 다음과 같다.

1) 논항구조에 관한 정보이다. 이는 동사와 결합하여 나타나는 논항(argument)으로, 주로 주어와 목적어이다. 2) 동사 뒤에 붙는 각종 형태 표기이다. 영어는 논항을 생략할 수 없고, 문장은 주어가 없어서는 안되며, 목적어도 임의로 생략이 불가능하다. 동사의 형태는 일본어가 더 발달되었으며, 일본어는 논항을 생략할 수도 있다. 반면 중국어는 이 두 가지 힌트가 모두 없으므로, 새로운 어휘와 새로운 동작을 연결하는 것이 매우 어려워서 앞뒤 문맥이나 언어 환경의 정보에 의존할 수밖에 없다. 따라서 중국어를 사용하는 아동의 동사습득이 영어나 일본어보다 늦은 것이다.

중국어를 일본어와 마찬가지로 '동사 친화형動詞親和型' 언어라고 보는 학자도 있다. 이는 중국어와 일본어는 영어와 달리 argument dropping 라 부르는 논항 생략이 가능하기 때문이다. 한편 중국어의 논항 생략은 일본어보다도 자유로워 중국어의 동사 친화도는 가장 높다고 할수있다. 이러한 견해에 따르면 중국어권 아동의 동사습득은 명사습득보다 빠르다고 추론해야 한다. 실제로 이 추론을 증명할 수 있다고 말하는 연구도 있는데, '동사 친화형' 언어인 중국어, 한국어, 일본어는 모두 아동 어휘 중 명사가 동사보다 더 많다고 말한다. 하지만, 이러한 결론의 문제점은 연구자들이 모두 매칭법을 사용하지 않고, 어머니나 연구자 자신이 동사인지 명사인지를 판단하였다는 것이다. 하지만 이의 판단은 매우 어려워서 아동이 동사라고 말했다 할지라도 이 아동이 성인처럼 동사의 의미를 정확히 이해하고 있다고 볼 수는 없다. 또 1단어 또는 2단어 단계에서는 아동의 입으로 말한 단어가 아동의 마음속에서 명사인지 동사인지 연구자 역시도 모른다는 것이다. 아동이 일정한 문맥 속에서 새로운 동사와 새로운 동작을 연결했을 때, 비로소 아동이 이 동사의 용법을 정확히 이해했다고 설명할 수 있을 것이다.

요컨대, 여기서 소개하는 매칭 실험 결과 일본어, 영어, 중국어의 세 언어는 모두 명사보다 동사의 습득이 늦은데, 이는 습득할 때 '명사 우선 경향'이 있음을 증명한다. 동사습득의 시기가 세 언어에서 차이가 나는 것은 각 언어의 문법 특징이 다르기 때문이다. 중국어의 동사는 명사로부터 완전히 분리되지는 않았기 때문에, 아동이 동사임을 판별할 수 있는 실마리가 가장 적어서 습득하기도 가장 어려운 것이다.

▌문법 연구의 타파와 재건립

뤼수샹선생은, 중국어 문법 연구에는 '철저한 타파와 건립(大破大立)'이 필요하다고 하였다. 철저하게 타파하기 위해서는 중요한 전통 관념을 과감히 건드려야 하며, 가장 중요한 것은 인구어 시각에서 탈피해야 한다는 것이다. 두 범주의 대립에는 "男人"과 "女人"처럼 독립관계의 대립뿐 아니라, man과 woman처럼 포함 관계의 대립 또한 존재함에도 불구하고, 우리는 과거에 아무런 고민도 없이 중국어의 명사와 동사는 독립된 대립이라고만 생각했다. 이는 인구어의 틀의 속박을 받은 관념이다. 두 번째로 중요한 것은, 중국어의 시각에서만 중국어를 보는 습관을 타파해야 한다는 것이다. 중국어의 원형 명사는 그대로 직접 지칭어가 될 수 있다는 점이 인구어와 구별되는 중요한 특징 가운데 하나이다. 우리는 지금까지 이 점을 간과해 왔는데, 이는 중국어의 시각으로만 중국어를 바라보고 본질을 제대로 파악하지 못했다고 할 수밖에 없다.

이와 반대로, 선현들이 전통적 관념의 탈피를 위해 이룩한 중요한 공적은 파괴해서는 안되며 더욱 견지하고 계승해야 한다. 중국어의 동사는 주어와 목적어가 될 때 '명사화'가 일어나지 않고 중국어의 문장과 구는 동일한 구조이며, 구와 문장의 관계는 추상적 단위와 구체적 단위의 관계이다. 이들은 선인들이 우리에게 남겨준 중요한 유산이어서 절대로 염가처리해서는 안된다.

중국어의 명사와 동사의 대립을 지나치게 강조하다 보면, 명사와 동사의 구분보다 더 중요한 현상을 놓치게 된다. 예컨대, 중첩 현상은 중국어와 인구어를 구별하는 중요한 형태 수단이며, 단음절과 2음절의 대립은 구조의 유형을 직접 구분하는 것으로 일종의 준형태 수단이다. 또 명사, 동사와 관련 있는 여러 비대칭 현상들은 모두 명사와 동사의 분포상황과 깊은 관계가 있다. 선진 중국어의 "之"자 구조에서 "之"자의 기능은 대부분 정도지시사인데도, 우리는 명사화니 단어가 구로 변화한 것이니 하면서 많은 시행착오를 겪었다.

비록 '타파로부터 재건립(破字当头, 立在其中)'이라고 하지만, 필자가 보기에 우리는 '立(건립)'의 방면에 아직도 해야 할 고달픈 작업들이 남아 있다. 재건립의 작업은 이제 막 시작하였다. 예를 들면, 중국어에서 첫 번째 칼질로 명사와 묘사어로 크게 둘로 나누고, 두 번째 칼질로 다시 대명사(大名词) 내부의 명사, 동사, 형용사를 구분하여 명사, 동사, 형용사의 포함 대립 모델을 확립한 것이다. 또 하나의 예는 우선 단음절인지, 2음절인지를 기준으로 동사 내부에 동사성의 강약을 구분하고, 그 다음에 2음절 동사 내부에 다시 동사성의 강약을 구분하는 것이다. 또 다른 예로, 중국어의 보어 문제에 대해서도 새로운 관점을 제시하여, '명사성 성분은 보어가 될 수 없다'라는 인위적인 제한을 없앤 것이다.

왕쉬안(王選, 1937~2006)[18]원사(院士)[19]는 한자의 컴퓨터 입력이라는 난제를 해결했는데 이는 참으로 대단하다고 하겠다. 현재 중국의 언어학자들은 더욱 험난한 도전에 직면해있다. 그것은 어떻게 컴퓨터에게 "出租汽车"를 이해시킬 것인가의 문제이다. 중국어의 특징에 대해, 이론적이고 전체적으로 더욱 깊이 있는 인식이 없다면, 응용적인 혁신은 기대할 수 없을 것이다.

참고문헌

• 중국어의 "명동 포함"에 대해서는 沈家煊(2007)「汉语里的名词和动词」,『汉藏语学报』第1期 27-47쪽 ; 沈家煊(2009)「我看汉语的词类」,『语言科学』第1期 1-12쪽 ; 沈家煊(2009)「我只是接着向前跨了半步 —— 再谈汉语的名词和动词」,『语言学论丛』第四十辑 3-22쪽 ; 沈家煊(2010)「"病毒"和"名词"」,『中国语言学报』第14期 1-13쪽 ; 沈家煊(2010)「从"演员是个动词"说起」,『当代修辞学』第1期 1-12쪽 ; 沈家煊(2010)「英汉否定词的分合和名动的分合」,『中国语文』第5期 387-399쪽 ; 沈家煊(2010)「如何解决"补语"问题？」,『世界汉语教学』第4期 435-445쪽 ; 沈家煊(2011) 朱德熙先生最重要的学术遗产,

---

18) 역자주: 세계 최대의 대학 산하 IT 업체인 베이다팡정(北大方正)의 창립자로 '漢字 전산화의 아버지'로 불린다. 6년간의 고된 연구 끝에 1981년 레이저 한자 편집조판 시스템 개발에 성공하면서 과학자로서 명성을 얻기 시작하였다.
19) 역자주: 중국과학원 및 중국공정원 원사(院士·최고 대우를 받는 학자)였다.

『语言教学与研究』 第4期 1-13쪽 ; 沈家煊、完权(2009) 「也谈"之字结构"和 "之"字的功能」,『语言研究』第2期 1-12쪽 ; 完权、沈家煊(2010) 「跨语言词类 比较的"阿姆斯特丹"模型」,『民族语文』第3期 4-17쪽 참조.

- 명사와 동사의 뇌영상 실험에 대해서는 Ping, Li, Jin Zhen, and Tan Li Hai (2004) Neural representations of nouns and verbs in Chinese: an fMRI study. *NeuroImage* 21, 1533-1541쪽 참조.

- 아동의 명사와 동사습득에 관한 심리학의 실험에 대해서는 Haryu, E., M. Imai, H. Okada, L. Li, M. Meyer, K. Hirsh-Pasek, & R. M. Golinkoff (2005) Noun bias in Chinese children: Novel noun and verb learning in Chinese, Japanese, and English preschoolers. In Brugos, A.,M.R. Clark-Cotton & S. Ha (Eds.), *Proceedings of the 29th Annual Boston University Conference on Language Development.* Somerville, MA: Cascadilla Press. 272-283쪽 참조.

제**4**강
말할 것인가, 말하지 않을 것인가?
— 허사虛詞 연구의 중요한 문제

중국어 문법 연구에서 어순과 허사는 두 가지 중요한 부분이다. 심지어 어순과 허사를 빼면 중국어 문법은 말할 거리가 얼마 없다고 해도 과언이 아니다. 중국어 허사의 의미와 용법은 아주 복잡한데, 지금까지의 연구에는 두 가지 경향이 있다. 하나는 비교적 극단적인 것으로, 하나의 허사에 7,8개 심지어 10여 개의 의미 항목이나 용법을 나열하면서 이들의 관련성에 대해서는 설명하지 않아, 학습자가 하나하나 이해하고 파악하기가 어렵다는 것이다. 또 다른 경향은 하나의 개괄적인 의미나 용법을 제시하지만, 이 개괄 의미가 너무 추상적이라는 것이다. 예를 들어, 어느 어기사(语气词)를 설명하면서 '강조를 나타낸다'라고만 하고 구체적으로 무엇을 강조하는지는 설명을 하지 않는 경우이다. 더욱 심한 경우는 혹자는 강조를 나타낸다고 하고, 또 혹자는 완곡을 나타낸다고 하여 서로 모순될 때이다. 우리는 이브 스위처(Eve E. Sweetser)[1]에게 감사드려야 할 것이다. 그녀가 허사 연구에 '세 개의 인지영역[2]'이라는 틀

---

1) 역자주: 미국 버클리대학교 교수, 인지언어학자

을 제공했기 때문이다. 필자는 이를 세 개의 간단한 한자, '行, 知, 言'으로 번역하였는데, 이는 각각 행위 영역, 지식 영역, 언어 영역에 해당된다. 이 세 영역의 틀은, 단어의 의미와 의미의 변천을 설명할 때 지나치게 번잡하거나 간단하지 않으면서, 서로 다른 의미 항목이나 용법 사이의 차이 뿐 아니라 이들 사이의 연관성도 설명이 가능하다. 세 개 영역 중에 행위영역과 지식영역은 이해하기가 쉬운 반면, 언어영역은 이해하기가 쉽지 않아 간과되거나 잘못 이해되기도 한다. 오늘의 강연 제목인 '말할 것인가, 하지 않을 것인가'는 바로 허사 연구에 관한 '언어영역'과 관계가 있다. 소절을 포함하여 총 7개의 부분으로 나누어 이야기하겠다.

▋말하는 것과 말하지 않는 것은 다르다

동일한 일이라도 장면, 입장, 개인의 성격 등에 따라 '말하나 안하나 마찬가지'여서 말하는 것이 헛수고라고 하는 사람이 있다. 반면 '말하는 것과 하지 않는 것은 다르다'며, 말한 것은 헛수고가 아니라고 생각하는 사람도 있다.

晓莉 : 我们马上离婚！
샤오리 : 우리 바로 이혼해!

张强 : 再给我一次机会吧！我一定改。
장챵 : 내게 한 번 더 기회를 줘! 꼭 고칠게.

晓莉 : 这样的话你说了多少遍了，不要再说了。
샤오리 : 이런 말 당신 몇 번이나 했어. 더 이상 말하지 마.

2) 역자주: 현실세계(내용영역), 인식영역, 언어(발화 행위)영역을 말한다.

张强 : 求求你再给我一次机会！我真的一定改。
장챵 : 부탁이야. 다시 한 번 더 기회를 줘! 나 정말 꼭 고칠게.

이 대화에서 샤오리(晓莉)는 장챵(张强)의 "다시 한 번 더 기회를 줘 (再给我一次机会吧)"라는 부탁이나 "내가 반드시 고칠게(我一定改)"라는 약속은 말해도 소용이 없다고 여기기 때문에 '말하는 것과 하지 않는 것은 같은 것'이라고 생각한다. 하지만 장챵은 '말하는 것과 하지 않는 것은 다르다'고 생각하여 계속 다시 말하고 있다.

晓莉 : 你到底爱不爱我？说。
샤오리 : 당신 도대체 날 사랑해 안사랑해? 말해봐.

张强 : 莉莉, 我的心你还不明白吗?!
장챵 : 리리, 내 마음 당신 아직도 모르겠어?

晓莉 : 不行, 我就是要你说出来。
샤오리 : 안돼. 나는 당신이 말해야 돼.

张强 : 莉莉, 这还用说吗?!
장챵 : 리리, 이걸 말로 할 필요가 있어?

晓莉 : 说, 说呀！
샤오리 : 말해. 말하라구!

여기서 장챵은 '말하는 것과 하지 않는 것은 같은 것'이라고 생각한다. 하지만 샤오리는 '말하는 것과 하지 않는 것은 다르다'고 생각하여 장챵의 입으로부터 "사랑해"라는 세 글자를 반드시 들으려고 한다. 같은 사람 사이에서도 상황에 따라 말하는 것과 하지 않는 것이 같다고 생각할 수도, 다르다고 생각할 수도 있는 것이다.

물론 사람과 경우에 따라 다르겠지만, 말하는 것과 하지 않는 것은 역시 다르다는 것이 필자가 첫 번째로 말하고자 하는 바이다. 어떤 일에 직면해서 도대체 말할 것인가 하지 않을 것인가를 두고 선택의 결정을 하지 못한 경험은 아마 모두 있을 것이다. 혹자는 "不随地吐痰(침을 뱉지 마시오)", "不掺假造假(위조 · 위장금지)", "不以权谋私(권력을 남용하지 마시오)" 등은 상식이므로 말할 필요가 없다고 생각한다. 하지만 그렇지 않다. 상식도 반복하고 강조할 필요가 있는 것이다. 말하지 않으면 사람들의 정신은 끝없이 추락할 것이므로 반복해서 말할 수밖에 없는 것이다. 리더가 아무 말 없이 침묵하고 있으면 묵인이나 거부를 뜻하기도 한다. 만약 문제가 생겨 책임 추궁을 당할 경우, 리더는 자기는 아무 말도 한 적이 없다고 하면 책임을 면할 수도 있다. 말한 것과 하지 않은 것은 결국 다르다는 것이다. "침묵은 금"이라는 말도 있지 않은가?

오스틴(J.L.Austin, 1911~1960)의 '언어 행위이론'에 따르면, 말을 하는 것과 일을 하는 것은 모두 '행위'이다. 일을 하는 것과 하지 않는 것이 다른 것처럼 말하는 것과 말하지 않는 것도 당연히 다르다. 말을 하면 '언표 내적 힘(illocutionary force)3)'과 '발화의 효과'가 생기지만 말을 하지 않으면 아무것도 생기지 않는다.

어떤 경우에는 발화의 힘이 간접적인데, 이는 일종의 '언외지의(言外之意)'를 말한다. 이 의미가 글자로는 나타나지 않지만, 그라이스(Grice, H.P. 1913~1988)의 '협동 원칙4)(cooperative principle)'을 근거로 하여 추론이 가능하다5). '언외지의(言外之意)'는 쉽게 추론이 가능하지만, 직접 말하지 않았으므로 화자가 인정하지 않을 수도 있다. 이것이 '언외지의'의 '취소가능성(cancellability)'이다.

---

3) 역자주: 특정 문장을 말함으로써 수행되는 행위.
4) 역자주: '협력 원칙', '협조의 원리'로도 번역된다.
5) 역자주: 그라이스의 협동 원칙을 통해 추론해낸 의미를 '함축(implicature)'이라고 한다.

甲 : 我算是遇上了小人。

갑:내가 소인배를 만난 셈이다.

乙 : 你什么意思？说我是小人？

을:당신 무슨 뜻이야? 내가 소인배라는 거야?

甲 : 不，我没有这么说。

갑:아니, 난 그렇게 말 안했어.

乙 : 哼，你心里明白。

을:흥, 당신 마음속으로 잘 알잖아.

甲 : 我就是没有这么说！

갑:난 그렇게 말 안했다고!

갑은 말하지 않았으므로 그런 의미가 없다고 말하고 있다. 말하지 않은 '언외지의'는 인정할 수 없으며, 말한 것과 말하지 않은 것은 다르다는 것이다. 을은 말하지 않아도 그런 뜻이 있다고 생각한다. '언외지의'는 누구나 다 유추할 수 있기에, 말하나 안하나 같다는 것이다. 마지막까지 갑은 말한 것과 안한 것은 다르다고 우기고 있는데, 갑이 이렇게 우긴다면 을도 방법이 없을 것이다.

▌이렇게 말하는 것과 저렇게 말하는 것은 다르다

말하는 것과 하지 않는 것은 다르다. 말을 하면 언표 내적 힘이 발생하기 때문이다. 마찬가지로 이렇게 말하는 것과 저렇게 말하는 것도 다른데, 이는 서로 다른 언표 내적 효력이 생기기 때문이다. 예를 보자.

── 你们搞错了，你不是我姐姐。

　　당신들이 틀렸어. 당신은 내 누나가 아니야.

── 可你是我弟弟。我认出来了。

　　하지만 넌 내 남동생이야. 내가 알아봤어.

　　이는 왕숴(王朔, 1958~)[6]의 소설『노는 것만큼 신나는 것도 없다(玩的就是心跳)』속의 대화이다. 갑이 을의 누나가 아니라면, 을이 어떻게 갑의 남동생이 되겠는가? 왕숴는 언어유희의 고수이기에, 두 문장 "你不是我姐姐(당신은 내 누나가 아니다)"와 "我不是你弟弟(나는 너의 남동생이 아니다)"는 서로 다른 언표 내적 효력이나 발화 후의 효력을 가지고 있음을 알고 있었다.

　　他的名片竟然粘在了汽车大梁上，以至于被偷窃的汽车是根据这张名片才找到的。颠倒一下主宾位置，说成汽车粘在名片上，更绝。

　　그의 명함은 뜻밖에 자동차 프레임 위에 달라붙어 있어서, 도난당한 자동차를 이 명함으로 되찾았다. 이 때 만약 주어와 목적어를 바꾸어서, 자동차가 명함에 달라붙어 있다고 말하면, 더욱 기가 막힌다.

　　이것은 왕멍(王蒙, 1934~)의 글『정신적 난쟁이의 몇 장면(精神侏儒的几个小镜头)』에 나오는 단락이다. 뒤 문장의 표현이 더욱 기가 막힌 이유는 반어적인 풍자의 언표 내적 효력이 보통의 평서문보다 더욱 뛰어나기 때문이다. 왕멍선생도 당연히 이를 잘 알고 있었다.

---

6) 역자주: 1980년대 중국인들의 삶을 반영한 대표적 소설가. 소설의 제재가 참신하고 구어화된 어투와 대화체 언어를 사용한 것이 특징.

中国的足球健儿没有屡战屡败 —— 他们是屡败屡战。

중국의 축구 건아들은 연전연패한 게 아니다. 그들은 연패연전이다.

증국번曾國藩(1811~1872)은 막료幕僚가 쓴 체육경기의 전보에서 "屡战屡败(연전연패)"라는 표현을 교묘하게 "屡败屡战(연패연전)"으로 바꾸어 썼다. 전자는 '싸울 때마다 패하다'를 나타내지만 후자는 이와 반대로 '패할수록 (계속) 싸운다'를 의미하기 때문이다. 이 이야기는 널리 퍼져서 이를 모방한 표현도 많이 생겨났다. 위의 말은 CCTV의 스포츠 평론에 나온 말이다.

　　　　去年崔兴汉去苏联访问, 宾馆的一位服务员说: "我看您像日本人。" 他纠正她: "不, 应该说日本人像中国人！"苏联姑娘可能至今也不知个中的微妙区别。

　작년에 최이싱한(崔兴汉)이 러시아를 방문했을 때, 호텔의 직원이 말했다. "제가 보기에 당신은 일본인 같아요." 그는 직원의 말을 수정했다. "아니죠. 일본인은 중국인 같아요! 라고 해야지요." 러시아 아가씨는 아마 지금까지도 이 두 표현 사이의 미묘한 차이를 모르고 있을 것이다.

이는 작가 진허(金河, 1943~)가 작품 『동북작가(东北作家)』라는 글에서 쓴 말이다. 갑은 을과 닮았으면 을도 갑과 닮았다. 그런데 최선생은 왜 종업원의 말을 "수정"했을까? "중국인이 일본인을 닮았다"라는 표현은 일본인이 기준이 되고, "일본인이 중국인을 닮았다"라는 표현은 중국인이 기준이 되는 것이다. 이는 '아주 미묘한 차이'이다. 요컨대, 작가와 글을 쓰는 사람뿐만 아니라 일반인도 이렇게 말하는 것과 저렇게 말하는 것이 다름을 알고 있는 것이다. 이것이 필자가 말하고자 하는 두 번째이다.

"인사" — 발화에서 발화 행위로

"寒暄(춥고 덥다, 인사말을 하다)"의 본뜻은 '차가움과 따뜻함'이다. 필자의 이름에 있는 "煊" 역시 "暄"과 의미가 통하는데, 태양이나 불을 쬐어 따뜻함을 의미한다. 사람들이 만나면 흔히 더위와 추위의 날씨를 화제로 이야기하는 경우가 많기 때문에, "寒暄"은 '춥고 따뜻한지를 묻다, 춥고 따뜻한지를 서술하다. 인사말을 나누다'를 뜻하는 동사로 변했다. 또 "暄"자 역시 이와 상응하여 발화 행위를 뜻하는 "暄"으로 바뀌었다. 중국사회과학원의 리밍(李明)선생은 이러한 어휘의 통시적 변화에 대해 상세한 논의를 한 바 있다.

> (王母) 下车登床, 帝跪拜, 问寒暄毕, 立。(『太平广记』卷三引『汉武内』传」)
> (왕모가) 가마에서 내려 침상에 앉자 황제가 무릎을 꿇고 엎드려 절했다. 추운지 더운지를 물은 후 일어섰다.

> 先生往净安寺候蔡。蔡自府乘舟就贬, 过净安, 先生出寺门接之, 坐方丈, 寒暄外, 无嗟劳语。　　　　　　　　　(『朱子语类·朱子四』)
> 선생은 정안사(净安寺)로 가서 채(蔡)씨를 기다렸다. 채씨는 관청에서 나와 배를 타고 유배지로 향했다. 채씨가 정안사를 지나갈 때, 선생이 절 문을 나와 그를 맞이했다. 두 사람은 절의 방장(方丈)에 앉아 인사를 하는 것 외에는 말이 없었다.

첫 번째 문장의 "寒暄"은 여전히 '춥고 더운 것을 묻다'의 의미이나, 두 번째 문장에서 "寒暄"은 이미 '인사를 하다'라는 의미로 변화했다. 리밍(李明)[7]은 이밖에 근대 중국어의 "珍重, 起居, 不审"과 현대 중국어의 "再见"등 많은 어휘들도 "寒暄"과 같은 변화 과정을 겪었음을 밝

---

7) 역자주: 「从言语到言语行为」, 『中国语文』第1期, 2004.

히고 있다.

曹山乃倒臥, 師便珍重而出。　　　　　　　（『祖堂集』卷三, 荷泽和尚』）
조산曹山씨가 쓰러져 자리에 눕자, 선생은 몸조심하시라고 하고는
나갔다.

一两日间, 儿子便到, 跪拜起居：“自离左右多时, 且喜阿娘万福。”
　　　　　　　　　　　　　　　　　　　　（『变文·目连缘起』）
하루 이틀 간 아들이 왔다. 아들은 무릎을 꿇고 안부를 물었다. “집
을 떠난 지 긴 시간이 지났습니다. 어머니 오랫동안 건강하시기를
바랍니다.”라고 하였다.

那群孩子像大人一样互相握手告别, 大声再见。　　（王朔『我是你爸爸』）
그 아이들은 마치 어른처럼 서로 악수를 하고 작별인사를 했다. 큰
소리로 안녕이라고 말했다.

“珍重(몸조심하다)”은 “道珍重(몸조심하라고 말하다)”로, “起居(일상
생활)”는 “问起居(안부를 묻다)”로, “再见(안녕히 가세요)”은 “说再见
(안녕히 가시라고 말하다)”으로 변화했다. “不审”의 상황은 좀 복잡하
다. 본래 의미는 ‘자세히 조사하지 않다. 잘 모르다’이지만, a처럼 인사
말의 첫 문장으로 자주 사용되기도 한다. 또 b에서 보듯이 “不审”은 단
독으로 인사말이 되었으며, c에 와서는 이미 인사의 발화 행위인 “问不
审(인사를 하다)”으로 변했다.

a. 顾司空时为扬州别驾, 援翰曰：“……不审尊体起居如何？”
　　　　　　　　　　　　　　　　　（刘宋·刘义庆『世说新语·言语』）
고사공顾司空은 한때 양주별가楊洲別駕를 지냈는데, 한翰을 도와 말
했다. “(중략) 옥체의 일상 생활이 어떠신지 잘 모르겠습니다.”

b. 夾山有僧到石霜, 才跨门便问 "<u>不審</u>"。　　　（『祖堂集』卷七, 岩头和尚）

　夾山에 있는 승려가 석상石霜에 도착했다. 문으로 들어가서 "안녕하십니까?"하고 물었다.

c. 树神……<u>直至庵前, 高声不審</u>和尚。　　　（『变文·庐山远公话』）

　수신樹神은…… 엄庵의 앞으로 가서는 큰소리로 스님和尚에게 인사를 했다.

　리밍선생은 이러한 어휘 의미의 변화를 '발화에서 발화 행위로의 변화'로 개괄하였다. 이를 다시 정리하면 다음과 같다.

　"X라고 한 말"은 "X라고 말하다"로 대체된다.

　지금까지 실사實詞의 어휘 의미 변화를 살펴보았는데, 일부 허사虛詞의 '비고 또 비는(虛而又虛)' 변화 과정 이다. 이것이 필자가 이번 강연에서 말하고자 하는 주된 내용이다. 다음 장에서는 "再见了"의 "了"부터 논의를 시작하기로 한다.

▌"了" — 행위영역에서 언어영역으로

　현대 중국어의 허사 "了"(le)는 실사 중의 동사 "了"(liao)가 허화虛化된 것이다. 일반적으로 동사 뒤의 "了"는 동작의 '완성'이나 '실현'을 나타내며, 문미의 "了"는 '사태에 변화가 발생하였음을 긍정하다' 또는 '새로운 사태의 출현'을 나타낸다. 하지만, 다음 문미의 "了"를 보자.

再见了, 走好。안녕히 가세요. 잘 가세요.

走好了, 再见。잘 가세요. 안녕히 가세요.

请了! 어서 ~하세요!

保重了! 몸조심하세요!

对不起了! 죄송합니다!

没关系了! 괜찮아요!

咱们坐了! 우리 앉아요!

请喝茶了! 차 드세요!

이러한 문장들은 문미에 "了"가 없어도 단지 뉘앙스가 좀 딱딱해질 뿐 문장은 성립한다. 『현대한어팔백사(现代汉语八百词)』에서는 이러한 문미의 "了"는 '어떤 변화가 있었음을 나타내는 것이 아니다'라고 서술했는데, 이는 '사태에 변화가 출현했음을 인정하다'라는 설명과 상호모순이 된다. 사실 위 예문은 모두 만나거나 헤어질 때 자주 사용하는 인사말로, 의미내용은 별로 없지만 사람들과의 교류에서 없어서는 안되는 윤활유와 같은 것들이어서 이를 말하는 것과 말하지 않는 것은 차이가 있다. 이런 현상은 사실 다음과 같이 설명할 수 있다.

"말의 내용X+了"가 "나는 X라고 말한다 +了"를 대체한다

'말의 내용' X는 다양한데, 개별 X가 '내용 X를 말하는 동작'을 대체하는 용법이 이미 고정화된 것이 있다. 예를 들면, "再见"이 이에 해당된다. (하지만, 『현대한어사전(现代汉语词典)』에는 아직 "再见"의 어휘에 "告别(이별을 고하다)"의 의미 항목을 추가하지는 않았다.) 하지만 대다수의 X가 임시적으로는 이런 용법을 가지지만, 아직 형식적으로 아직 고정화되지는 않았다. 예를 들어, "咱们坐着说了(우리 앉아서 이야기 합시다)"나 "请吃点水果了(과일 좀 드세요)"와 같이 바꾸어서 말할 수

도 있는데, 이때 "了"는 위의 "了"와 같으므로, 우리도 관심을 X에서 이 통일된 "了"자로 옮겨올 수가 있다. 만약 "了"의 용법에 착안한다면, 다음과 같다.

"X+了"는 "나는 X를 말한다"를 대체한다

만약 문미의 "了"가 '새로운 사태'의 출현을 나타낸다고 하면, "他们俩告别了(그들은 이별을 고했다)"의 "了"는 "他们俩告别(그들은 이별을 고하다)"라는 새로운 사태가 출현했음을 나타낸다. 마찬가지로 헤어질 때 하는 "再见了(안녕히 가세요)"의 "了"도 "我说'再见'"(나는 '안녕히 가세요'라고 말한다)"라고 하는 새로운 발화 행위의 출현을 나타낸다. 필자는 과거에 이 두 "了"를 각각 '행위영역'의 '了$_行$'과 '언어영역'의 '了$_言$'으로 구분하여 칭한 바 있다.

了$_行$: '새로운 사태의 출현'을 나타낸다
了$_言$: '새로운 발화 행위의 출현'을 나타낸다

발화도 행위를 하는 것이므로, '발화 행위'도 일종의 '사태'이다. 단지 특수한 언어 사태일 뿐이다. '언어의 사태(言态)'인 발화 행위는 화자와 청자 사이의 교류이며, 항상 화자인 '나'의 태도나 입장, 감정과 관계가 깊으므로 일반적인 '사태'에 비해 좀 더 강한 '주관성'을 가지며, 일종의 '비어 있는' 사태이다. "了"가 행위영역에서 언어영역으로 어휘 의미가 변화하는 것은 일종의 '허虚에서 허虚로의' 변화라고 할 수 있다.

'了$_言$'은 '나는 X라고 말한다'를 나타낸다. 이는 "寒暄(인사)"이 '인사말을 하다(道寒暄)'로 변하는 것과 같은 점도 있고 다른 점도 있다. 같은 점은 모두 '말하다(说)'의 행위라는 것이고, 다른 점은 '了$_言$'은 반드시

'나'가 말하고 '지금 현재' 말한다는 것이다. 다음 두 문장을 비교해보자.

> a. 他们俩挥手再见了。 그들은 손을 흔들며 작별인사를 했다.
> b. 再见了, 走好！ 안녕. 잘가요!

모두 "再见了"를 사용하고 있지만, a문장은 "再见"이 '작별인사를 하다'라는 의미로, 이러한 용법은 이미 고정화되었다. 따라서 이때 "了"는 새로운 사태의 출현을 나타내는 '了_行'이다. 반면, b문장의 '了'는 새로운 발화사태의 출현을 나타내는 '了_言'에 해당된다.

이 점을 이해하고 나면 문미의 "了"에 관하여 기타 설명이 어려웠던 용법들도 쉽게 설명이 가능하다. '언어영역'의 발화 행위에는 자주 말하는 상투적인 '인사말' 외에도 '부탁, 명령, 경고, 질문, 허락, 선포' 등도 포함된다. 예를 들어 설명해보자.

> 帮帮我了！ 나 좀 도와줘요!
> 给碗粥喝了！ 죽 한 그릇 먹게 주세요!
> 千万别开除我了！ 제발 절 해고하지 마세요!
> 把枪放下了！ 총 내려놔!

이들 문장은 모두 부탁이나 명령에 속하며, 의미가 좀 딱딱할 뿐 문미의 "了"가 없어도 성립한다. "帮帮我了(나 좀 도와줘요)"라는 말은 사실은 "我请求'帮帮我'(내가 [나 좀 도와줘요]라고 부탁해요)"라고 말하는 것이다. 또 "把枪放下了(총 내려놔)"라는 말은 사실은 "我命令'把枪放下'([총 내려놔]라고 내가 명령한다"라고 말하고 있는 것이다. 이 문장들은 "내가 [X]라고 부탁/명령한다'로 개괄할 수 있는데, 이 때 "了"의 기능은 새로운 발화 행위 "내가 X를 부탁'명령하다'의 출현을 나타낸다.

위의 말들이 마치 일부 젊은이들의 말이라고 생각하는 사람도 있는데, 이는 "了"의 이러한 허화 용법이 이제 막 시작되었음을 나타낸다.

快点了！ 빨리!
抓牢了！ 꼭 잡아!
别去了！ 가지마!
当心摔倒了！ 넘어질라 조심해!

이 문장들은 모두 일깨움이나 경고, 권고에 속하는 것들인데, 위와 마찬가지로 의미가 좀 딱딱할 뿐 문미의 "了"가 없어도 성립한다. "了"의 기능은 새로운 발화 행위 '내가 X를 일깨우다/경고하다/권고하다'의 출현을 나타낸다.

去了老李，小张，还有谁了？
라오리, 샤오장이 가면, 또 누가 있어?

每天迟到，你还想不想要这工作了？
매일 지각하면, 너 이 일을 계속 하고 싶니?

这衣服怎么不漂亮了？
이 옷 왜 예쁘지 않게 되었지?

이 문장들은 모두 의문이나 반어문을 나타내는 것들인데, 마찬가지로 의미가 좀 딱딱할 뿐 문미의 "了"가 없어도 성립한다. 여기서 "了"의 기능은 새로운 발화 행위 '내가 X를 묻다/반문하다'의 출현을 나타낸다.

就这样了！ 이렇게 하자!
包在我身上了！ 내게 맡겨!

不逼你了！ 강요 안할게!
是了！ 그래요!
不了！ 아니예요!

이 문장들은 모두 승낙이나 허락, 거절을 나타내는 것들로, 마찬가지로 의미가 좀 딱딱할 뿐 문미의 "了"가 없어도 성립한다. "了"의 기능은 새로운 발화 행위 '내가 X를 승낙하다/허락하다/거절하다'의 출현을 나타낸다.

주석 : 现在开会了。 지금부터 회의를 시작하겠습니다.
교사 : 安静, 上课了。 조용히 하세요. 수업 시작합니다.
사장 : 你被录用了。 당신은 채용되었습니다.
경매인 : 这件拍卖品归你了。 이 경매품은 당신 것입니다.

이 문장들은 모두 선고宣告를 나타내는 것들로, 화자는 어떤 제도나 의식에 따라 특정 권력을 가진 사람으로 인정되어지는 사람이다. 일단 화자가 이 권력을 가지게 되면, 말을 함과 동시에 선고의 행위가 이행되며 선고의 내용이 실현된다. 여기서 "了"는 곧 새로운 발화 행위 '나는 X를 선고한다'의 출현을 나타낸다.

요컨대, 앞에서 말한 "了"는 모두 '了言'이며, '나는 [ ]를 말하다'를 나타낸다. 여기서 '말하다'는 추상적인 것으로, 구체적으로는 '부탁, 일깨움, 질문, 허락, 선포' 등의 각종 다양한 발화 행위가 여기에 포함된다.

최근 필자는 상하이에서 열린 한 심포지움에서 허난대학(河南大学)의 장바오셩(张宝胜)선생의 발표를 접했다. 그는 허난성(河南省) 루난(汝南)사람으로 어려서부터 표준 루난어(汝南话)를 사용해왔다. 심포지움에 제출한 논문에서 그는 루난어에서 "了行"의 음성형식은 [lɛ]이고, "了言"의 음성형식은 [le]인데, 문법화 정도가 더 높은 "了言"은 음성적으로도 더 약화되었다고 보고하였다.

"了₂"이 새로운 발화 행위의 출현을 나타낼 때, '새로운 발화 행위'는 언어 환경이나 앞뒤 문맥에 따라 다르다. 이것이 바로 "了₂"의 특징임을 주의해주기 바란다. 예를 들어 "吃饭了"는 텍스트에 따라 발화 행위도 달라진다.

> a. 快, 吃饭了！ 빨리 와, 밥 먹어!
> (아이가 밥 먹을 시간에 한참 신나게 놀고 있을 때, 엄마의 이 말은 '재촉'이다.)
>
> b. 来, 吃饭了！ 자, 밥 먹자!
> (환자가 식욕이 없어 밥을 먹기 싫어할 때, 가족의 이 말은 '권유'이다.)
>
> c. 好, 吃饭了。 네, 밥 먹을게요.
> (가족의 끊임없는 권유에 환자가 한 이 말은 '승낙'이다.)

과거에 이러한 "了"를 두고 '사태에 곧 변화가 출현함'을 나타낸다거나 '미래시제(將來時)'의 용법이라고 하였다. 하지만 이에 대해 후쓰(胡適, 1891~1962)[8]선생은 1921년『국어문법적연구 방법(国语文法的研究方法)』[9]라는 글에서 "분명 끝나지 않은 동작에 대해, 왜 완료를 나타내는 '了'를 사용하는가?"라고 의문을 제기하였다. 언어 유형론의 연구 결과 역시 완료를 나타내는 단어나 형태소로 미래시제를 나타내는 경우는 상당히 드물며, 세계 어떤 언어의 '문법화' 경로의 기록에서도 찾을 수 없는 경우라고 밝히고 있다.

---

8) 역자주: 중국의 문학자·사상가로 백화 문학을 제창하여 구어 문학에 의한 현대화에 노력하였다.
9) 역자주:『新青年』 1921년 第9卷 第3,4期에 게재.

또 하나 대답해야 할 문제는, 왜 이런 "了늘"에 어기를 완곡하게 하는 기능이 있는가이다. 이는 직접 말하는 것과 간접적으로 말하는 것은 '언표 내적 힘'의 강약에서 차이가 나기 때문이다.

你把枪放下！
총 내려놔!

你把枪放下了！＝我命令[你把枪放下]了。
총 내려놔! ＝ 내가 [총 내려놔]라고 명령한다.

두 문장은 동일한 명령 X를 전달하고 있다. 하지만 "了"를 첨가하게 되면 이 명령은 새로운 발화 행위 '내가 X를 명령한다'라는 서술을 통해 간접적으로 실현되며, '명령하다'라는 어휘는 표면에 나타나지 않기 때문에 명령의 힘이 약하므로 듣기에는 완곡하게 느껴지는 것이다.

▌다른 허사가 '언어영역'에 진입

허사가 더욱 더 허화된 '언어영역'의 의미로 파생되는 것은 보편적인 현상이다. 여기서는 다른 허사가 '언어영역'에 진입한 경우를 살펴보기로 한다. 먼저 강하게 읽는 "就"와 "才"를 보자. ('X는 X를 강하게 읽음을 표시)

我′就不嫁。 저 절대 시집 안가요.
我′就嫁他。 저 그 사람에게는 시집안가요.
我′才不嫁呢。 저야말로 시집안가요.
＊我′才嫁他呢。 ＊저는 그 사람에게는 시집안가요.

"就"는 부정문과 긍정문에 모두 사용된다. 반면 "才"는 일반적으로 부정문에서만 사용되며, 주로 문미의 어기사 "呢"와 호응한다. 이러한 현상들은 모두 왜 그런지 설명이 필요한 것들이다. 우선, "就"와 "才"의 일반적인 용법의 경우에는 강하게 읽을 필요가 없다.

> 他用功就能学好。 그는 열심히 공부하기만 하면 잘 배울 수 있다.
> 他用功才能学好。 그는 열심히 공부해야 잘 배울 수 있다.

"就"를 사용했을 경우, "用功(열심히 공부하다)"는 "学好(잘 배우다)"의 충분조건이 된다. 즉, 열심히 공부 '하기만 하면', '반드시' 잘 배울 수 있다는 것이다. 이때의 발화 환경은, 화자가 청자의 기대량이 지나치게 높다고 생각한다는 것이다. 반면, "才"를 사용했을 경우, "用功(열심히 공부하다)"는 "学好(잘 배우다)"의 필요조건이 된다. 즉, 열심히 공부를 '해야만' 비로소 잘 '배울 수' 있다는 것이다. 이때의 발화환경은 화자가 청자의 기대량이 지나치게 낮다고 생각한다는 것이다. 따라서 "就"와 "才"의 의미는 다음과 같이 정리할 수 있다.

> "就" : 기대치보다 낮은 저수준 조건 y(충분조건)만 만족시키면,
> x가 실현됨을 나타냄.
> "才" : 기대치보다 높은 고수준 조건 y(필요조건)을 만족시켜야,
> x가 실현됨을 나타냄.

강세가 있는 "就"와 "才"도 역시 이러한 문법의미를 나타내지만, 다만 이는 '언어영역' 내에서 나타내는 의미표현이다.

> 我′就不嫁。 나는 절대 시집 안간다.
> 저수준 조건(충분조건)만 만족시키면, 나는 "나는 시집 안간다"라고

말한다. (즉, "나는 '나는 시집 안간다'라고 말한다"라는 발화 행위가 실현된다.)

我´才不嫁呢。나야말로 시집 안간다.
고수준 조건(필요조건)을 만족시킬 경우에만, 나는 "나는 시집 안간다"라고 말한다. 즉, "나는 '나는 시집 안간다'라고 말한다"라는 발화 행위가 실현된다.

위의 예문 "我´就不嫁(나는 절대 시집 안간다)"라고 말할 때, 전형적인 낮은 수준의 조건은 다음과 같은 상황을 생각하면 이해할 수 있다. 예를 들어 당신이 나에게 "嫁人吧(시집가세요)"라고 권하면, 나는 "我不嫁(시집안 갈 거예요)"라고 말한다. 당신이 시집가라고 한마디 하면, 나는 이에 대응해 시집 안갈 거라고 끝까지 맞선다. "嫁人嫁人, 我´就不嫁。(시집가라, 시집가라 해도 나는 절대 안간다)"라고 말하는 것이다. 이때 "就"는 고집의 의미를 나타내는 "偏(기어코)"자와 의미가 유사하며, 뉘앙스가 확고함을 강조한다. 일견 말해도 헛수고로 말하나 안하나 같은 듯하지만, 사실은 말하는 것과 하지 않는 것은 다르다. 따라서 당신이 "嫁人吧"라고 말하면, 나는 늘 "我不嫁"로 응대하는데, 이 응대의 조건은 더 이상 낮을 수 없을 정도로 낮은 것이다.

다음으로 "我´才不嫁呢(저야말로 시집 안가요)"라고 말할 때, 전형적인 높은 수준의 조건은 다음과 상황을 생각하면 이해할 수 있다. 예를 들어 당신이 내게 결혼하라고 권하면, 나는 마음속으로는 결혼하고 싶지 않더라도 입으로는 "我不嫁"라고 말하지 않는다. 내게는 말하는 것과 말하지 않는 것은 분명 다르며, 한 번 내뱉은 말은 다시 돌이키기 어렵기 때문이다. 만약 내가 정말 "我不嫁"라고 말했다면 그것은 정말로 절대 결혼하지 않겠다는 것이다.[10] 이때의 "才"는 일종의 '결연한' 태도를 나타내며 확고한 뉘앙스를 강조한다. 여기서 화자가 "我不嫁"라고 말한 것에 청자가 특히 주의를 기울이기 바랄 경우, 문미의 어기사 "呢"가 '주의를 환기' 시키는 기능이 있기 때문에 "才"는 일반적으로 "呢"와 호응하여 사용한다.

그렇다면 왜 강조를 나타내는 "才"는 주로 부정문에 사용되지만, "就"는 이러한 제한이 없는 걸까? 그것은 사람들이 부정문을 말할 때 항상 이에 상응하는 긍정 명제를 미리 설정하고 있기 때문이다.

警察：把车停到这边来。
경찰: 차를 이 쪽으로 대세요.

司机：我没有违反交通规则呀！
기사: 저 교통법규 위반 안했어요!

기사가 "저 교통법규 위반하지 않았어요"라고 말할 때, 그는 이에 상응하는 긍정명제인 "내가 교통법규를 어겼다"라고 경찰이 믿고 있을 거라고 예상한다. 앞에서 "我`才不嫁呢(나야말로 시집 안갈 거예요)"와 "我´就不嫁(나는 절대 시집 안갈 거예요)"의 뉘앙스 차이는 "我坚决不嫁(나는 절대 시집안갈 거예요)"와 "我坚持不嫁(나는 시종일관 시집가지 않는 태도를 견지할 거예요)"의 차이와 같다. "我`才不嫁呢"라고 말할 때에는, 화자는 청자가 강렬한 긍정 명제인 "我嫁(나는 시집간다)"를 생각한다고 예상하고 있는 것이다. 반면, '我´就不嫁'라고 말할 때에는, 이러한 예상과는 직접적인 관계가 없는 것이다.

허사 "又"의 용법 하나를 더 살펴보자.

他又不是老虎, 你怕什么？
그 사람이 호랑이도 아닌데, 넌 뭐가 무섭니?

---

10) 역자주: 정말로 절대 결혼하지 않겠다는 의미는 "我`才不嫁呢"와 통한다.

我又不是你儿子, 你管不着！
내가 당신 아들도 아닌데, 당신은 간섭마세요.

天又不会坍下来, 有事我顶着！
하늘이 무너질 것도 아니니, 일 생기면 내가 책임질게요.

『현대한어팔백사(現代汉语八百词)』에서는 강하게 읽는 "又"가 "부정을 강하게 하는" 뉘앙스를 나타낸다고 하였다. 하지만 이러한 "又"의 의미는 일반적인 '중복'을 나타내는 "又"(예를 들어 "他昨天来过, 今天又来了"(그는 어제 왔는데, 오늘 또 왔다))와 같지만, 단지 '언어영역'에서 이러한 의미를 나타낼 뿐이라고 설명할 수 있다. "他又不是老虎(그가 호랑이도 아니다)"라는 표현은 사실 다음과 같다.

我又说, "他不是老虎", 你怕什么！
내가 또 말하는데, "그 사람이 호랑이가 아니다", 뭐가 무서워!

"他不是老虎(그는 호랑이가 아니다)"는 말하지 않아도 성립되는 명제인데 왜 나는 이를 "又说(또 말하다)"라고 하는 것인가? 왜냐하면, 결국 말하는 것과 말하지 않는 것은 다르기 때문이다. 말을 해야 '언표 내적 힘'과 '말의 효과'가 생기는 것이다. "他不是老虎"의 언표 내적 힘은 '위로(劝慰)'인데, 한 번 더 말하면 한 번 더 위로가 되는 것이다. 이때 "又(또)"는 사실 언어영역을 나타내는 "又들"로 "我又说(나는 또 말한다)"와 의미가 같다.

다음으로 허사 "还"의 용법을 보자. "还"와 "更"을 비교할 때, 혹자는 "更"은 세 항목의 비교에 사용할 수 있지만, "还"는 그렇지 않다고 지적한다.

长江比黄河长, 比淮河就更长了。
양자강은 황하보다 길고, 회하보다는 더 길다.

*长江比黄河长, 比淮河就还长了。
양자강은 황하보다 길고, 회하보다는 더 길다.

하지만 "还"가 언어영역에 들어가게 되면 세 항목의 비교가 가능해진다.

长江比淮河长, 比`黄河还长呢。
양자강은 회화보다 길고, 황하보다도 더 길다.

이 문장에서 "还"는 언어영역의 용법으로, 이 때 "黄河"는 반드시 강하게 읽어야 한다. 이 문장은 단순히 비교에 관한 서술이 아니고, "长江比淮河长(양자강이 회화보다 길다)"라는 표현에 대한 화자 자신의 태도를 나타내고 있다. 즉 화자는 이 표현이 제공하는 정보량이 부족하다고 생각하여, "长江比黄河长(양자강은 황하보다도 길다)"이라는 표현으로 정보를 보충하고 있는 것이다. 또 문미에 "呢"는 화자가 보충한 표현에 대해 청자의 주의를 환기시키기 위해 첨가하였으며, 이 새로운 표현은 '양자강이 길다'에 대해 충분한 정보량을 제공하고 있다. 따라서, 전체 문장은 "당신은 '长江比淮河长(장강이 회하보다 길다)'라고 하였지만, 나는 더 나아가 '长江比黄河长(장강은 황하보다도 길다)'임을 추가해 말하겠다"라고 번역할 수 있다. 특히, 이때 "还"는 "更"으로 대체할 수 없음에 주의하라. "长江比淮河长, 比黄河就更长了(양자강은 회화보다 길고, 황하보다도 더 길다)"라는 표현은 논리에 어긋나기 때문이다.

다음으로 역접을 나타내는 접속사 "可是"를 보자.

a. 钱少，可是需要快跑。
   돈은 적지만, 빨리 달려야 한다. (일반적인 역접)

b. 钱少，可是无需快跑呢。
   돈은 적지만, 빨리 달릴 필요가 없다. (언어영역의 역접)

"钱少((받을 수 있는)돈이 적다)"이므로, 상식적으로 생각하면 "无需快跑(빨리 달릴 필요가 없다)"가 맞지만, 사실은 "需要快跑(빨리 달려야 한다)"이다. 즉 앞뒤 절이 역접 전환을 나타내므로, 위 문장 a의 "可是"는 일반적인 '행위영역'의 용법이다. 하지만 문장 b의 "钱少((받을 수 있는)돈이 적다)"와 "无需快跑(빨리 달릴 필요가 없다)"는 상식적으로 생각하면 역접이 아닌 순접의 관계인데, 왜 "可是(그러나)"를 사용한 것일까? 문장b는 라오서(老舍, 1899~1966)의 소설 『낙타상자(骆驼祥子)』에 나오는 실례이다. 이 문장에서 "可是"의 의미는 '언어영역' 용법으로, 다음과 같이 이해해야 한다.

有人说钱少，可是我说无需快跑。
돈이 적다고 하는 사람도 있지만, 나는 빨리 달릴 필요가 없다고 말한다.

여기서 "可是ᵤ"는 '이 일을 하지 말자'라는 의미를 함축하는 "钱少(돈이 적다)"와 '이 일을 하자'라는 의미를 함축하는 "无需快跑(빨리 달릴 필요가 없다)"의 두 표현을 연결하고 있다. 말을 하면 언외의가 생긴다. 하지만 표현이 다르면 언외지의도 다르다. 따라서 이 문장에는 '일하자'와 '일하지 말자'라는 두 언표 내적 힘 사이에 역접 관계가 존재하고 있는 것이다. 이러한 언어영역 내의 역접은 다음과 같이 공식화할 수 있다.

虽说p, 但我〔不说p〕说q。
비록 p라고 말하지만, 나는 (p라고 하지 않고) q라고 말한다.

다음은 점층을 나타내는 "而且"이다.

这房价不仅中收入层买不起, 而且高收入层也买不起呢。
이 집의 가격은 중산층이 살 수 없을 뿐 아니라 부유층도 살 수 없다.

这房价不仅高收入层买不起, 而且中收入层也买不起呢。
이 집의 가격은 부유층이 살 수 없을 뿐 아니라 중산층도 살 수 없다.

많은 사람들이 두 번째 문장은 뒷 절이 형식논리의 점층관계에 부합하지 않아 비문이라고 말한다. 하지만 사실은 비문이 아니다. 최근 민생을 중시하는 언어 환경에서는 이렇게 표현하는 것이 가능할 뿐 아니라 오히려 더 적합하다고 할 수 있다. 이 문장의 의미는 다음과 같이 설명할 수 있다. 사람들은 "高收入层买不起(고소득층은 살 수 없다)"라고 하는데, 화자는 "高收入层买不起"는 것뿐만 아니라 "中收入层买不起(중산층은 살 수 없다)"라고 말한다. 왜냐하면 서민의 생활이라는 관점에서 출발하면, "中收入层买不起"가 "高收入层买不起"보다 더욱 관심을 끄는 사태이고 더 중요하기 때문이다. 무엇을 말한 것인가는 화자가 무엇을 강조하고 싶은가와 관계가 있다. 따라서 두 번째 문장이 만약 성립한다면, 실제로는 중요성이 다른 두 가지 '표현' 사이에 점층 관계가 형성되는 것이며, 이때 "而且(게다가)"는 언어영역에서의 용법인 것이다.

마지막으로 전치사 "被"의 새로운 용법에 대해 살펴보자.

被自杀, 被就业, 被幸福, 被中产
자살한 것으로 말해지다, 취업한 것으로 말해지다, 행복하다고 말해지다, 중산층으로 말해지다

"被XX"라는 표현은 2009년 '유행어 베스트 10'의 사회생활 부문 1위를 차지했다. XX에는 자동사(不及物动词)나 형용사, 심지어는 명사도 들어갈 수 있다. "被"의 이러한 특별한 용법에 대해 "被强迫(강요당하다)"를 나타낸다고 하는 사람도 있는데, 이는 정확한 설명이 아니다. "被房奴"와 "被上网"은 '집의 노예가 되어지다(被强迫成房奴)'와 '인터넷을 하도록 강요받다(被强迫上网)'의 의미가 될 수 있지만, "被自杀"는 '자살당하다(被强迫自杀)'의 의미가 아니다. 왜냐하면 사실은 자살이 아니라 타살이기 때문이다. 당사자가 무참히 산 채로 맞아 죽은 유명한 사건을 모두들 잘 알고 있다. "被就业" 역시 '취업당하다'의 의미가 아니다. 사실은 취업을 하지 않은 실업상태이기 때문이다. 사실 이러한 "被XX"는 '억지로 XX로 말해지다(被强说成XX)'의 의미로, 위 예들은 각각 "被强说成'自杀'(자살한 것으로 말해지다)", "被强说成'就业'(취업한 것으로 말해지다)", "被强说成'幸福(행복하다고 말해지다)", "被强说成'中产阶级'(중산층으로 말해지다)"의 의미인 것이다. 이는 화자가 고의로 '~로 말해지다'의 부분을 생략함으로써 단순히 입으로 말한 것을 마치 실제 행동한 것처럼 생각하게 한 것으로, 언어영역과 행동영역의 대비를 통해 강렬한 수사 효과를 만들어내고 있다. "被"의 이러한 용법은 "被"자가 '언어영역'의 의미로 문법화가 진행되고 있음을 보여주며, 이 의미가 고정되어질지에 대해서는 좀 더 지속적인 관찰이 필요하다.

▌'언어영역'으로 들어간 후의 변화

이번 장에서는 일부 허사의미의 파생은 허사가 '언어영역'에 들어감으로써 발생한다는 점에 대해 논의하고자 한다. 예를 들어, "就"가 언어영역으로 들어감으로써 "就"로부터 "只(단지)"라는 의미가 파생되었다.

我身上就三块钱。 내게는 3위안뿐이다.

　여기서 "就"는 범위를 한정하는 부사 "只"나 "仅仅"과 유사하고, 반드시 강하게 읽어야 하는 것은 아니지만 강하게 읽을 수도 있다. "就"의 본래 의미는 '접근(靠近)'과 '도달(达及)'이며, '도달'은 '접근'을 함의한다. 앞에서 들었던 예문 "用功就能学好(열심히 공부하면 잘 배울 수 있다)"중의 "就"에도 사실 '접근'과 '도달'의 의미가 있다. 즉 '열심히 공부하다'라는 조건만 만족시키면, '잘 배울 수 있다'라는 상태에 접근 혹은 도달할 수 있는 것이다. 연구해야 할 문제는 이러한 '접근'과 '도달'의 본래 의미에서 어떻게 '단지, 다만'의 의미가 파생되었는가이다. 이에 대해서는 지금까지 누구도 명확하게 설명하지 못한 것 같다.

　선행 연구 결과, "就"의 '단지, 다만'의 용법이 아주 늦게 출현하였고, 원·명대에는 이러한 용법이 아직 드물었으며 청대에 이르러서 "就"가 "只(단지)"와 연용 했을 때 범위의 한정을 나타내는 예가 보인다. 또 많은 사람들이 지적한 것처럼, "就"의 이러한 용법은 처음에 북경방언이던 것이 나중에 보통화로 확대된 것으로, 용법상 단순히 한정을 나타내는 부사 "只"보다 자유롭지 못하며 타이완 국어에는 이러한 용법이 없다. 사실 현대 중국어에서 한정을 나타내는 "就"는 기본적으로 모두 "就只"로 바꾸어 말할 수 있다.

　　我身上就三块钱。= 我身上就只三块钱。
　　내게는 3위안뿐이다.

　　放假就呆在家里, 没去别的地方。
　　= 放假就只呆在家里, 没去别的地方。
　　방학하면 아무데도 가지 않고 집에만 있다.

이는 "就"의 범위 한정을 나타내는 용법이, 빈번하게 "只"와 연용하면서 점차 이와 유착하여 생겨났을 가능성이 높음을 나타낸다. 그렇다면 문제는 "就"와 "只"가 연용하게 된 이유이다. 필자는 이 변화의 원인이 바로 "就"의 언어영역 용법이라고 생각한다. 이 가설의 변천과정은 다음과 같이 가정할 수 있다.

a. 三块钱吃个饱。3위안으로 배불리 먹었다.

b. 只要（说）"三块钱吃个饱"就（能说）"只三块钱吃个饱"。
   "3위안에 배불리 먹는다"라고 말하기만 하면, "단지 3위안으로 배불리 먹는다"라고 말할 수 있다.

c. 就只三块钱吃个饱。단지 3위안만으로 배불리 먹는다.

d. 我身上就只三块钱。내게는 단지 3위안 뿐이다.

e. 我身上就三块钱。내게는 3위안 뿐이다.

그라이스(Herbert Paul Grice)의 '협동 원칙' 중 '양의 법칙(maxim of quantity)'에 따르면, "三块钱吃个饱(3위안으로 배불리 먹는다)"라고 말할 때는 "只三块钱吃个饱(단지 3위안으로 배불리 먹는다)"라는 의미가 함축되어 있다. 이러한 함축 의미는 '회화 함축 의미(conversational implicature)'임을 주의하라. 즉 이는 서로 말을 할 때 비로소 발생한다. 또 특별한 언어 환경이 없어도 누구나 쉽게 유추가 가능하며 이미 규범화(conventionalized)된 함축 의미이다. 다시 말해, 이러한 유추 의미를 얻기 위해 만족해야 하는 조건이 매우 낮아서 "'三块钱吃个饱(3위안에 배불리 먹는다)'라고 말하다"의 조건을 만족시키기만 하면, "只三块钱吃个饱(단지 3위안으로 배불리 먹는다)'라고 말할 수 있다. 이것이 바로 위의 b문장이다. b문장에서 "就"도 '접근'과 '도달'을 나타내는데, 여기서는 사태의 접근과 도달이 아니라 발화 행위의 접근과 도달을 말하는 것으로, 이때 "就"는 언어영역의 "就ₗ"이 된다. 이 "就"는 문장 안에서 뒤의 "只"와 위치가 가까운데, c문장에 와서는 "只"자와 아예 함께 붙어 있다. 하지만 c에서 "就只"는 아직 하나의 단위로 발전하지는 않았으며, c문장은 아직도 "就+只三块钱吃个饱"로 분석할 수 있다. 그러나 d문장의 단계에서 "就只"는 이미 분리할 수 없는 하나의 단위로 변하였다. 마지막 e문장의 단계에서는 범위 한정의 기능을 "就"가 단독으로 담당하게 되면서 "只"의 의미를 가지기 시작하였다.

이러한 변화 과정은 결코 "就"자에만 발생한 특수한 현상이 아니다. 정도부사 "好"도 이와 유사한 변화 과정을 거쳤다. "好不热闹(매우 떠들썩하다)"의 의미가 "好热闹(매우 떠들썩하다)"와 같다는 것과, 2음절 부사어 "好不"가 단음절 부사어 "好"와 마찬가지로 정도가 높음을 나타낸다는 것을 설명하기 위해, 필자는 졸고[11]에서 어휘 "好不"의 형성 과정을 다음과 같이 논증한 바 있다.

  a. 好_행위 + 热闹
  b. 好_언어 + "不蛮横"
  c. 好不 + 蛮横 (= 好蛮横)
  d. 好不 + 热闹 ("好热闹"와 병존)

a의 "好热闹(매우 떠들썩하다)"에서 "好"는 정도부사의 일반적인 용법으로 '행위영역'에서 정도가 높음을 나타낸다. b의 "好"는 '언어영역'으로 들어간 경우인데, 다음과 같은 회화를 생각해볼 수 있다.

갑 : 你怎么这么蛮横! 너 왜 이렇게 난폭해!

---

11) 역자주: 「"好不"不对称用法的语义和语用解释」, 『中国语文』第 4 期, 1994

을 : 我可一点不蛮橫。 나 하나도 난폭하지 않아.
갑 : 你'好"不蛮橫"呀! 너 정말 '난폭하지 않구나'!

　여기서 "好"는 인용을 나타내는 부사로, 갑은 을의 "不蛮橫(난폭하지
않다)"이라는 표현을 직접 인용하고 있다. 또 동시에 을의 말에 대해서
갑의 반어적인 풍자의 태도를 나타내는데, 이때 "好"는 강하게 읽어야
한다. 주의할 점은 이 역시 정도가 높음을 나타내지만, 수식의 대상은 일
반적인 사태가 아닌 발화 표현이라는 것이다. 이러한 '好ₐ'는 일반적으
로 우선 "讲理(이치를 따지다)"와 "不蛮橫(난폭하지 않다)"과 같은 긍정
의미의 어휘를 먼저 수식한다. 왜냐하면 "好"는 그 뒤의 (인용된)말과
함께 반어를 구성하므로, 인용된 말은 일반적으로 규범적인 행위나 사람
들이 희망하는 상태를 나타내기 때문이다. 예를 들어, 우리는 일반적으
로 "你好聪明呀(당신은 정말 똑똑하군요)", "你好讲理呀(당신은 정말
경우가 바르군요)"를 사용하여 반어적으로 각각 "你真笨(당신은 정말
멍청하군요)", "你真不讲理(당신은 정말 경우가 없군요)"를 나타내지만,
그 역인 "你真笨呀(당신은 정말 멍청하군요)"와 "你好蛮橫呀(당신은 정
말 경우가 없군요)"를 사용하여 "你真聪明(당신은 정말 똑똑하군요)",
"你真讲理(당신은 정말 경우가 바르군요)"를 나타내지는 않는다는 것이
다. "好不"가 하나의 어휘로 합쳐진 데는 또 하나의 원인이 있는데, 그
것은 "不+蛮橫(난폭하지 않다)"의 연결이 "不+讲理(경우가 바르지 않
다)"만큼 긴밀하지 않다는 것이다. 왜냐하면 우리가 일반적으로 말을 할
때 '좋은 것은 직접 확실히 말하고, 나쁜 것은 간접적이고 완곡하게 말
한다'라고 하는 원칙을 준수하기 때문이다. 만약 어떤 사람이 아주 경우
가 바르다면, 보통 그에 대해 직접 "경우가 아주 바르다(很讲理)"고 말
을 하지만, "난폭하지 않다(不蛮橫)"고 말하지는 않는다. 그런데 만약
어떤 사람이 아주 난폭하다면 일반적으로 직접 그는 "很蛮橫(아주 난폭

하다)"이라고 말하지 않고 "不讲理(경우가 바르지 않다)"라고 말을 한다. 이를 '예절의 원칙'이라고 하기도 하고, '폴리아나(Pollyanna)원칙'('폴리아나(Pollyanna)'는 엘리노어 포터(Eleanor H. Porter, 1868~1920)의 소설 속 인물로 낙관적이기로 유명하다. 늘 긍정적으로 생각하고 말하므로, '낙관 원칙'이라고도 한다)이라고 부르기도 한다. 어떻게 부르든 "不+蛮横(난폭하지 않다)"은 사용 빈도가 낮으므로 구조의 긴밀성도 낮다. 따라서 b와 같은 표현의 사용 빈도가 높아지면서 "好"와 "不"는 점차 하나로 결합하여 분리할 수 없는 "好不"의 형태로 변하는데, 이것이 c이다. 이때의 "好不"는 더 이상 '언어영역'에 속하지 않고 다시 '행위영역'으로 돌아간 것이다. 그 이후에 "好不"의 수식대상이 다른 어휘, 예를 들어 '热闹(떠들썩하다)'로 확대된 것이 d이다. 이로써 동일한 의미를 가진 "好不热闹"와 "好热闹"의 두 형식이 병존하게 되었다. 우리가 가정한 이러한 변화 과정은 역사적 문헌자료로도 검증이 되었으며, 위안빈(袁宾)선생[12]과 쟝란성(江藍生)선생[13]도 각각 이와 관련한 논증을 한 바 있다.

요컨대, "就"자로부터 "只(단지)"의 의미가 파생된 것은 "就"와 "只"의 빈번한 연용에서 기인하며, "只"의 의미가 "就"에게로 전이되고 나서 "只"자는 소멸되었다. 단어 "好不"의 형성 역시 "好"와 "不"의 빈번한 연용이 원인이며, "不"의 의미는 잉여 성분이 되어 소멸되었다. 여기서 특히 강조하고자 하는 것은, 이러한 빈번한 연용이 모두 "就"와 "好"가 언어영역으로 들어감으로써 발생된 현상이라는 점이다.

다음으로 "不过"에 대해 설명하고자 한다. "不过"는 정도부사이면서 역접 접속사이다.

---

12) 역자주: 「近代汉语"好不"考」, 『中国语文』 第3期, 1984.
13) 역자주: 「"好容易"与"好不容易"」, 『历史语言学研究』 第3期, 2010.

我不过说说而已。
저는 그냥 말해본 것 뿐이예요.(정도부사)

他没有考上, 不过他不灰心。
그 사람은 합격하지 못했지만 실망하지 않았다.(역접접속사)

　접속사 "不过"는 역접의 의미 외에 앞 문장에 대한 보충과 수정의 의미도 나타낸다. 문제는 '단지, 다만'을 나타내는 정도부사 "不过"에서 어떻게 역접의 의미와 용법이 파생되었을까 하는 것이다. 역접 접속사 "不过"는 출현시기가 비교적 늦어, 가장 이른 용례가 『노잔유기(老残游记)』와 『관장현형기(官場現形记)』, 『아녀영웅전(儿女英雄传)』[14]등에 나타난 것들이다. 이 의미의 파생 원인도 역시 부사 "不过"의 언어영역 용법으로 추측할 수 있다. 부사 "不过"는 사물이나 행위의 수량 혹은 범위를 제한할 뿐 아니라 언어의 수량 혹은 범위도 제한하는데 사용된다.

　　这回请讼师不过面子帐, 用不着他替你着力。不过总得上回把堂, 好遮遮人家的耳目。
　　　　　　　　　　　　　　　　　　　　　　　　　　　　(『官场现形记』)
　　이번에 송사讼师를 초청한 것은 체면치레에 지나지 않으니, 그가 당신을 위해 힘쓸 필요는 없다. 다만, 사람들의 눈을 속이기 위해 어떻게든 소송을 법정으로 가져와 심리를 하지 않으면 안된다.

　위의 글 속에는 두 개의 "不过"가 있다. 앞의 "不过"는 부사로 "只是(단지, 다만)"의 의미를 나타내며, 뒤의 명사 "面子帐(체면치레)"을 수식하고 있다. 뒤의 "不过"는 부사 "不过"의 언어영역의 용법으로, 뒤의 "总得上回把堂, 好遮遮人家的耳目(사람들의 눈을 속이기 위해, 어떻게든 소송을 법정으로 가져와 심리를 진행하지 않으면 안된다)"라는 보충

---

14) 역자주: 모두 청말 시기 작품

하는 발화를 수식하고 있다. 이 단락의 뜻은 다음과 같다. '내가 말하는데, 이번에 송사를 초청한 것은 체면치레에 지나지 않으니, 그가 당신을 위해 힘쓸 필요는 없다. 내가 보충하고 싶은 말은 단 한마디 "总得上回把堂, 好遮遮人家的耳目(어떻게든 사람들의 눈을 속이기 위해 소송을 법정으로 가져와 심리를 진행해야 한다)"는 것뿐이다.' 화자는 왜 p를 말하고 난 후에 q라고 하는 한 마디만을 보충한 것일까? 그것은, 청자는 'q가 아니다'라고 믿고 있을 가능성이 높다고 화자가 생각하기 때문이다. 이렇게 해서 "只是"에 역접의 의미가 생긴 것이다. "不过"의 기능은 사물의 범위를 제한하는 것에서 발화의 범위를 제한하는 것으로, 또 품사도 부사에서 접속사로 변화하게 된다. 이러한 변화는 허사가 더욱 더 문법화되는 일반적인 경향과도 일치한다. 영어의 only도 이와 유사한 변화 과정을 겪는다.

He is *only* a child.
他还不过是个孩子。
그는 아직 아이에 불과하다.
→ I should like to go, *only that* I'm not feeling well.
我想去, 不过我不太舒服。
저는 가고 싶은데, 단지 몸이 좀 안좋아요.

▎맺는말 — '말하다'의 논리를 연구하다

언어학은 무엇을 연구하는가? 당연히 언어를 연구한다. '언어'는 '말'을 가리키기도 하고, '말하다'라는 행위 자체를 가리키기도 한다. 언어를 연구한다는 것은 말을 연구하는 것이며, 또 말하는 행위를 연구하는 것이다. 지금 말할까, 나중에 말할까? 이렇게 말할까, 저렇게 말할까? 직접 말할까, 간접적으로 말할까? 말하는 것과 말하지 않는 것은 결국 다르다. 말을 하면 언표 내적 힘이 생기고 말하지 않으면 이는 없다. 또 표현이 다르면 언표 내적 힘도 다르다. 말을 하는 행위의 연구 의의는 그 말 자체를 연구하는 것 못지않게 중요하다. '말'의 연구에는 '말하다'의 행위 자체의 연구가 불가결한 것과 마찬가지로, '말하다'의 행위에 대한 연구에서 '말하는 방법'의 연구를 분리하는 것도 불가능하다. 중국어 "他不会说话(그는 말을 할 줄 모른다)"는 두 가지 의미가 있다. "这个婴儿还不会说话(이 아기는 아직 말을 할 줄 모른다)"가 하나인데, 영어로는 He cannot speak yet이 된다. "这位老兄真不会说话(이 형님 진짜 말할 줄 모른다)"가 또 하나의 의미로, 영어로 하면 He cannot express himself가 된다. 중국인에게는 전자의 능력을 구비하지 못한 것도 "不会说话(말을 할 줄 모른다)"이고, 후자의 능력을 구비하지 못한 것도 역시 "不会说话(말을 할 줄 모른다)"이다. 이 두 가지 능력은 명확하게 분리할 수가 없다.

중국인들은 말을 하는 것과 하지 않는 것의 차이를 매우 중시하는 것 같다. "你到底说没说过 (너 결국 말했어 안했어)"라고 추궁하는 것도 광적일 정도이다. 하지만 말하는 것과 하지 않는 것의 문제에 대해 깊이 있는 논술을 하고, 언어 연구에 큰 영향을 미친 것은 오히려 중국인이 아닌 오스틴과 그라이스였다. 이 이야기는 주제에서 벗어나니, 여기서 멈추기로 한다.

앞에서 "寒暄(인사말)"에서 "再见了(안녕히 가세요)"의 "了"까지, 또 더 나아가 뉘앙스를 나타내는 기타 허사의 용법에 이르기까지 논의하였다. 본 논의의 목적은 어휘의 '언어영역' 용법을 분명히 밝히고 강조하며, 언어 표현은 논리와 다르지만 또 논리에 어긋나지도 않음을 설명하는 것이다. 또한, 허사의 용법과 의미 파생의 분석에 새로운 사고를 제공하는 것도 본 논의의 목적이었다.

일본어와 중국어는 하나의 공통점이 있는데, 그것은 어기, 즉 뉘앙스를 표현하는 성분이 매우 풍부하다는 것이다. 필자가 보기에 뉘앙스를 가진 성분은 모두 어휘의 언어영역 용법과 관계가 있다. 이 방면에서 일본과 중국의 학자들은 어휘 의미와 이의 변화에 대한 연구를 한 걸음 더 진전시킬 수 있을 것이다.

마지막으로, 필자는 세익스피어의 『햄릿』에 나오는 명언 한 마디를 인용하고자 한다. "말할 것인가 말 것인가? 이것이 문제로다" 여기에 한 마디 보충하고자 한다. "이렇게 말할 것인가 저렇게 말할 것인가? 이것이 문제로다."

참고문헌

- 오스틴의 "언어 행위" 이론에 대해서는 Austin, J. L. (1962) *How to do things with words.* Oxford: Clarendon Press 참조.
- 그라이스의 회화의 "협동 원칙"에 대해서는 Grice, H. P. (1975) Logic and conversation. In P. Cole & J. Morgan (eds.). *Syntax and Semantics 3*: Speech Acts. New York: Academic Press: 41-58쪽 참조.
- 어휘 의미와 어휘 의미 변화의 "세 영역" 이론에 대해서는 Sweetser, Eve (1990) *From Etymology to Pragmatics: Metaphorical and Cultural Aspects of Semantic Structure.* Cambridge: Cambridge University Press 참조.
- "寒暄" 등 어휘의 언어에서 언어 행위로의 변화에 대해서는 李明(2004)「从言语到言语行为」,『中国语文』第5期 401-411쪽 참조.
- "了"의 "언어영역"의 용법에 대해서는 肖治野、沈家煊(2009)「"了2"的行、知、言三域」,『中国语文』第6期 518-527쪽 참조.
- 기타 허사의 "언어영역"의 용법에 대해서는 沈家煊(2001)「跟副词"还"有关的两个句式」,『中国语文』第6期 483-493쪽 ; 沈家煊(2003)「复句三域"行、

知、言」,『中国语文』第3期 195-204쪽 ; 沈家煊(2004)「说"不过"」,『清华
大学学报』(哲学社会科学版) 第5期 30-36, 62쪽 ; 沈家煊(2009)「副词和连
词的元语用法」,『对外汉语研究』第5期 113-125쪽 ; 沈家煊(2010)「世说新
语三则评说 ―― 被自杀·细小工作·有好酒」,『当代修辞学』第4期 93-95
쪽 참조.

- "就"와 "只"의 연용에 대해서는 许娟(2003)「副词"就"的语法化历程及其
  语义研究」, 上海师范大学硕士学位论文 참조.
- 어휘 "好不"의 형성의 역사적 증거에 대해서는 袁宾(1984)「近代汉语"好
  不"考」,『中国语文』第3期 207-215쪽 ; 江蓝生(2010)「"好容易"与"好不
  容易"」,『历史语言学研究』第三辑 13-25쪽 참조.

제5강 '문법 은유'와 '은유 문법'

우선 이번에 필자를 초청하여 강연의 기회를 주신 위스원(兪士汶)교수님께 감사를 드린다. 청중들은 대부분 전산언어학 연구에 종사하시는 분들인데, 필자는 이 분야에 문외한이라 오늘 강연이 여러분께 조금이라도 도움이 되길 바란다. '문법 은유'와 '은유 문법', 이 제목은 마치 말장난 같기도 하다. 우선 현재 '은유'에 대한 새로운 관점을 소개하기로 한다.

沉舟侧畔千帆过[1]。
가라앉은 배 곁으로 숱한 배들이 지나간다

이 시 구절에는 두 개의 은유가 사용되었다. 좀 더 정확히 말하면 하나는 은유(metaphor)이고, 하나는 환유(metonymy)이다.

---

1) 역자주: 刘禹锡의 『酬乐天扬州初逢席上见赠』 속 "沉舟侧畔千帆过, 病树前头万木春。(가라앉은 배 곁으로 숱한 배들 지나가고, 병든 나무 앞엔 천만 그루 나무들 봄빛을 자랑하네.)"의 앞 구절로, 불행한 사람의 옆에 득의만면得意滿面한 사람들이 지남을 비유함.

은유 : "沉舟(가라앉은 배)"와 "千帆(많은 배들)"으로 각각 "낡은
　　　　사물"과 "새 사물"을 지칭함
환유 : "帆(돛)"으로 "船(배)"을 지칭함

　'은유'와 '환유'를 대조하여 말하지 않을 경우, '은유'는 범칭으로 환
유를 포함한 개념이다. 은유와 환유의 공통점은 양자 모두 개념 형성의
수단이며, 보통은 잠재의식 속에 있다는 것이다. 둘의 주요 차이점은, 은
유는 유사한(유사성, similarity) 두 개념 사이의 '투사(mapping)'("沉舟
(가라앉은 배)"와 "千帆(많은 배들)"의 관계는 '낡은 사물'과 '새 사물'
의 관계와 유사하다)이고, 환유는 서로 관련되는(인접성, contiguity) 두
개념 사이의 '대응' ("帆(돛)"과 "船(배)"의 관계는 '부분'과 '전체'의 관
계로, 부분으로 전체를 지칭하고 있다)이다. 또한 일반적으로 은유는 주
로 이해의 수단이지만, 환유는 주로 대체의 수단이다. 은유의 근원영역
은 구체적이어야 하며("沉舟"와 "千帆"은 낡은 사물과 새 사물보다 형
상적으로 더 구체적이다), 환유의 근원영역은 현저성이 높아야 한다("帆
(돛)"은 "帆船(돛단배)"의 가장 눈에 잘 띄는 부분이어서 바다 위에서
멀리 바라보이는 것도 배의 돛 들이다).
　레이코프(George Lakoff)와 존슨(Mark Johnson)의 관점에 따르면,
인간의 언어 능력은 일반적인 인지 능력에 의존하는데 언어 능력과 일반
적인 인지 능력 사이에 본질적인 차이는 없으며, 언어 능력의 발전과 일
반적인 인지 능력의 발전은 매우 밀접한 관계가 있다. 일반적으로 은유
와 환유는 일종의 특수한 언어 현상으로 여겨지며, 수사(修辭) 수단이라
고도 불려진다. 하지만 레이코프와 존슨은 오히려 은유와 환유가 특수한
언어 현상과 수사적 수단이 아니라 인간의 일반적인 인지 방식이자 행위
방식이라고 말한다. 우리의 개념과 개념 구조는 대부분 은유의 성격을
가진다는 것이다. 예를 들어, 중국어에도 영어와 마찬가지로 '논쟁은 전

쟁이다(ARGUMENT IS WAR)'라는 은유가 존재한다. 이 은유는 다음 언어 표현으로 증명할 수 있다.

论战(논전)　　争论(논쟁)　　辩护(변호)　　论敌(논적)
抨击(논격하다, 비난하다)　　打笔仗(글로 논쟁하다)
理论战线(이론전선)　　唇枪舌剑(격렬하고 날카로운 언쟁을 하다)
舌战群儒(많은 사람과 설전을 벌이다)
入室操戈(상대의 논점을 이용하고, 그 빈틈을 찾아 상대를 반격하다)
大张挞伐(대정벌하다, 공개적으로 확실하게 반대하다)
人身攻击(인신공격)　　批评的武器(비판의 무기)

이러한 어구들을 통해 알 수 있듯이, 우리는 단순히 전쟁이라는 어휘를 사용하여 논쟁을 말할 뿐만 아니라 실제 논쟁에도 승패가 있고 공격과 방어가 있으며, 논쟁의 상대방을 적으로 여기는 등 논쟁 중의 모든 행위가 전쟁이라는 개념의 지배를 받고 있는 것이다. 만약 논쟁이 전쟁이 아닌 사교댄스를 추는 것이고, 또 상대방을 공격해서 이기기 위한 것이 아니라 일종의 화합을 위한 것이라는 문화가 있다면, 이러한 문화에서의 논쟁은 우리 문화에서의 논쟁과 사뭇 다를 것이다. 따라서 흔히 일종의 특수한 언어 현상으로 여겨지는 은유가 사실은 언어 행위일 뿐만 아니라 특수한 행위가 아닌 일반적인 행위이며 일반적인 인지 능력의 지배를 받는다는 것이다. 이것이 바로 은유에 대한 새로운 관점이며, 앞에서 설명한 레이코프와 존슨이 『삶으로서의 은유(Metaphors we live by)』에서 처음으로 제기하였다. 필자가 이 책을 읽을 때가 마침 스웨덴의 예테보리(Gothenburg) 대학을 방문하고 있을 때였는데, 당시에 도서관에서 이 책을 빌리기 위해서 긴 줄을 서서 대출 신청을 해야 했다. 필자가 손에 이 책을 들고 있는 것을 본 한 외국인이 필자를 향해 엄지손가락을 치켜세웠는데, 이 책이 훌륭함을 뜻하는 것이 분명했다.

환유 역시 마찬가지다. 오래 전에 퇴직한 사람이 원래 다니던 직장을 방문해서는 "모두 새로운 얼굴들뿐이다"라고 말했을 때, 그는 "새로운 얼굴"이라는 신체의 일부를 사용하여 "낯선 사람"이라는 전체를 지칭하고 있는 것이다. 이는 단순히 언어 현상만이 아니다. 우리가 평소에 신체의 다른 부위가 아닌 얼굴을 보고서 사람을 식별하기 때문이다. 예를 들어 내가 통통한 아들을 낳았는데 다른 사람이 내게 아들의 사진을 보여달라고 했을 때 내가 아들의 얼굴이 크게 나온 사진을 보여주면 그는 아주 만족할 것이다. 만약 내가 그에게 아들의 발 사진을 보여주면 그는 불만족스러워하며 나를 이상하다고 생각할 것이다.

　또 다른 예를 들어보자. 우리는 흔히 '그릇 은유(容器隐喩)'와 '전달 은유(传递隐喩)'를 사용하여 언어 교류를 하며 정보와 감정을 전달한다. 어휘는 정보와 감정을 담는 그릇이고, 말을 주고받는 과정은 물건을 전달하는 과정이다. 이 두 가지 은유가 유기적으로 결합하였음을 보여주는 다음과 같은 언어 표현들이 있다.

　　这篇文章包含许多新观点。
　　이 글에는 많은 새로운 관점이 담겨 있다.

　　这句话的含义很深。
　　이 말의 함의가 아주 깊다.

　　字里行间充满了感情。
　　글자와 행간에 정감이 넘친다.

　　我托他转给你这个消息。
　　내가 이 소식을 너에게 전해달라고 그에게 부탁했다.

　　美国政府向中国领导人传递了一个信息。
　　미국 정부는 중국지도자에게 이 소식을 전달했다.

满纸荒唐言，谁解其中味。
종이 가득 거짓말인데, 그 안의 의미를 누가 이해할까?

不要断章取义。
단장취의하지 마라.

提取这一段的中心思想。
이 단락의 중심사상을 찾아내라.

　중국어에서 언어를 사용한 정보의 전달은 물건의 전달과 마찬가지로 모두 '이중목적어 구문'으로 나타낸다.

他送给我一件毛衣。그는 나에게 스웨터 하나를 선물했다.
(물건의 전달)
他告诉我一个消息。그는 나에게 소식 하나를 전해주었다.
(정보의 전달)
他请教我一个问题。그는 나에게 질문 하나를 하였다.
(정보의 전달)

　언어학은 과학인데, 은유를 사용하여 언어의 구조를 설명하는 것은 상식을 벗어나는 것이 아니냐고 묻는 사람도 있다. 그런데 사실은 과학도 은유를 떠날 수는 없다. 예를 들어 물리학자가 만든 원자구조의 모형에는 전자가 궤도를 따라 원자핵 주변을 돌고 있는데, 이것도 사실은 '원자는 (작은) 태양계'라는 은유를 빌린 것으로, 원자핵은 태양이고 전자는 궤도를 따라 운행하는 행성으로 보고 있는 것이다. 마찬가지로 우리의 언어 이론 역시 은유를 떠날 수는 없다. 복합어의 구조와 관련하여 두 개의 은유가 있다. 하나는 '부품' 은유로, 전체는 부분의 조합으로 이루어지기 때문에 복합어의 의미는 구성 요소의 의미를 합한 것과 같다는 것이다. 또 다른 은유는 '발판' 은유로, 복합어를 구성하는 어휘는 단순히 발판일 뿐이고 건물이 완성되면 발판은 철거되는 것처럼 복합어의 전체 의미도 구성 요소의 의미의 단순한 총합보다 크다는 것이다. 범주의 '가족 유사성(family resemblance)' 관점 역시 일종의 은유로, 한 다의어가 가진 여러 의미는 일종의 가족 유사성의 관계이다. 즉 공통 특징이 없는 여러 개의 의미 항목이 하나의 범주를 구성하고, 하나의 의미 항목에서 다른 의미 항목으로의 파생은 환유를 통해서 일어난다는 것이다. 다음의 예를 보자.

健康的身体 건강한 몸
健康的皮肤 건강한 피부
健康的运动 건강한 운동

"健康(건강)"이라는 어휘의 핵심적인 의미 용법은 '신체'를 수식하는 것이지만, 몸이 건강한 결과가 건강한 피부이며, 그 원인이 건강한 운동이다. 그 밖에 구조주의의 '분포'나 '직접 성분' 등의 개념도 역시 공간 관계의 은유를 빌린 표현이다. 또 동사의 '결합가 이론(valence theory, 配价理论)'은 화학의 분자 구조에서 투사된 것이 명백하다. 이처럼 은유적인 개념을 떠나서 우리가 언어의 구조를 어떻게 이야기 할 수 있을지 상상이 불가능할 정도이다.

하지만, 일부 과학자들은 은유적인 전문용어를 사용하는데 줄곧 반대해온 것도 사실이다. 몇몇 컴퓨터 학자들은 "윈도우(window)", "데스크탑(desktop)", "바이러스(virus)"와 같은 명칭의 사용을 반대한다. 이러한 명칭이 사실의 진상을 숨기며 대중을 오도한다는 것이 그 이유이다. 그러나 이는 은유가 '해석적 은유(解釋性隐喻)'와 '구성적 은유(构成性隐喻)'의 두 가지로 나뉠 수 있음을 보여줄 뿐이다. '해석적 은유'란 은유가 추상적 개념을 구성하기 위한 일종의 수단이 됨을 가리키며, 우리가 추상적인 개념을 이해하는데 도움을 준다. '구성적 은유'란 은유 자체가 추상적 개념을 구성함을 가리키며, 이러한 은유를 떠나서는 추상적 개념도 존재하지 않는다. 컴퓨터 전문가에게 있어 위의 은유는 단지 해석적 은유에 불과하지만, 일반 사용자들에게 있어서 이는 해석적이면서 동시에 구성적이다. 일반 사용자는 이들 은유를 떠나서는 컴퓨터가 어떻게 작동되는지 이해할 수가 없기 때문이다.

많은 언어학자들은 무의식중에 '대화는 전달이다'라는 은유의 지배를 받고 있으며, 더 나아가 언어소통 과정을 '인코딩(암호화) - 전달 - 디코딩(암호해독)'의 과정으로 본다. 하지만, 언어를 사용한 의사소통이 실제로 이러한 과정인지는 아직 명확히 알 수가 없다. 댄 스퍼버(Dan Sperber)와 데어드리 윌슨(Deirdre Wilson)의 공저『관련성 이론(Relevance Theory)』에서는 언어 소통의 본질은 이러한 과정이 아니라고 보았다. 촘스키(Chomsky)에게 '인간의 뇌는 컴퓨터이다'라는 것이 구성적 은유가 되었다. 그는 컴퓨터가 서로 다른 여러 개의 모듈로 구성된 것처럼 인간의 뇌 역시 이와 같다고 생각한다. 언어는 독립된 모듈이며, 언어 모듈은 또 통사, 의미, 음성이라는 세 개의 모듈로 구성된다고 말한다. 하지만, 인간의 인지구조가 실제로 그러한지는 최소한 의심을 가져야 할 것이다.

은유가 일반적인 인지 방식과 사유방식이라면, 문법에도 분명히 나타날 것이다. 이러한 문법상의 은유가 바로 '문법 은유(Grammatical Metaphor)'이다. 영어의 예를 두 개 들어보겠다. 우선 정태동사(情态动词) may를 보자.

May I ask a question? 질문 하나 해도 될까요? (허가)
He *may* be a spy. 그는 아마도 스파이일 것이다. (추측)

앞의 may는 '허가'를 나타내며, 뒤의 may는 '추측'을 나타낸다. '허가'에서 '추측'으로의 변화는 곧 개념 은유이다. 왜냐하면 이 두 개념은 모두 '장애 극복'이라는 공통성을 가지기 때문이다.

> 허가 : 상대방이 어떤 행위를 함에 있어 장애가 극복된다.
> (~해도 좋다)
> 추측 : 화자가 어떤 결론을 내림에 있어 장애가 극복된다.
> (~일지도 모른다)

행동의 장애를 극복하는 것은 구체적이나, 결론 도출의 장애를 극복하는 것은 추상적이다. 따라서 구체적인 '허가'를 사용하여 추상적인 '추측'을 은유하는 것이다.

다음으로 영어 접속사 since를 보자. 시간을 나타내는 것에서 원인을 나타내는 것으로의 변화 역시 개념의 환유이다.

> a. I have read a lot *since* we last met.
> 전에 만난 이후로, 많이 읽었다. (시간)
>
> b. *Since* Susan left him, John has been very miserable.
> 수잔이 그를 떠난 이후로, 존은 매우 슬퍼하고 있다. (시간)
> 수잔이 그를 떠나서, 존은 매우 슬퍼하고 있다. (원인)
>
> c. *Since* you are not coming with me, I'll have to go alone.
> 당신이 나와 함께 가지 않아서, 나 혼자서 가야 한다. (원인)

예문b의 전후 문맥에서 since는 '먼저 발생한 일은 뒤에 발생한 일의 원인'이라는 함의가 생겼다. 그리하여 시간상 먼저 발생한 일이 이와 관련한 뒤에 발생한 일의 원인을 나타내는 것이다. 이것이 '문법 은유'이다.

하지만, 은유가 일반적인 인지 방식과 사유의 방식이며 문법에도 반영된다고 말하는 것으로는 설명이 충분하지 않다. 더 나아가 우리의 대뇌 속의 개념과 개념 구조도 본질적으로는 은유의 성격을 가지고 있으며, 따라서 문법과 문법 체계도 대부분 은유의 성격을 가지고 있다고 말해야 할 것이다. 이것이 바로 '은유 문법'인 것이다.

다음 장에서는 우리가 '은유 문법'의 연구에서 어떤 발전을 이루었는지에 관해 상세하게 소개하고자 한다.

▍사물영역, 동작영역, 성상(性狀)영역간의 투사(投射)

은유는 구체적인 개념영역에서 추상적인 개념영역으로의 '투사(投射)'이며, 두 개념영역 간에는 유사성이 존재한다고 하였다. 필자가 논하고자 하는 첫 번째 문제는 '유경계(bounded)'와 '무경계(unbounded)'라고 하는 두 개념이 어떻게 구체적 영역에서 추상적 영역으로 투사되는가이다. 이 두 개념은 인류의 인지활동 중에서 가장 기본적인 개념 가운데 하나로, 사람은 가장 먼저 자신의 신체로부터 유경계 사물이 무엇인지를 체험한다. 호흡, 식사, 배설 등의 기능은 신체가 경계의 안과 밖이 있는 하나의 그릇임을 보여준다. 무경계 사물의 내부는 동질적이며, 유경계 사물의 내부는 이질적이다. 예를 들어, 물은 무경계 사물로 어떻게 나누더라도 나누어진 모든 부분은 여전히 물이다. 반면, 책상은 유경계 사물로 서로 다른 부분으로 구성되어 있는데, 책상을 나누게 되면 더 이상 책상이 아니다. 이러한 인식은 모두 인간의 신체를 통한 경험의 일부이며, 인간은 또 유경계와 무경계의 대립에 따라 외부세계를 인식하고 바꾼다. 여기서 주의할 것은 인간의 인식과 객관세계가 완전히 일치하지는 않는다는 것이다. 예를 들어, 땅에 난 구멍은 실제로는 사면이 모두 경계가 있는 것은 아니지만, 우리는 여전히 '구멍 하나'와 '구멍 속에'와 같은 표현을 하며 구멍을 경계가 있는 것으로 '본다는' 것이다. 벽의 모퉁이 역시 명확한 경계선이 없으며, 경계가 모호한데도 우리는 여전히 '벽 모퉁이 하나'와 '그 벽 모퉁이에서'라고 말하면서 벽 모퉁이를 경계가 있는 것으로 '본다'. 인간의 언어 능력이 인간의 일반 인지 능력의 일부라면, 인지적으로 유경계와 무경계의 대립도 언어 구조에 어느 정도 반영되어 나타난다. 특히 명사, 동사, 형용사의 세 실사에 모두 유사한 현상이 나타난다. 사물은 공간에서 유경계와 무경계의 대립이 있고, 동작은 시간에서 유경계와 무경계의 대립이 있으며, 성질과 상태도 정도나 양에서 유경계와 무경계의 대립이 있다.

우선 문법에 반영된 사물의 유경계와 무경계의 대립 현상을 살펴보자. 영어의 apple(사과)은 유경계의 사물을 대표하는 가산 명사로, 앞에 부정관사(an apple)와 수사(one apple, every apple)가 오며, 복수형식(apples)노 가능하다. 반면, water는 무경세 사물을 대표하는 불가산 명사로, 일반적으로 부정관사(*a water)와 수사(*one water, *every water)를 붙일 수 없으며 복수형식(*waters)도 없다. 중국어의 명사는 영어와 같은 '수'의 구분은 없지만, 양사에 따른 구분은 있다. "苹果(사과)"는 "书, 笔, 马(책, 펜, 말)"처럼 전용 개체 양사를 사용하여 "一只苹果, 一本书, 一支笔, 一匹马(사과 한 개, 책 한 권, 펜 한 자루, 말 한 필)"라고 말한다. 하지만 "水(물)"는 "面粉, 氧气, 油(밀가루, 산소, 기름)"처럼 전용 개체 양사가 없으며, 이들 명사는 임시양사, 부정양사, 도량사만을 사용하여 "一桶水, 一斤油, 一些氧氣(물 한 통, 기름 한 근, 산소 약간)"로 나타낸다. 또 다른 각도에서 보면, "两条鱼, 四桶水, 好些人(물고기 두 마리, 물 네 통, 많은 사람)"처럼 수량사의 수식을 받는 명사들은 모두 유경계 명사이고 지칭의 대상은 개체이다. 반면 "(抽)烟, (乘)车, (喝)水(담배 (피우다), 차 (타다), 물 (마시다))"의 원형 명사인 "烟,

车, 水(담배, 차, 물)"는 개체 사물을 지칭하는 것이 아니므로 무경계가 된다.

이어서 문법에 반영된 동사의 '무경계'와 '유경계'의 대립 현상을 보자. 영어 eat(먹다)는 유경계 동작을 대표하는 비상태(非狀態) 동사로, 진행형은 John is eating으로 나타낼 수 있다. 반면, resemble은 무경계 동작을 대표하는 상태 동사(狀態動詞)로 *John is resembling his father.과 같은 진행형이 없다. 중국어의 동사도 이와 유사한 구분이 있는데, 비상태 동사는 "吃着, 跳着(먹고 있다, 뛰고 있다)"처럼 "着"를 붙일 수도 있고, "吃吃, 跳跳(먹어보다, 뛰어보다)"와 같이 중첩 형식도 가능하다. 하지만 상태 동사는 일반적으로 "着"를 붙일 수 없으며 중첩 형식도 없으므로, "*爱着, *爱爱, *姓着, *姓姓"과 같이 말할 수 없다. 이를 다른 각도에서 보면 유경계 동작은 시간축에서 시작점과 종점이 있다. 예를 들어, "(把鱼)盛碗里((생선을) 그릇에 담다)"의 동작은 생선이 그릇에 담기기 시작하는 시점이 시작점이고, 생선이 그릇에 도달하는 점이 종점이 된다. 역으로 "盛(鱼)((생선을) 담다)"의 동작은, 동작 행위의 종점이 없으므로 무경계의 동작이다.

마지막으로 문법에 반영된 성질과 상태의 '유경계'와 '무경계'의 대립 현상을 보자. 중국어에서 이러한 대립이 가장 뚜렷한데, 형용사는 상태 묘사어(상태 형용사)와 속성어(성질 형용사)로 나눌 수 있다. 속성어가 나타내는 성질과 상태는 정도에서 무경계이다. 예를 들어, "白(희다)"는 속성어로, 여러 정도의 흰 색을 총칭하는 것이며 흰 정도와 폭은 일정하지가 않다. 그런데 상태 묘사어가 나타내는 성질과 상태는 정도에서 유경계이다. 예를 들어, "雪白(눈처럼 희다)"는 희다라는 양의 폭 중의 어느 한 단락이나 점을 가리킨다.

사물은 가장 구체적이고 동작은 비교적 추상적이며 성질과 상태는 가장 추상적인데, '유경계'과 '무경계'의 대립은 구체적인 것에서 추상적인 것으로의 은유적 투사이다. 이 세 가지 개념영역을 관통하는 '유경계'와 '무경계'라는 개념의 대립은 많은 문법 현상을 설명할 수가 있다. 다음 좌우의 예를 비교해 보자.

*盛碗里鱼　　盛碗里两条鱼 생선 두 마리를 그릇에 담다
*飞进来苍蝇　飞进来一只苍蝇 파리 한 마리가 날아 들어왔다
*捂了孩子痱子　捂了孩子一身痱子 아이의 몸에 두드러기가 났다
*雪白衣服　　雪白一件衣服 눈처럼 흰 옷 한 벌
*干干净净衣服　干干净净一件衣服 깨끗한 옷 한 벌
*白一件衣服　白衣服 흰 옷
*干净一件衣服　干净衣服 깨끗한 옷

왼쪽 열이 성립하지 않는 이유는 '유계성' 성분과 '무계성' 성분의 부정합(不匹配) 때문이다. 예를 들어, 유계성 동작 "盛碗里(그릇에 담다)"와 무계성 사물 "鱼(생선)"은 어울리지 않으며, 유계성 성질 "雪白(눈처럼 희다)"와 무계성 사물인 "衣服(옷)"도 어울리지 않는다. 마찬가지로 무계성 성질 "白(희다)"는 유계성 사물 "一件衣服(옷 한 벌)"과 어울리지 않는다. 한편, 오른쪽 열은 모두 유계성 동작 상태와 유계성 사물이 연결되어 있어 문법적으로 성립한다. 이는 '은유 문법'이 품사 범주의 경계를 무너뜨릴 수 있으며, 서로 다른 품사의 병행 현상에 대해서 일관된 설명을 한 실례가 되겠다.

▌행위영역, 지식영역, 언어영역간의 투사

문법에서 '행위, 지식, 언어'의 세 영역을 가장 잘 설명할 수 있는 것이 조동사(情态动词)이다. "能"을 예로 들어보자.

(1) 小王能说法语。　　　　　　　[行域]
　　샤오왕은 불어를 할 줄 안다. [행위영역]

(2) 我能骗你吗？　　　　　　　　[知域]
　　내가 널 속일 수 있겠어?　　 [지식영역]

(3) 小王，能把笔记借我一阅!　　[言域]
　　샤오왕, 필기한 거 좀 보여줘!　　　　　　　　　[언어영역]

　(1)은 샤오왕(小王)이 프랑스어를 말하는 능력이 있음을 서술하고 있
다. 능력과 행위는 직접 관련이 있으므로, 이 때 "能₁"은 행위영역에 속
한다. (2)는 내가 상대방을 속일 수 있는 능력이 있는지를 묻는 것이 아
니라 상대방이 생각하기에 내가 상대방을 속일 가능성이 있는지를 묻고
있다. 이는 지식에 근거하여 행위의 가능성에 대해 추론하는 것으로, 이
때 "能₂"는 지식영역에 속한다. (3)은 상대방에게 필기노트를 빌려 줄 능
력이 있는지를 묻는 것도 아니고 상대방이 나에게 필기노트를 빌려 줄
가능성에 대한 추론도 아니다. 이 문장은 상대방에게 필기노트를 빌려달
라고 부탁하는 것으로 이때 "能"은 "请"으로 바꾸어 쓸 수 있다. 이러한
"能₃"의 기능은 이 문장이 부탁의 '언어 행위'임을 나타내는 것으로 언
어영역에 속한다. 언어 자체도 일종의 행위이다. 청유문을 말하는 것은
'언어'로써 명령이나 부탁을 행하는 것으로, 언어영역의 "言"이 바로 이
러한 의미의 언어 행위를 가리킨다.
　조동사 외에도 이 세 영역의 구분이 있는 동사들이 있다. "保证(보장
하다)"의 예를 보자.

(4) 他向我保证三周内完成任务。　　　　　　[行域]
　　그는 내게 3주 내에 임무를 완성하겠다고 보장했다.[행위영역]

(5) 我保证他已经完成任务。 [知域]
　　나는 그가 이미 임무를 완성했음을 보장한다. [지식영역]

(6) (你必须三周内完成任务！) 好, 我保证。 [言域]
　　(너는 3주 내에 반드시 임무를 완성해야 해.) 좋아요. 보장합니다. [언어영역]

　　(4)에서 "保证₁"은 '무엇을 하기를 보장하다(担保做到)'의 의미로, 행위를 보장하는 것이므로 행위영역에 속한다. (5)에서 "保证₂"은 '···임을 긍정(인정)하다'의 의미이다. 화자는 지식을 근거로 '그가 이미 임무를 완성했다'라는 말이 사실임을 보장하는 것이므로 지식영역에 속한다. (6)에서 '나는 보장한다(我保证)'라고 말함과 동시에 화자는 '보장하다'라는 언어 행위를 한 것이다. 따라서 이때 "保证₃"은 언어영역에 속한다.
　　어구의 행위영역에서의 의미 용법이 기본이며 지식영역의 의미와 언어영역의 의미는 모두 이 기본 의미에서 은유를 통해 파생된 것이다. 이러한 세 가지 개념영역 사이의 투사를 사용하여, 지금까지 설명하기 어려웠던 많은 문법과 의미현상, 특히 복문의 의미 관계를 설명하는 것이 가능해졌다.

(7) 如果明天下雨, 比赛就取消。 [行域]
　　만약 내일 비가 온다면, 경기는 취소될 것이다. [행위영역]

(8) 如果比赛取消了, 昨天就下雨来着。 [知域]
　　만약 경기가 취소되었다면, 어제 비가 왔을 것이다. [지식영역]

(9) 如果比赛真的取消, 太阳就从西边出来了。 [言域]
　　만약 경기가 정말 취소된다면, 해가 서쪽에서 뜰 것이다. [언어영역]

어휘 "如果"로부터 파생된 충분조건의 세 영역에서의 특징은 다음과 같이 서술할 수 있다.

　　행위영역 : p의 발생은 q 발생의 충분조건이다.
　　　　　　　(만약 p라면, q이다.)

　　지식영역 : p를 아는 것은 내가 결론 q를 얻기 위한 충분조건이다.
　　　　　　　(만약 p를 알고 있다면, 나는 q라고 추론할 수 있다.)

　　언어영역 : 상태 p는 내가 q라고 말하는 것의 충분조건이다.
　　　　　　　(만약 p라면, 나는 q라고 말한다.)

　(9)와 유사한 예로 "如果你做不到, 我就不姓沈(만약 당신이 못한다면, 나는 심씨가 아니다)", "如果你是老虎, 我就是武松(네가 호랑이면 나는 무송(武松)[2]이다)" 등이 있다. 이러한 복문의 전후절의 의미 관계에 대해 과거에는 명확히 설명하기가 어려웠다. 이제 이들 문장은 "如果P就Q(만약 P라면)"의 언어영역에서의 용법임을 알 수 있게 되었다. 즉, P는 '화자가 Q라고 말하다'의 충분조건이라고 설명할 수 있다. "你做不到(당신이 못한다)"는 "我说'我不姓沈'('나는 심씨가 아니다'라고 말한다)"의 충분조건이며, "你说你是老虎(너는 네가 호랑이라고 말한다)"는 "我说我是武松(나는 내가 무송이라고 말한다)"의 충분조건이다.

　양보를 나타내는 복문 중에도 언어영역에서만 이해가 되는 것도 있다. 다음 세 문장을 보자.

　(10) 他虽然日夜操劳, 但是影响了嗓子。
　　　　그는 비록 밤낮으로 열심히 일했지만, 목에 영향을 주었다.

---

2) 역자주: 『수호전(水滸傳)』에 나오는 영웅호걸. 맨손으로 호랑이를 때려잡았음.

(11) 虽然他是中国人，但是他的头发是黑的。

그는 비록 중국인이지만, 머리카락이 검다.

(12) 虽然刮风了，但是下雨了。

비록 바람이 불었지만, 비가 내렸다.

혹자는 위의 세 문장이 모두 관련 어휘 "虽然……但是(비록……이지만)"의 사용 오류라고 보았다. (10)과 (11)은 전체 문장의 내용상 인과관계만 가능하므로 "因为……所以……(……이므로, 따라서……)"를 사용해야 하고, (12)도 내용상 양보의 관계가 없기 때문이다. 하지만 이는 문장의 의미를 행위영역 내에서만 생각했기 때문이다. 언어영역에 놓고 보면 위 세 문장은 모두 문제가 없다. (10)은 실제로는 "虽说他日夜操劳，但是我说他影响了嗓子(비록 그는 밤낮으로 열심히 일했다고 하지만, 나는 그가 목에 영향을 주었다고 말한다)"의 의미이다. 표현이 다르면 '언표내적 힘(语力)'도 다르다. "他日夜操劳(그가 밤낮으로 열심히 일했다)"라고 말했을 때의 언표내적 힘은 '그를 칭찬하는 것'이다. 반면, "他影响了嗓子(그가 목에 영향을 주었다)"라고 말했을 때의 언표내적 힘은 '그를 비난하는 것'이 된다. 따라서 이 문장은 두 가지 서로 상반된 표현과 언표내적 힘 사이에 양보 관계를 형성하고 있는 것이다. (11)도 예를 들어 어느 영화감독이 검은 머리가 아닌 중국인 배우를 찾는 경우를 설정한다면, 의미를 이해할 수 있다. 이 문장은 "비록 그는 중국인이지만(그를 고용하자！), 나는 그의 머리가 검다고 말한다.(그를 고용하지 말자！)"의 양보 관계가 형성된 것이다. (12)도 바람은 불지만 비는 오지 않는 날씨를 기다려 영화를 촬영을 해야 하는 상황을 설정한다면, 가능한 문장이다. "비록 바람은 불지만(영화를 촬영하자！), 하지만 나는 비가 온다고 말한다(촬영하지 말자！)"라고 하는 양보 관계가 성립하는 것이다.

또 반드시 지식영역 에서만 이해가 가능한 복문들도 있다. 다음 두 문장을 비교해보자.

(13) 虽然他父亲是研究科学的，他却读了文科。
비록 그의 아버지는 과학을 연구하시지만, 그는 오히려 문과를 전공했다.

(13′) *虽然他读了文科，他父亲却是研究科学的。
그는 비록 문과를 전공했지만, 그의 아버지는 과학을 연구하신다.

혹자는 (13)은 성립하지만, (13′)은 오류 문장이라고 생각한다. 일반적으로 아들이 아버지의 사업을 잇는 것은 정상이지만 아버지가 아들의 사업을 잇는 것은 상식에 어긋나기 때문이다. 하지만, (13′)을 오류문으로 보는 것은 문장의 의미를 행위영역에서만 생각했기 때문이다. 만약 이를 지식영역에 놓고 본다면, 이 문장은 다음과 같은 의미로 성립한다.

虽然他读了文科，他父亲(我)却(推断)是研究科学的。
비록 그는 문과를 전공했지만, 그의 아버지는 오히려 과학을 연구하신다(고 나는 추측한다).

이상의 예들은 '은유 문법'이 몇 가지 관련된 개념을 사용하여 유사한 문법 현상들 사이의 차이와 관계에 대해 통일된 설명을 할 수 있음을 보여주는 실례가 된다.

▌"在"영역과 "给"영역간의 투사

중국어 "在"와 "给"의 개념 사이에도 유사성이 있으며, 투사가 발생한다. "在"구문과 "给"구문 중에는 평행을 이루는 문형이 있다. 다음 8개의 문장 중 왼쪽은 "在"구문이고 오른쪽은 "给"구문으로 이들은 좌우 평행을 이룬다.

a. 我在院子里种了几棵花儿。　　我给张老师写了一封信。
b. 在院子里我种了几棵花儿。　　给´张老师我写了一封信。
c. 我种了几棵花儿在院子里。　　我写了一封信给张老师。
d. 我种在院子里几棵花儿。　　　我写给张老师一封信。
　　나는 화단에 꽃을 몇 그루 심었다　나는 장선생님께 편지를 한
　　　　　　　　　　　　　　　　　　통 써서 보냈다

지금까지는 세로 방향으로 문장들 간의 연결을 중점적으로 연구하였다. 즉 a, b, c, d의 네 가지 문형 간에 어떤 연결이 있는지, 하나의 문형이 어떻게 다른 문형으로 전환되는지를 주로 동사의 분류를 통해, 어떤 동사는 문형의 전환이 가능하고 어떤 동사는 불가능한지를 연구하였다. 하지만, 이러한 연구 방법은 가로 방향의 관계, 즉 좌우 문장들 간의 관계를 완전히 홀시하고 있다. 좌우 문장은 서로 병행 관계이며, 투사관계가 있어서 '동사분류+문형 전환'이라는 기존의 연구 방법으로는 설명이 불가능하다. 우리의 방법은 우선 각 문형의 전체 의미를 파악하는 것이다.

a. 어떤 장소에서 어떤 동작을　어떤 수혜 대상을 향해 이동 동
　　하다　　　　　　　　　　　작을 하다
b. 어떤 장소에서 어떤 사건이　어떤 수혜 대상을 향해 이동 사
　　발생하다　　　　　　　　　태가 발생하다

c. 어떤 사물이 동작의 작용으로 어떤 장소로 이동하지만, 도착했다고는 할 수 없다(동작과 도착 분리)　사물이 이송되지만, 종점에 도착했다고는 할 수 없다(이송과 도착 분리)

d. 어떤 사물이 동작의 작용으로 어떤 장소로 이동 후 도착하다(동작과 도착 일치)　사물이 이송되어 종점에 도착하다(이송과 도착 일치)

이러한 문형의 의미 형성은 심리학적으로 '게슈탈트'의 형성 원리와 같은데, 모두 네 가지 원칙의 지배를 받는다. 이 네 가지 원칙은 세로 방향 a, b, c, d 사이의 공통점과 차이점을 설명할 수 있을 뿐 아니라 좌우 문장 사이의 병행성에 대해서도 설명을 할 수 있다.

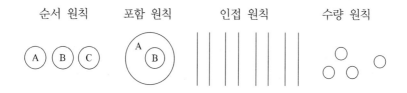

순서 원칙　　포함 원칙　　인접 원칙　　수량 원칙

'순서 원칙'에 따르면, 만약 B가 A뒤에 있고 C가 B뒤에 있다면, 이들은 순서가 없는 것이 아니라 A, B, C의 순서로 정해져 있다. 이는 공간 영역에서의 순서인데, 시간영역과 기타 다른 영역에서도 순서가 있다. 예를 들면, 내가 이 그림을 그릴 때 먼저 A를 그리고 다음에 B, 마지막으로 C의 순서로 그린다.

다음으로 '포함 원칙'에 따르면, 만약 B가 A안에 포함되면, A는 B안에 포함될 수 없다. 예를 들면, 만약 보석함이 옷장 안에 있다면 옷장은 보석함 안에 있을 수 없는 것이다.

'인접 원칙'에 따르면, 인접하는 두 성분은 하나의 단위를 구성하려는 경향이 있다. 예를 들면, 위의 그림에 8개의 평행선이 있는데 우리는 이를 4쌍의 평행선으로 보려는 경향이 있다. 이러한 경향은 구체적인 거리뿐만 아니라 추상적인 거리도 마찬가지다. 샤오왕(小王)과 그의 어머니 사이의 거리는 샤오왕과 그의 동료사이의 거리보다 가까워서 '한' 가족이 되는 것이다.

'수량 원칙'에 대해서는 더 이상 설명이 필요 없다. 수량의 많고 적음을 아는 것은 인간의 기본 인지 능력 가운데 하나이기 때문이다. 사과 세 개가 사과 한 개보다 '많다'는 것은, 우리가 사과 세 개를 잡는 것이 한 개를 잡는 것보다 더 '많은' 힘을 들여야 하고, 사과 세 개를 먹는 것이 한 개를 먹는 것보다 더 '많은' 시간이 걸리며, 심지어 사과 세 개를 보는 것도 한 개를 보는 것보다 망막의 더 '많은' 신경세포를 자극한다. 영어에서 사과 한 개는 apple이지만, 사과 세 개는 apples로, 형태도 더 복잡하다.

그럼 이러한 원칙들이 어떻게 구문의 의미 형성을 지배하는지 설명하고자 한다. 우선 순서 원칙부터 살펴보자. "给X"는 순서 원칙에 따라 동사 앞에 위치할 때는(a와 b 의 경우) 예정된 목표를 나타내고, 동사 뒤에 위치할 때는(c와 d의 경우) 도달의 종점을 나타낸다. 순서 원칙에 따르면, 목표는 행동하기 전에 먼저 설정하므로 동사의 앞에 위치하고, 종점은 동작이 이루어진 후에 도달하므로 동사의 뒤에 위치한다. "在X" 와 동사의 상대적인 위치도 이와 유사한 설명이 가능하다. 동작이나 사건의 발생 장소인 "在X"는 동사의 앞에서 미리 존재하고 있었음을 나타내고, 동작을 통해 어떤 장소에 도달함을 나타낼 때는 "在X"가 동사의 뒤에 위치하게 된다.

다음으로 포함 원칙에 대해 이야기해보자. 위 예문a "我给张老师写了一封信(나는 장선생님께 편지를 한 통 써서 보냈다)"이라고 말하면 아주 자연스럽지만, 예문b "给张老师我写了一封信(장선생님께 나는 편지를 한 통 써서 보냈다)"을 말할 때는 "张老师(장선생님)"를 반드시 강하게 말해야 한다. 이유는 무엇일까? 이 두 문장의 차이는, a의 "给张老师(장선생님께)"는 "写了一封信(편지를 한 통 썼다)"만을 포함하나, b의 "给张老师"는 "我写了一封信(나는 편지를 한 통 썼다)"을 포함한다는 것이다. "나는 편지를 한 통 썼다"는 하나의 사건이지만, "편지를 한 통 썼다"는 단순히 하나의 동작일 뿐이다. 우리는 일반적으로 어떤 예정된 목표를 위해 어떤 동작을 한다고는 말할 수 있지만, 어떤 예정된 목표를 위해 사건이 발생한다고는 말하지 않는다. 이 예정된 목표가 다른 목표와 대비되어 강조를 해야 할 경우(강하게 읽는다)에만, 우리는 "나는 편지를 한 통 썼다"라는 사건을 "나는 하나의 동작을 했다"로 이해한다. 이에 대응하는 왼쪽 열의 "在"구문의 예문 "我在院子里种了几棵花儿(나는 화단에 꽃을 몇 그루 심었다)"와 "在院子里我种了几棵花儿(정원에 나는 꽃을 몇 그루 심었다)"는 모두 자연스러운데, 이는 위 두 문형의 전체 의미가 각각 '어떤 장소에서 행한 어떤 동작'과 '어떤 장소에서 발생한 어떤 사태'로 모두 다 문맥이 통하기 때문이다.

다음으로 인접 원칙을 보자. "在"구문과 "给"구문의 평행 관계는 위 d의 "了"의 위치에서도 나타난다. 다음 c와 달리 "了"는 동사 뒤에는 올 수 없으며, "在, 给"의 뒤에만 올 수 있다는 것이다.

c.　我种了几棵花儿在院子里　　我写了好几封信给张老师
d.　*我种了在院子里几棵花儿　　*我写了给张老师好几封信
　　我种在了院子里几棵花儿　　我写给了张老师好几封信

c형식과 d형식의 전체 의미는 모두 동작의 영향으로 인해 사물이 어떤 종점에 도달함을 나타낸다. 차이는 c형식은 동작과 도달이 분리되어 있고, d형식은 동작과 도달이 하나로 합쳐져 있다는 것이다. 이는 인접

원칙이 작용하였기 때문이다. 즉, 동사와 "在, 给"가 분리되어 있는 c는 동작과 결과의 분리를 나타내는 반면, 동사와 "在, 给"가 붙어있는 d는 동작과 결과가 하나로 합쳐져 있음을 나타낸다. 이 원리는 다음 대립을 보면 명확히 알 수 있다.

    c. 他写一封信给我, 让我转交给你。
       그는 내게 편지 한 통을 써서 주고는, 너에게 전해달라고 했다.

    d. *他写给我一封信, 让我转交给你。
       *그는 내게 편지 한 통을 써서 보내고, 너에게 전해달라고 했다.

c형식은 "写"와 "给"가 분리되어 있어서 편지의 도착을 포함하지 않으므로, 편지를 다른 사람에게 다시 '전해주기(转交)'가 가능하지만, d형식은 "写"와 "给"가 결합되어 있어 편지가 상대방의 손에 도착했음을 포함하고 있으므로, 다시 다른 사람에게 '전해주기(转交)'가 불가능하다. 동작과 결과는 하나의 통합된 과정이기 때문이다. 동작과 결과가 합쳐진 "种在"와 "写给"는 모두 하나의 복합동사가 되어, "了"도 "种在, 写给"의 뒤에만 붙을 수 있다.

마지막으로 수량 원칙을 보자. "在"구문과 "给"구문의 d형식은 다음 평행 관계가 있다.

我写在黑板上几个字
그는 칠판에 글자를 몇 개 썼다.

我放[在]桌子上一盆花
나는 탁자 위에 화분 하나를 놓았다.

我写给张老师几封信
나는 장선생님께 편지 몇 통을 썼다.

我卖[给]张老师一所房子
나는 장선생님에게 집 한 채를 팔았다.

상하 두 종류의 문장에서 "在"와 "给"는 생략이 불가능하지만, 아래 문장에서는 생략이 가능하다. 왜일까? "卖"는 전형적인 수여 동사로 수여 의미를 포함하므로 뒤의 "给"는 사실 잉여분이다. 따라서 "给"는 생략도 가능하다. 반면 "写"는 전형적인 수여 동사가 아니며, 수여 의미를 포함하지 않으므로 "给"자는 반드시 있어야 한다. "在"구문에 대해서도 이와 유사한 설명이 가능하다. 동사 "放(놓다)"은 부착 의미를 포함하므로 "在"가 없어도 상관이 없지만, "写(쓰다)"는 부착 의미를 포함하지 않으므로 "在"가 필요한 것이다. 이는 수량 원칙의 작용 때문으로, 의미가 많아지면 형식도 많아진다.

앞에서 서술한 네 가지 원칙은 "在"구문과 "给"구문에 동시에 작용하고 있다. 이를 달리 말하면, 구체적인 "在"의 영역에서 추상적인 "给"의 영역으로 투사되고 있다. 좌우열의 "在"구문과 "给"구문 사이의 병행현상은 이로써 합리적인 설명이 이루어진 것이다.

▌통사영역, 의미영역, 화용영역간의 투사

중국어에서는 그 자체로는 전체 지시의 의미를 가지지 않지만, 특정한 구문을 구성한 후에 전체 지시의 의미를 가지는 어휘들이 있다. 이들 어휘에는 "一…不~(하나도 ~하지 않다), 一─一~(… 있는 대로 ~하다), 再…也~(아무리 …라도 ~하다), 最…也~(가장 …라도 ~하다), 连…也/都~(…조차도 ~하다)" 등이 포함된다.

他一字不识。
그는 한 글자도 모른다. (모든 글자를 모른다)

有一件交待一件。
일이 있는 대로 다 응대한다. (모든 일을 응대한다)

再大的困难他也能克服。

더 큰 어려움도 그는 모두 극복할 수 있다. (모든 어려움을 그는 극복할 수 있다)

最便宜的我也买不起。

가장 싼 것도 나는 살 수 없다. (모든 것을 나는 다 살 수 없다)

连他的敌人也佩服他。

그의 적마저도 모두 그를 존경한다. (사람마다 모두 그를 존경한다)

连乔姆斯基自己也不懂转换语法。

촘스키 자신도 변형문법을 모른다. (아무도 변형 문법을 모른다)

이들 문장의 긍정과 부정을 바꿀 경우(이를 '정반 전환(正负颠倒)'이라 부르기로 한다), 결과는 세 가지 '이상한' 상황이 나타난다.

1) 통사법에 맞지 않음(*로 표시)

他一字不识。

그는 한 글자도 모른다.

*他一字识。

*그는 한 글자도 안다

他一声不吭。

그는 한 마디도 말하지 않는다.

*他一声吭。

*그는 한 마디 말한다.

有一件交待一件。

일이 있는 대로 응대한다.

*有一件不交待一件。

*일이 있는 대로 응대하지 않는다.

一天有一天的事情。

매일 그 날의 일이 있다.

*一天没有一天的事情。

*매일 그 날의 일이 없다.

2) (원래의) 의미와 맞지 않음(#로 표시)

最便宜的我也买不起。

가장 싼 것도 나는 살 수 없다.

#最便宜的我也买得起。

#가장 싼 것도 나는 살 수 있다.

再大的困难他也能克服

더 큰 어려움도 그는 극복할 수 있다.

#再大的困难他也不能克服。

#더 큰 어려움도 그는 극복할 수 없다.

再好的衣服穿在她身上也不好看。

아무리 좋은 옷도 그녀가 입으면 안예쁘다.

#再好的衣服穿在她身上也好看。

#아무리 좋은 옷도 그녀가 입으면 예쁘다.

3) 화용법에 맞지 않음(?로 표시)

连他的敌人也佩服他。

그의 적 조차도 그에게 탄복한다.

? 连他的敌人也不佩服他。

? 그의 적 조차도 그에게 탄복하지 않는다.

连看电影也不感兴趣。

영화보는 것에도 흥미가 없다.

? 连看电影也感兴趣。

? 영화보는 것에도 흥미가 있다.

就算你请我坐汽车去，我也不去。
자동차로 모시고 간다고 해도, 나는 가지 않을 것이다.
? 就算你请我坐汽车去，我也去。
? 자동차로 모시고 간다고 해도, 나는 갈 것이다.

이 세 가지 이상한 현상은 '축척 모델(scale model)'을 사용하면 통일
된 설명이 가능하다. 중량을 예로 들어 축척 모델을 도식화하면 다음과
같다.

$$\begin{array}{l} \vdash \text{ m (가장 가볍다)} \\ \vdash \text{ } X_2 \\ \vdash \text{ } X_1 \\ \vdash \text{ M (가장 무겁다)} \end{array}$$

이 '축척 모델'을 근거로 다음과 같은 추론을 할 수 있다.

X_1이 X_2보다 무거울 경우, 어떤 사람이 X_1을 들 수 있다면 그는 X_2
도 들 수 있다.

또 나아가 위에서 살펴본 어휘들이 갖는 전체 지시의 의미도 추론이
가능하다. 그러한 어휘들은 이 축척 상에서 m이나 M급에 위치하는데,
최대량 M에 대한 긍정은 전체량에 대한 긍정을 의미하고, 최소량에 대
한 부정은 전체량에 대한 부정을 의미하기 때문이다. 구체적으로 말하
면, 어떤 사람이 가장 무거운 물건을 들 수 있다는 것은 그가 모든 물건
을 들 수 있음을 의미하고, 그가 가장 가벼운 물건을 들 수 없다는 것은
그가 모든 물건을 들 수 없음을 의미한다. 주의할 점은 문장이 긍정에서
부정으로 바뀌거나 부정에서 긍정으로 바뀌면, 축척의 방향도 이와 상응

하여 바뀐다는 것이다. 최대량 M과 최소량 m이 축척 상에서 위치를 바꾸지 않으면 전체 지시의 의미가 유지되지 않는다. 만약 축척의 방향을 바꾸지 않으면, 통사, (원래)의미, 화용법에 맞지 않는 이상한 결과가 나타나게 된다.

과거에 우리는 습관적으로 통사, 의미, 화용을 차례대로 진행하는 독립된 세 개의 모듈로 생각했다. 즉 통사 처리가 완료되면 의미 해석의 모듈로 들어가 처리를 진행하고, 마지막으로 화용 해석의 모듈로 들어가 처리한다는 것이다. 하지만 이러한 방법은 세 가지 모듈간의 병행 관계를 경시함으로써 개괄성이 부족하였다. 사실 이 세 가지 모듈은 세 개의 단계로 보는 것이 좋은데, 통사 단계가 가장 구체적이고 화용 단계가 가장 추상적이며, 의미 단계는 양자의 사이에 있다. 세 가지 단계는 은유적 투사 관계를 가지며, 축척 모델이 세 단계를 관통하여, 세 단계에 나타나는 평행 현상에 대해 통일된 개괄적 설명을 할 수 있는 것이다.

▎ 의미영역과 형식영역간의 투사

문법 연구의 주요 목적은 의미와 형식 사이의 관계를 설명하는 것이다. 필자는 이러한 관계도 대체로 일종의 투사 관계라는 점을 말하고자 한다. 영어 동사 steal과 rob은 문법 형식에서 다음과 같은 차이가 있다.

Tom stole 50 dollars from Mary.
*Tom stole Mary of 50 dollars.
톰은 메리에게서 50달러를 훔쳤다.

*Tom robbed 50 dollars from Mary.
Tom robbed Mary of 50 dollars.
톰은 메리에게서 50달러를 빼앗았다.

영어 steal의 직접 목적어는 도난당하는 물건만 가능하며, 도난당하는 사람은 직접 목적어가 될 수 없다. 반면 rob의 직접 목적어로는 탈취당하는 사람만 가능하며 탈취되는 물건은 직접 목적어가 될 수 없다. 하지만 이와 유사한 의미를 가진 중국어 동사 "偷(훔치다)"와 "抢(빼았다)"은 이러한 차이가 없는 듯하다.

張三偷了李四50块钱。
*張三从李四偷了50块钱。
장싼은 리쓰에게서 50위안을 훔쳤다.

張三抢了李四50块钱。
*張三从李四抢了50块钱。
장싼은 리쓰에게서 50위안을 탈취했다.

도난당하고 탈취당하는 물건은 모두 직접 목적어가 될 수 있지만, 도난당하거나 탈취당하는 사람은 모두 전치사 "从(…부터)"의 목적어가 될 수 없다. 하지만 "偷"와 "抢"은 여전히 차이가 있다.

張三偷了钱。　　　　　　　*張三把李家偷了。
장싼이 돈을 훔쳤다.

張三抢了钱。　　　　　　　張三把李家抢了。
장싼이 돈을 탈취했다.　　　장싼이 이씨네 집을 탈취했다.

만약 사람과 사물 중에 목적어가 하나만 나타난다면, "偷"문장은 도난당하는 사물만 나타날 수 있으며 도난당하는 사람은 나타날 수 없지만, "抢"문장은 이러한 제한이 없다. 이는 위에서 든 4개의 예문 매트릭스에서 오른쪽 위 문장만 성립하지 않는(별표로 표시) 구조가 된다. 이와 관련하여, 일부 영어 방언에서 Tom robbed 50 dollars from Mary가 가능한데, 이 방언도 역시 오른쪽 위 문장만 성립하지 않는다. 이러한 영어와 중국어의 예는 두 가지 문제와 연관이 있다. 하나는 훔치고 탈취하는 대상(사물과 피해자)이 모두 동사의 직접 목적어가 될 수 있는가의 문제이다.[3] 이는 의미역과 동사와의 '원근'의 문제이다. 또 하나는, 문장에 직접 목적어 하나만 있을 때, 훔치고 탈취당하는 대상(사물과 피해자)이 모두 출현할 수 있는가의 문제이다.[4] 이는 의미역의 '은현(隱現)'[5]의 문제이다.

전통적인 방법은 의미 구조를 분석할 때 동작주(훔치고 탈취하는 사람), 수동자(受事, 도난당하거나 탈취당하는 사람), 수탈물(도난당하거나 탈취당하는 물건)의 세 의미역으로 나누었다. 하지만 "偸"와 "抢"은 모두 이 세 가지 의미역이 있으므로, 위의 두 문제에 대답을 할 수가 없다. 사실 "'偸"와 "抢"의 경우에는 의미역의 현저함에서 차이가 있다.

"偸" [**절도자**　피해자　**도난물품**]
"抢" [**강도자**　**피해자**　탈취물품]

굵은 글씨체는 현저한 의미역을 나타낸다. 도난 사건의 경우에는 도난물품이 관심의 중심으로 현저한 역할을 한다. 혼자서 버스 정류장에서 지갑을 도난당했을 때 사람들은 먼저 얼마를 잃어버렸는지를 묻는다. 하지만 강도사건의 경우에는 강도를 당한 사람이 관심의 중심으로 현저한 역할을 한다. 따라서 사람들이 먼저 관심을 가지는 것은 피해자의 신변

---

3) 역자주: 즉, 영어 steal과 rob의 문장에서 훔치고 탈취당하는 사물과 피해자 중 어느 것이 동사의 직접 목적어가 될 수 있는가의 문제이다.
4) 역자주: 중국어 "偸"와 "抢"의 문장에서 훔치고 탈취당하는 사물과 피해자 중 어느 것이 문장에 나타나는가의 문제이다.
5) 역자주: 숨었다 나타났다 하다. 즉, 출현방식을 나타낸다고 볼 수 있다.

안전이다. 이전에 필자의 한 학생이 학교근처에서 강도를 만난 적이 있다. 이 소식을 듣고 필자가 급히 던진 첫 질문은 얼마를 탈취당했는지가 아니라 그가 다쳤는지 여부였다. 다음 두 문장을 비교해보자.

> 你别偷我饭碗。 내 밥그릇을 훔치지 마라.
> 你别抢我饭碗。 내 밥그릇을 빼앗지 마라.

"偷"문장은 내가 밥을 먹는 그릇을 훔쳐가지 말라는 하나의 의미만 있다면, "抢"문장은 내가 밥을 먹는 그릇을 빼앗아가지 말라는 것과 나의 생계 수단을 빼앗아가지 말라는 두 가지 의미가 있다. '내'가 받은 손해의 정도로 보면, 빼앗는 것이 훨씬 더 심각함을 알 수 있다. 우리는 습관적으로 "不偷不抢(훔치지도 빼앗지도 않는다)", "又偷又抢(훔치고 빼앗다)", "只偷不抢(훔치기만 하고 빼앗지는 않는다)", "偷抢事件(절도 탈취사건)"이라고는 하지만, 역으로 "又抢又偷(빼앗고 훔친다)", "只抢不偷(빼앗기만 하고 훔치지는 않는다)", "抢偷事件(탈취절도사건)"이라고 말을 하지는 않는다. 두 개의 유의어를 연이어 말할 때의 일반적인 규율은 "关而不杀(감금만 하고 죽이지는 않는다)", "又哭又闹(울고 소란 피우다)", "又批又斗(비판하고 싸우다)"에서 보듯이, 의미가 무거운 것을 뒤에 놓고 가벼운 것을 앞에 놓기 때문이다.

> 你可真胆大, 竟敢偷警察！
> 간도 진짜 크구나, 감히 경찰을 훔치다니!

앞에서는 "偷了李四(리쓰를 훔쳤다)"라고 말할 수 없고, "抢了李四(리쓰를 탈취했다)"만 가능하다고 했는데, 여기서는 어떻게 "偷警察(경찰을 훔치다)"라고 하였을까? 사실 이 문장은 사복 차림의 경찰이 버스

안에서 소매치기를 잡은 후에 한 말임에 주의하라. 경찰의 물건은 일반 사람보다 더 훔치기가 어려우므로, 경찰이 도난을 당하는 것은 일반 사람들이 도난을 당하는 것보다 훨씬 심각한 경우이다. 따라서 이러한 특수한 언어 환경에서 도난을 당한 사람이 현저하게 부각되는 것이다.

앞의 두 문제로 다시 돌아가자. 앞의 중국어 예들은, 의미역의 은현과 관련하여, 현저하지 않은 역할은 문장에서 생략할 수 있고, 문법 형식이 없지만, 현저한 역할은 문장에 나타나는 경우가 많고 문법 형식도 있음을 보여준다. 이 규칙의 배후에는, 보이는 것은 보이지 않는 것보다 현저하다라는 인지적 원인이 있다.

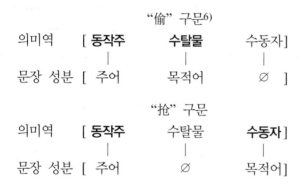

"偷" 구문6)

| 의미역 | [**동작주** | **수탈물** | 수동자] |
| 문장 성분 | [주어 | 목적어 | ∅] |

"抢" 구문

| 의미역 | [**동작주** | 수탈물 | **수동자**] |
| 문장 성분 | [주어 | ∅ | 목적어] |

영어의 예는 의미역과 동사와의 원근 관계에 대해, 현저한 역할은 동사와 가까이 있는 직접 목적어가 될 수 있지만, 현저하지 않은 역할은 직접 목적어가 되는데 제학적임을 보여준다. 이러한 규칙에도 가까운 것은 먼 것보다 더 현저하다는 인지적 원인이 있다.

---

6) 역자주: 원문에 "偷" 구문과 "抢" 구문의 위치가 바뀌어져 있는 오류를 저자와의 확인을 거쳐 여기서 바로잡음.

steal 구문[7]

의미역	[동작주	수탈물	수동자]
문장 성분	[주어	직접 목적어	간접 목적어]

rob 구문

의미역	[동작주	수탈물	수동자]
문장 성분	[주어	직접 목적어	간접 목적어]

위에서 말한 두 가지 인지적 근거(보이는 것은 보이지 않는 것보다 더 현저하고, 가까운 것은 먼 것보다 더 현저하다)는 개념 혹은 의미역에서 언어의 형식영역으로 투사된 것이다. 두 영역 사이에는 대응 관계, 즉 '도상성[8]'의 관계가 형성되는데 이러한 투사가 바로 은유이다. 하지만 형식과 의미 항상 이렇게 일대일의 대응 관계는 아니며, 대부분의 경우는 위에서 제시한 4개의 예문 매트릭스에서 오른쪽 위의 문장이 성립되지 않는 구조임을 주의하라. 이는 일종의 '왜곡된 대응 관계'로, 형식 A는 의미 A에 대응되지만 형식B는 의미 B와 의미 A에 모두 대응되는 관계이다. 영어의 "steal, rob"과 중국어의 "偷, 抢" 문장의 성립과 비성립의 전체 양상을 집합론의 포함식을 사용하여 다음과 같이 개괄할 수 있다.

현저한 의미역 ⊃ 현저하지 않은 의미역

이 포함식의 함의는 다음과 같다. 한 언어의 문장에서 만약 현저하지 않은 의미역의 성분이 직접 목적어가 될 수 있다면, 현저한 의미역의 성

---

7) 역자주: 원문에 steal 구문과 rob 구문의 위치가 바뀌어져 있는 오류를 저자와의 확인을 거쳐 여기서 바로잡음.
8) 역자주: 언어가 대상과 자의적 관계가 아닌 유사성을 갖는 점을 강조함.

분도 직접 목적어가 될 수 있으나, 그 역은 성립하지 않는다. 또 한 언어의 문장에서, 만약 현저한 의미역의 성분이 생략 가능하다면 현저하지 않은 의미역의 성분도 생략이 가능하지만, 그 역은 성립되지 않는다. 언어의 형식영역과 의미영역 사이의 은유적 투사는 대부분 이러한 왜곡형 투사이다.

이상으로 '은유 문법'에 대해 서술하였다. 다음은 '환유 문법'에 대해 논의해보겠다. 환유는 언어활동 중에 두 가지 힘이 타협한 결과로 자연스럽게 발생한 것이다. 하나의 힘은 표현의 명확성으로, 지칭 대상은 가능한 한 명확해야하며 청자의 주의력을 직접 목표로 향하게 해야 한다. 또 하나의 힘은 표현의 경제성으로, 중요하거나 현저한 것만 말하고 중요하지 않거나 현저하지 않은 것은 말하지 않으려는 것이다. 환유는 이러한 명확성과 경제성 두 가지를 겸비한 일종의 가장 훌륭한 언어 책략이라 할 수 있다.

▌"的"자구조의 지시 특징

'동사구+的'의 구조를 "的"자구조라 한다. "的"자구조는 경우에 따라 그것이 수식하는 중심 명사를 지시하기도 하지만 지시가 불가능한 경우도 있다.

开车的人/ 开车的 운전하는 사람/ 기사
到站的火车/ 到站的 역에 도착한 기차/ 역에 도착하는 것
迟到的人/ 迟到的 지각한 사람/ 지각한 것(사람)

开车的技术/ *开车的 운전하는 기술/ 운전하는 것
到站的时间/ *到站的 역에 도착한 시간/ 역에 도착한 것
迟到的原因/ *迟到的 지각한 원인/ 지각한 것

과거에 우리는 '문장 성분의 추출'이라는 규칙으로 위 현상 내부의 규칙을 설명하였다. 예를 들면, "人(사람)"은 동사 "开(운전하다)"의 잠재적 문장 성분이므로, 이를 추출하여 "的"자구조가 지시하는 대상이 될 수 있다. 하지만, "技术(기술)"는 동사 "开(운전하다)"의 잠재적 문장 성분이 아니므로 이 동사구의 지시 대상이 될 수 없다는 것이다. 하지만 이러한 설명은 다음 예문을 설명할 수가 없다.

毒蛇咬的 (伤口) 독사가 문 (상처)

"伤口(상처)"는 동사 "咬(물다)"의 잠재적 문장 성분이 아니다. "毒蛇咬伤口(독사가 상처를 물었다)"는 가능한 표현이지만, 독사가 물어서 상처가 생겼음의 의미는 아니다. 그렇다면 왜 "毒蛇咬的(독사가 문 것)"은 독사가 문 결과인 "伤口(상처)"를 가리킬 수 있을까?

这些事他最在行。　이 일들은 그가 제일 잘한다.
他最在行的(事)　그가 제일 잘 하는 일
他最在行的　그가 제일 잘 하는 것

这些事他最精明。　이 일들은 그가 제일 똑똑하다.
他最精明的事　그가 제일 똑똑한 일
*他最精明的　*그가 제일 똑똑한 것

위 두 문장에서 "这些事(이 일들)"은 모두 문장의 대주어인데, 왜 하나는 지시의 대상이 될 수 있고 하나는 되지 않을까?

他在技校学了很多技术, 开车的, 修车的等等。
그는 기술학교에서 차 운전하는 것, 차 수리하는 것 등 많은 기술을 배웠다.

위의 예와 같이 특정한 전후 문맥이 있으면 "技术" 역시 "开车的"의 지시 대상이 될 수 있다. 이유는 또 무엇인가?

头发稀少的老人/ 头发稀少的
머리숱이 적은 노인/ 머리숱이 적은 사람

儿子上大学的家长/ 儿子上大学的
아들이 대학에 들어간 학부모/ 아들이 대학에 들어간 사람

위의 두 문장에서 "老人(노인)"은 동사 "稀少(적다)"와, "家长(학부모)"은 동사 "上(大学)(대학)입학하다"과 통사적으로 직접적인 관련이 없다. 혹자는 그렇다고 하더라도 "老人(노인)"과 "头发(머리카락)"는 전체와 부분의 관계이고, "家长(학부모)"과 "儿子(아들)"는 직접적인 친족 관계이므로, "老人"과 "头发", "家长"과 "儿子'는 서로 어울리는 통사 성분으로 볼 수 있기 때문에 지시의 대상이 될 수 있다고 설명한다. 그래도 여전히 문제가 남아있다.

两个人合住一间的客房/ 两个人合住一间的
두 사람이 함께 쓰는 객실/ 두 사람이 함께 쓰는 것

九十块钱一桌的酒席/ 九十块钱一桌的
한 테이블 당 90위안의 연회 음식/ 한 테이블 당 90위안의 것

百年难遇一次的地震/ 百年难遇一次的
백 년에 한 번 겪기 어려운 지진/ 백 년에 한 번 겪기 어려운 것

여기서 "客房, 酒席, 地震(객실, 연회 음식, 지진)" 등은 "的"자구조 속의 명사와 '전체-부분'의 관계도 아니고, 직접적인 친족 관계도 아니지만 "的"자구조의 지시의 대상이 될 수 있다.

요컨대, 지시 현상을 통사적인 각도에서만 관찰한다면 이러한 문제는 해결이 어렵다. 레이코프는 다음과 같이 '환유의 인지 모델'을 제시하고 있다.

Ⅰ. 어느 언어 환경에서 어떤 목적을 위해 하나의 '목표' 개념 B를 지시할 필요가 있다.

Ⅱ. 개념 A를 사용하여 B를 지시하기 위해서는, A와 B가 반드시 동일한 '인지틀' 안에 있어야 한다.

Ⅲ. 이러한 '인지틀' 안에서 A와 B는 밀접하게 관련되어 있다. A의 활성화로 인해 B도 (일반적으로 단지 B만) 부수적으로 활성화된다.

Ⅳ. A가 부수적으로 B를 활성화시키기 위해서는, 인지적으로 A가 B보다 '현저성' 정도가 반드시 높아야 한다.

전형적인 예로 "壺开了(주전자가 끓는다)"는 '주전자(개념 A)'를 사용하여 '물(목표개념 B)'을 환유한다. 주전자와 물은 '그릇과 내용'이라는 인지틀 안에서 관계가 밀접하며, 주전자라는 개념의 활성화가 부수적으로 물이라는 개념을 활성화시킨다. 주전자는 인지적으로 물보다 더 현저데, 주전자는 보이고 물은 안에서 보이지 않기 때문이다. 또, 물이 끓을 때 우리가 보는 것은 물이 끓는 것이 아니라 주전자의 입에서 증기가 뿜어져 나오고 주전자 뚜껑이 열리는 것이다. 보이는 것이 보이지 않는 것보다 현저하다는 것은 일반적인 인지 규칙이다.

인지틀이란, 인간이 경험을 기초로 세운 개념과 개념 사이에 존재하는 고정된 관계 모델이며, 이는 사람들의 '자연적인' 경험의 유형이 된다. 여기서 '자연적'이라 말한 것은, 인간이 자신을 인식한 결과이며 사람과 외부 세계와의 상호 작용의 산물, 즉 한마디로 인간의 자연적인 속성의 산물이기 때문이다. 주관적인 심리 구조물로서 이들 인지틀은 객관적 실제와 완전히 일치하지는 않으며, 객관적 실제보다는 단순화되어있다. 예를 들면 실제로 발생한 일인데, 라오장이 한밤중에 차를 운전해서 빠른 속도로 가고 있을 때, 인지의 주체로서 인간은 이 장면을 [동작주-동작-수동자], 즉 [사람-운전하다-차]라는 인지틀 안에 넣는다. 이때 동작주 "人(사람)"과 수동자 "车(차)"는 인지틀 안에 있지만, 운전하는 시간에 해당하는 '한밤중', 장소에 해당하는 '도로', 방식에 해당하는 '빠른 속도로' 등은 일반적으로 이 틀 안에 포함되지 않는다. 이러한 인지 방식은 게슈탈트적 인지와 일치한다.

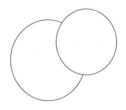

우리는 보통 이 그림을 보고 두 개의 원이 겹쳐진 것으로 생각한다. 하지만 사실 겹쳐진 부분은 아주 복잡한 모양일 지도 모르는 것이다. 이는 원이 상대적으로 '좋은' 모양, 즉 '게슈탈트'이기 때문이다. 마찬가지로, "开车的(운전하는 사람)"를 듣거나 보았을 때, [동작주 – 동작 – 수동자]라는 인지틀(게슈탈트)을 근거로, 생략된 성분이 시간이나 장소 또는 방식이 아니라 동작주인 '사람'이라고 추측할 수 있다. 다시 말해, '사람이 차를 운전하다'는 하나의 게슈탈트로 인지되지만, '늦은 밤에 차를 운전하다', '고속도로에서 차를 운전하다', '재빠른 속도로 차를 운전하다' 등은 게슈탈트로 인지되지 않는다. '시간', '원인', '방식', '목적' 등 이른바 '환경격'은 일반적으로 이러한 인지틀 안에 있지 않기 때문에 지시의 대상이 될 수가 없다. 이것이 바로 "开车的(技术)(운전하는 (기

술))", "到站的(时间)(역에 도착하는 (시간))", "迟到的(原因)(지각한 (원인))", "切脉的(方法)(진맥하는 (방법))" 등의 지시 중심어가 제한을 받는 이유이다. 위에서 말한 문제 역시 이것으로 합리적 설명이 가능하다. 예를 들면 "毒蛇咬的(伤口)(독사가 문 (상처))"에서 결과로서의 "伤口(상처)'는 동사 "咬(물다)"의 문법 성분이 아니지만, [동작주 - 동작 - 결과]로 구성된 인지틀 안에 있다. 또 어떤 사람이 어느 한 분야에 능통하다고 말할 경우에는 그 사람과 능통한 분야는 항상 연결되어 하나의 게슈탈트를 이루고, 그 중 하나가 없으면 완전한 인지틀이 아니다. 반면 어떤 사람이 영리하다고 말할 경우에는 이것이 어느 분야와 반드시 연결되지는 않는다. 따라서 '他最在行的(그가 가장 능통한 것)"은 "事(일)"을 지시할 수 있지만, "他最精明的(그가 가장 영리한 것)"은 "事(일)"을 지시할 수 없는 것이다. 또한 [전체 - 부분], [부모 - 자녀]도 당연히 하나의 인지틀이 되며, "一间 - 客房(하나 - 객실)", "一桌 - 酒席(테이블 하나 - 연회 음식)", "一次-地震(한 차례 - 지진)" 등도 [수량 - 사물]이라는 인지틀을 구성한다. 따라서 "两人合住一间的(두 사람이 같이 쓰는 것)"도 "客房(객실)"을 지시할 수 있는 것이다. 그러면 왜 전후 맥락이 있을 경우에는 "开车的(차를 운전하는 것)" 역시 "技术(기술)"을 지시할 수 있을까? 왜냐하면 그 전후 맥락이 배운 기술에 대해 말하고 있을 경우에는 "技术(기술)"의 현저성이 높아지므로 인지틀 속에 임시로 들어올 수 있기 때문이다.

요컨대, 개념적 환유를 통해 비로소 "的"자구조의 지시 현상에 대해 전면적이고 합리적인 설명이 가능해졌다고 할 수 있다.

▌"不过"의 문법화와 어휘화

"不过10米"처럼 수량사 앞에 위치하는 "不过"는 두 가지 의미가 있다. 하나는 '~를 넘지 않다(不超过)'인데 이 때 "不过"는 부정 부사 "不"+동사"过"로 구성된 하나의 구(词组)이다. 본고에서는 이를 "不过₁"이라 부르기로 한다. 또 하나의 의미는 '단지~에 불과하다'이며, 이때 "不过"는 하나의 단어인 범위 부사이다. 이를 "不过₂"로 부르기로 한다. 우선 "不过₁"에서 "不过₂"로의 변화는 '문법화'의 과정으로 "仅仅"은 "不超过"보다 의미가 더 추상적이다. '~를 넘지 않다'는 비교적 구체적인 공간 개념인데 반해, '단지, 다만~에 불과하다'는 이미 단순한 공간의 개념이 아니다. "不过₁" 은 일반적으로 명사성 어구의 앞에만 사용되는 것으로 한정하지만, "不过₂"는 동작과 상태를 나타내는 어구의 앞에도 출현할 수 있다.

> 是故先王之制锤也, 大不出钧, 重不过₁石。 　　　　　　(『国语·周语下』)
> 이런 이유로 선왕들은 종을 만들었는데, 크기는 균(钧)을 넘지 않고, 무게는 돌을 넘지 않았다.

> 不过₁二年, 君必无患。 　　　　　　　　　　　　　　(『左传』)
> 2년을 넘지 않아 임금께서는 반드시 근심이 없어질 것입니다.

> 信曰 : "陛下不过₂能将十万。" 　　　　　　　　　　(『史记』)
> 한신은, "폐하가 다룰 수 있는 병사는 10만 명을 넘지 못할 것이옵니다"라고 하였다.

> 公输子之意, 不过₂欲杀臣。 　　　　　　　　　　　(『墨子』)
> 공수자(公输子)의 뜻은 신하를 죽이려는 데 불과하다.

현대 중국어에서 "桥长不超过10米(다리의 길이는 10미터를 넘지 않는다)"는 다리의 길이에 대한 객관적인 서술의 표현이다. 하지만 "桥长仅仅10米(다리 길이는 단지 10미터이다)"는 다리의 길이에 대한 서술일 뿐 아니라 다리가 별로 길지 않다고 생각하는 화자의 주관적인 태도도 포함하고 있다. 주관적인 태도는 객관적인 묘사보다 상대적으로 더 공허하다.

"不过₁"에서 "不过₂"로의 변화 과정은 또 어휘화 과정이기도 하다. "不过₂"는 단어(词)이므로 "不"와 "过"의 사이에 어떠한 성분도 들어갈 수 없다. 하지만 "不过₁"은 구(词组)이므로 "不"와 "过"의 사이에 "仅仅(단지)"과 "一定(반드시)"과 같은 다른 성분이 들어올 수 있다.

不仅仅过10米, 还过了15米。
10미터를 넘을 뿐만 아니라, 15미터도 넘는다.

不一定过10米, 也许只过了5米。
10미터를 반드시 넘었다고 할 수 없고, 아마 5미터도 겨우 넘었을 것이다.

우리가 관심을 가지는 문제는, "不过"가 어떻게 "不超过(…을 넘지 않다)"의 의미에서 "仅仅(단지)"의 의미가 파생되었는가, 또 의미의 문법화가 어떻게 "不过"를 구에서 단어로 바꾸었는가 등이다. 이 문제에 대답하기 위해서는 역시 개념상의 환유를 생각하지 않을 수 없다. 구체적으로 말하면 '…을 넘지 않다'라는 개념은 이와 관련된 개념 '단지'를 환유한다. 이 두 개념간의 관계는 '단지'가 논리적으로 '…을 넘지 않다'를 함의(衍推)하고 있다는 것이다. 즉 만약 '단지 10미터'가 참이라면, '10미터를 넘지 않는다'도 참이 된다. 하지만 역으로 '10미터를 넘지 않는다'가 참이라고 해서 '단지 10미터'가 반드시 참이 되지는 않는다. 10미터 이내의 다른 길이가 될 수도 있기 때문이다. 다시 말해 '10미터를

넘지 않는다'가 10미터에 반드시 도달한다고 할 수는 없지만, '단지 10
미터'는 반드시 10미터에 이르렀음을 나타낸다. 이는 다음 두 문장의 대
립에서도 확인할 수 있다.

> 桥长不超过10米, 还没到10米。
> 다리의 길이는 10미터를 넘지 않으며, 아직 10미터에 못미친다.
>
> *桥长仅仅10米, 还没到10米。
> *다리의 길이는 단지 10미터이고, 아직 10미터에 못미친다.

위의 두 번째 문장은 전후 의미가 모순되므로 성립하지 않는다. '…을
넘지 않다'가 '단지'를 지시하는 것은 이는 일종의 추론의 과정이다. 다
만 이 추론은 귀납 추론도 아니고 연역 추론도 아닌 소위 '귀추법
(abduction)'으로, 상식과 사실에 기초한 이단 추리이다.

> 상식: 다리의 길이가 단지 10미터라면, 다리의 길이는 10미터를 넘
> 지 않는다.
>
> 사실: 화자는 "桥长不过₁10米(다리의 길이는 10미터를 넘지 않는
> 다)"라고 말했다.
>
> 추론: 그는 "不过₂10米(다리의 길이가 단지 10미터)"임을 나타내려
> 했을 가능성이 높다.

지금까지 살펴본 "不过"의 문법화와 어휘화 과정을 구체적으로 정리
하면 다음과 같다.

1) 형식A(不过₁)과 의미A(…을 넘지 않다)는 고정적인 관계가 있다.
2) 형식A은 새로운 의미B(단지)와 임시적인 연결이 발생한다. 의미B

는 귀추법의 결과이다.

3) 이러한 추론이 반복된 결과, 추론의 과정이 축소되고 마지막에는 추론 과정 없이 직접 의미B를 도출한다.

4) 직접 도출한 의미B는 형식A의 고유의미로 변한 후, 역으로 형식A에 반작용을 일으켜 형식B로 변화시킨다. 의미B는 의미A보다 공허하고, 형식B(단어)는 형식A(구)보다 짧다.

5) 의미B(단지)와 형식B(不过₂)는 고정된 연결 관계를 형성한다.

이러한 변천 과정은 도식으로 나타내면 다음과 같다.

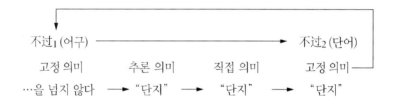

주의할 점은 형식의 변화(어휘화)는 항상 의미의 변화(문법화)보다 늦게 발생하며 두 변화가 동시에 일어나지는 않는다는 것이다.

▌해석과 예측

강연을 마치면서 특히 강조하고 싶은 것은 언어의 형식과 의미의 관계는 완전히 자의적이지도 않고 또 완전히 예측 가능하지도 않은, 일종의 '근거가 있는 약속'이라는 것이다. 문법 구조에 대해서는 충분한 해석이 가능하지만, 예측의 경우에는 불완전한 예측밖에 할 수 없다.

앞에서 동사 "偷(훔치다)"와 "抢(빼앗다)"의 문장에 나타난 여러 문법 현상에 대해 우리는 의미역의 '현저성' 차이를 통해 통일된 설명을 하였다. 하지만 [현저한 역할의 성분 ⊃ 비현저한 역할의 성분]이라는 포함식으로는 부분적인 예측만 가능할 뿐이다. 언어에서 다음과 같은 대응 관계가 항상 존재한다고 가정해보자.

현저한 의미역	현저하지 않은 의미역
직접 목적어	간접 목적어
생략 불가	생략 가능

의미역이 만약 현저하다면, 문법 형식은 항상 직접 목적어가 되며 생략이 불가능하다. 하지만 의미역이 현저하지 않다면 문법 형식은 항상 간접 목적어가 되며 생략 가능하다. 이러한 형식과 의미의 일대일 대응 관계는 일종의 완전한 '도상성' 관계로, 하나의 형식에 하나의 의미가 대응한다. 만약 존재하는 모든 것이 이러한 완전한 대응 관계라면 우리는 완전한 예측이라는 목표에 도달할 수 있을 것이다. 어떤 의미가 있으면 이에 대응하는 형식이 있고, 어떤 형식이 있으면 이에 대응하는 의미가 있기 때문이다. 이번에는 그 역으로, 만약 형식과 의미 사이에 어떠한 대응 관계도 없다면 다음과 같다.[9]

현저한 의미역	현저하지 않은 의미역
직접 목적어	간접 목적어
간접 목적어	직접 목적어

현저한 의미역의 성분이 직접 목적어와 간접 목적어가 될 수 있고, 현

---

9) 역자주: 전체글의 이해를 위해 저자와의 논의를 거쳐 수정하였음을 밝힌다.

저하지 않은 의미역 성분도 역시 이와 마찬가지라면, 우리는 어떠한 예측도 할 수 없을 것이다. 하지만 형식과 의미의 관계는 전자와 같이 완전한 대응 관계도 아니고 후자와 같이 전혀 대응이 없는 관계도 아닌, 앞에서 설명한 왜곡된 대응 관계이다. 이러한 왜곡 관계를 형성한 원인 중 하나는 언어의 변천과정에서 형식 변화와 의미 변화의 '비동시성(不同步)'이다. 즉, 형식의 변화는 의미의 변화보다 느리며, 형식의 변화가 발생한 후 원래 의미는 아직도 일부 새로운 형식에 그대로 남아있다. 언어는 끊임없이 변화하고 있으며, 형식과 의미 사이의 왜곡된 대응 관계도 보편적이다. 형식과 의미 사이의 관계가 부분적이며 불완전한 대응 관계이므로, 우리도 문법 현상에 대해 역시 부분적이고 불완전한 예측만 가능할 뿐이다.

앞에서 "的"자구조가 피수식어인 중심 명사를 지시하는 문법 현상에 대해, '개념적 환유 모델'을 사용하여 개괄적이고 통일된 설명을 하였다. 하지만 그럼에도 불구하고 여전히 불완전한 예측밖에는 할 수가 없다. 구체적으로 말하면, 이 모델에서는 현저한 개념만이 현저하지 않은 개념을 지시할 수 있다고 하였으나, 실제로는 언어 환경이 개념의 현저성 정도를 바꿀 수도 있다. 다음 예를 보면 a는 어느 쪽도 성립하지 않는다.

a. *开车的时间变了, <u>到站的</u>也变了。
   차 출발하는 시간이 바뀌었고, 도착하는 것도 바뀌었다.
b. <u>到站的</u>和开车的时间都变了。
   역 도착과 출발시간이 모두 바뀌었다.

a. *开车的技术不难, <u>修车的</u>难。
   차를 운전하는 기술은 어렵지 않지만, 차를 수리하는 것은 어렵다.
b. 开车的技术不比<u>修车的</u>难。
   차를 운전하는 기술은 차를 수리하는 것보다 어렵지 않다.

위의 예는 모두 비교와 대조를 나타낸 문장이지만, a와 b의 차이는 두 개의 "的"자구조("开车的"와 "到站的")가 a에서는 두 절의 사이에 위치하는데 반해, b에서는 모두 하나의 동일한 소절 안에 위치한다는 것이다. 두 개의 성분이 하나의 단문 안에 위치하는 것은 복문에서 두 개의 소절로 나눈 것보다 거리가 가깝다.(실제거리와 심리상의 거리를 가리킨다.) 따라서 서로의 영향력도 커져서 쉽게 다른 하나의 현저성 정도를 바꿀 수 있다. 비록 어느 문맥에서 특정한 지시가 반드시 가능한지 여부에 대해 절대적인 예측을 할 수는 없지만, 포함식을 사용하여 약한 예측을 할 수는 있다. 즉, 만약 문형 a에서 지시가 가능하다면, 문형 b에서도 반드시 지시가 가능하지만, 그 역은 성립하지 않는다는 것이다.

언어의 연구에 대해서 완전한 예측은 불가능하다. 이는 언어학이라는 과학의 연구 대상인 언어의 성격에 의해 결정된 것으로, 복잡하고 개방적인 체계는 모두 완전한 예측이 불가능하다. 언어는 복잡하고 개방적인 체계로, 많은 요소들의 상호 작용과 종합의 결과이다. 이러한 체계는 진정한 균형의 상태에 도달하는 것이 불가능하며, 끊임없이 변화하고 발전하는 과정에 있다. 만약 이러한 체계가 무너지지 않고 진정한 균형의 상태 혹은 안정된 상태에 도달한다면 그것은 이미 죽은 체계로 변한 것이다. 기상 과학, 진화 과학, 지질학, 천문학과 마찬가지로 언어학도 완전한 예측은 불가능하지만, 하나의 과학임에는 틀림없다.

참고문헌

• 은유와 환유의 일반적인 특징에 대해서는 G. Lakoff and M. Johnson (1980) *Metaphors We Live By*. Chicago: Chicago University Press ; Lakoff, George (1987) *Women, Fire, and Dangerous Things*. Chicago: Chicago University Press 참조.

- 사물영역, 동작, 성상(性狀) 영역 사이의 투사에 대해서는 沈家煊(1995) "有界"和"无界", 『中国语文』 第5期 367-380쪽 참조.

- 행위영역, 지식영역, 언어영역 사이의 투사에 대해서는 沈家煊(2003)「复句三域"行、知、言"」, 『中国语文』 第3期 195-204쪽 참조.

- "在"영역과 "给"영역 사이의 투사에 대해서는 沈家煊(1999)「"在"字句和"给"字句」, 『中国语文』 第2期 94-102쪽 참조.

- 통사역, 의미역, 화용역 사이의 투사에 대해서는 沈家煊(1995)「正负颠倒和语用等级」, 『语法研究与探索』 第7辑 237-244쪽 참조.

- 의미영역과 형식영역 사이에 투사에 대해서는 沈家煊(2000)「说"偷"和"抢"」, 『语言教学与研究』 第1期 19-24쪽 참조.

- "的"자구문의 지시에 대해서는 沈家煊(1999)「转指和转喻」, 『当代语言学』 第1期 3-15쪽 참조.

- "不过"의 문법화와 어휘화에 대해서는 沈家煊(2004)「说"不过"」, 『清华大学学报』(哲学社会科学版) 第5期30-36, 62쪽 참조.

- 설명과 예측에 대해서는 沈家煊(2004)「语法研究的目标预测还是解释？」, 『中国语文』 第6期 483-492쪽 참조.

제6강 왜 언어의 혼성 현상을 연구하는가?

▌과학사상의 새로운 동향

전체가 부분의 합보다 클 수 있다는 것은 이미 많은 사람들에게 잘 알려진 사실이다. 하지만 한때 물리학자들은 이를 두고 매우 곤혹스러워 하였다. 물리학자들이 장기간 매진하여 연구한 현상은 모두 전체는 모든 부분의 합과 같다는 것이고, 또 대자연의 많은 현상이 실제도 이러하다. 소리를 보면, 관현악의 합주에서 관악기 소리와 현악기 소리를 따로 구분해 낼 수가 있다. 음파는 혼합되어 있지만 이들 악기는 여전히 각각의 특징을 가지고 있기 때문이다. 하지만 우리의 대뇌를 포함하여 대자연의 많은 현상은 이와는 다르다. 관악기 소리와 현악기 소리가 독립적으로 우리의 귀에 들어오지만, 이 두 소리의 '화성'이 우리의 감정에 미치는 영향은 이 두 악기의 개별 기능보다도 훨씬 크다. 이 때문에 교향악단이 존재하며, 또 이런 현상들 때문에 우리의 세계가 재미로 충만한 것이다.

뉴튼에서부터 300년의 시간을 들여 과학자들은 모든 물건을 분자, 원자, 핵, 쿼크(quark)[1]로 분해하여 왔으나, 지금은 이 분해된 성분들을 더 이상 계속해서 분해하여 최대한 단순한 것으로 환원하려는 것이 아니라 이 과정을 역행하여 어떻게 하면 합쳐서 하나의 복잡하고 전체적인 것으로 결집할 것인가를 연구하기 시작했다. 이러한 상황은 현재 생물학, 진화학, 신경과학, 생태균형학, 인공지능학, 경제학 등 많은 학문 영역에서 발생하고 있으며, 심지어 물리학도 예외는 아니다. 최근 물리학자들은 혼돈의 수학이론을 건립하여 많은 복잡한 현상, 예를 들면 수많은 조각들로 구성된 전체의 미감(美感), 액체 내부에 소용돌이처럼 이상한 운동 등을 설명하고자 노력하고 있다. 미첼 월드롭(Mitchell M. Waldrop)의 저서『복잡계(Complexity)2)』에는 이에 대해 광범위하고 알기 쉽게 기술되어 있다.

최근 제2차 과학기술 철학의 첨단적 문제에 관한 심포지움이 중국사회과학원 철학연구소에서 열렸다. 회의의 주제는 '전체론: 과학연구의 새로운 경로'였다. 이러한 과학기술 철학에 관한 새로운 관념을 '생성 전체론3)'이라 하는데, 이는 전통적인 '시스템 전체론4)'과는 근본적인 차이가 있다. 시스템 전체론은 원소의 존재를 전제로 하여 전체를 서로 연결된 원소의 집합체로 보는 것으로, 체계의 공간구조에 주안점을 두었다. 반면 생성 전체론은 먼저 전체가 있고 나중에 부분이 있다는 것을 전제로 하여, 시간의 연속성과 체계의 동태성을 더 중시한다. 전체는 부

---

1) 역자주: 양성자, 중성자와 같은 소립자를 구성하고 있다고 여겨지는 기본적인 입자
2) 역자주: 국내에는『카오스에서 인공생명으로』(범양사, 2006년)으로 번역되었다. 복잡계는 여러 구성 요소로 이루어진 집단에서 각 요소가 다른 요소와 끊임없이 상호 작용을 하는 체계를 말하며, 이 체계는 비선형성, 비가역성, 복합적 상호 작용, 불확실성, 확률론, 우연성 등의 지배를 받는다. 1984년 미국 샌타페이 연구소(SFI : Santa Fe Institute)가 본격적인 연구를 시작하였으며, 미국 대기학자 에드워드 로렌즈의 나비효과가 전형적인 복잡계 현상이다. 복잡계에 따르면 어느 장소에서 일어난 작은 사건이 그 주변에 있는 다양한 요인에 작용하고, 그것이 복합되어 차츰 큰 영향력을 갖게 됨으로써 멀리 떨어진 곳에서 일어난 사건의 원인이 된다. (출처: 시사상식사전, 박문각)
3) 역자주: generative holism
4) 역자주: system holism

분으로 구성된 것이 아니라 전체 그 자체이고, '발생'시부터 전체 '발생'과 '성립'을 연결된 것으로 본다. 요컨대 생성 전체론이 강조하는 전체성은 두 가지 요점이 있다. 하나는 전체의 기능이 부분의 총합과 다르며, 이보다 더 클 수도 더 작을 수도 있다는 것이다.[5] 또 하나는 부분과 부분 사이에는 상호 작용이 있으므로, 단순히 분해만으로 전체를 이해하기에는 불충분하다는 것이다.

시스템 전체론은 현대 과학에 거대한 성과를 가져왔지만, 양자물리학의 발전과정에서 큰 곤란에 부딪혔다. 양자 현상은 생성적인 특징을 가지는데, 방사성 물질이 발사한 전자는 원자핵의 구조요소로 존재하는 것이 아니라 과정 중에 생성되고 소멸하는 것이다. 대다수 물리학자들이 이 안에 있는 새로운 관념을 아직 인식하지 못하며, 과학 철학자들처럼 체계적으로 이러한 과학 사상의 새로운 동향을 연구하지는 않더라도, 양자 물리학에 공헌한 과학자들은 이미 전체 생성론의 특징을 명확히 알고 있다.

▌혼성 현상의 보편성

생물학의 혼성 현상

최근 『신경보(新京報)』의 「신지(新知)·시야(視野)」면에 실린 "종種도 두 개가 하나로 합쳐질 수 있을까?"라는 글은 한번쯤 읽어볼 만한 가치가 있다. 생물 종의 진화사에서 사람들이 일반적으로 알고 있는 진화과

---

5) 역자주: 이는 인지언어학에서 말하는 비합성성(noncompositionality)의 개념과 일맥상통한다. 비합성성은 합성성(compositionality)과 대립되는 개념으로, 의미의 비합성성은 복합어의 의미가 부분의 합과 다른 경우를 가리킨다. 김동환, 『인지언어학과 의미』, 태학사, 2005 참조.

정은 '이분법'이다. 이는 마치 인류와 고릴라가 공통의 조상을 갖는 것처럼 하나의 단일한 종이 두 개 혹은 두 개 이상의 서로 다른 종으로 진화된다는 것이다. '합일법'으로 둘이 하나가 되는 교잡종은 일반적으로 식물에서 발생하며 동물에게 발생하는 확률은 극히 낮다. 이 가운데 가장 중요한 하나의 특질은 종의 '생식격리 능력'이다. 모든 종은 자가번식 능력이 있는데, 노새6)처럼 서로 다른 두 동물 종 사이에 태어난 잡종은 생식능력이 없다. 하지만 최근 점점 더 많은 과학 연구의 발견은 종 역시 '합일'될 수 있음을 증명하고 있다. 최근의 Nature와 Nature Geography 잡지에 게재된 논문은, 점점 더 진화된 DNA 해독기술을 통해 교잡이 대자연에 보편적으로 존재하며 새로운 종의 탄생을 촉진시킬 가능성이 원래 예상보다 훨씬 높고, 더 나아가 곤충류와 어류를 포함한 많은 교잡동물들도 자가번식 능력이 있다는 일부 과학자들의 주장을 소개하고 있다. 근년에 미국의 생물학자는 한 교잡종의 나비가 이러한 능력이 있음을 발견하였고, 독일에서 발견한 잡종 어류는 부모세대까지 완전히 적응 불가능했던 진흙 물 속에서 생활할 수 있다는 사실로부터 부모세대보다 더 큰 진화를 겪고 있음을 알 수 있다.

수학에서의 혼성 현상

수학에서 '복소수(complex number)'라는 개념의 탄생은 하나의 역설에서 기원한다. 음수는 제곱근이 없음이 증명되었지만, 많은 수학적 증명과 수학 공식에서 음수의 제곱근은 필수불가결한 것이다. 예를 들어 3차 방정식을 풀 때는 음수의 제곱근을 반드시 계산해야 한다. 음수의 제곱근은 19세기에 이르기까지 줄곧 허황되고 불가능한 것으로 여겨졌

---

6) 역자주: 암말과 수탕나귀의 교배로 태어난 중간잡종

지만, 현대 수학의 '복소수' 개념은 수의 개념을 평면좌표에서의 점으로 보는 것으로, 이 역설을 해결했다. 평면좌표에서 모든 '수의 점'은 두 가지 측면에서 정의할 수 있다. 하나는 원점에서 이동한 거리 r의 길이이고, 또 하나는 수평축과 r사이의 교각 θ의 크기이다. 다음 그림을 보자.

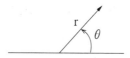

이러한 개념에 따라, 수의 곱셈은 r끼리의 곱셈과 θ끼리의 합이 된다. 예를 들면 2 곱하기 3을 하면, 곱하기를 한 r은 2×3=6이 되고, 더하기를 한 θ는 30°+60°=90°가 된다. 이를 그림으로 나타내면 다음과 같다.

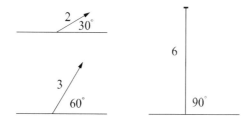

요컨대, '복소수'라는 개념은 평면좌표역과 실수역이라는 두 개념 영역이 혼성된 결과인 것이다. 평면좌표역에서 수는 각도는 있지만, 곱셈은 없다. 점은 곱할 수가 없기 때문이다. 반면 실수역에서 수는 곱셈은 있지만 곱할 각도가 없다. 하지만 이 두 영역의 혼성으로 복소수 영역이 생겨났다. 실수는 각도를 갖게 되고, 수와 수의 곱셈은 각도의 합계를 포함하며, 한 수의 제곱근은 r의 제곱근과 θ의 반수와 같게 된다. 따라서 음수 역시 제곱근을 가지게 되면서, 앞에서 말한 역설이 해결되는 것이

다. 실수영역에서 확립된 '음수는 제곱근이 없다'는 정리定理는 혼성으로 생긴 복소수 영역에서는 성립하지 않는다.

오늘날 복소수는 이미 수학과 기타 과학, 예를 들면 양자역학과 전기회로학 등의 광범위한 영역에서 통용되며 과학기술에서 없어서는 안되는 개념이 되었다. 또 복소수는 비행기 날개의 상승력에 관한 기본 정리基本定理를 증명하는데 중요한 역할을 하였고, 거대한 수력발전소 건설시 댐의 침수 문제 해결에도 중요한 이론적 근거를 제공하였다. 그리고 또 알아야 할 점은, 수학에서 혼성은 특수한 현상이 아닌 일반적인 현상이라는 것이다. 많은 수학 개념의 발전과 정수에서 유리수로, 유리수에서 다시 무리수까지 모두 개념혼성의 결과이며, 심지어 제로와 무한대의 두 중요한 개념도 역시 이의 결과인 것이다.

경제학에서의 혼성 현상

2005년 노벨경제학상 수상자인 미국의 경제학자 토머스 셸링(Thomas Schelling, 1921~)은 서방의 비주류 경제학자의 대표인물 중 한 명이다. 그는 경제학 이론을 수학으로 나타낸 전통적인 방법을 타파하고, '비수리 게임이론(non-mathematical game theory)'을 창시하고 발전시켰다. 그는 쌍방 혹은 다자간 서로 영향을 미치는 경우에 수학적 수단과 기존의 이론모델을 통해서 게임을 기술하고 연구하는 것이 불가능하다고 보았다. 왜냐하면 의사결정 주체가 바라는 생각과 행위는 순수한 논리와 수학을 통해서는 예측이 불가능하기 때문이다. 게임의 참여자가 게임전략을 선택할 때, 승패에 대한 수학적 계산뿐만 아니라 명예, 전통, 자신감, 포용력 등과 같은 많은 비수학적인 요소도 관련된다. 그는 자신의 대표작 『미시동기와 거시행위(Micromotive and Macrobehavior)』에서 다양한 사회현상에 대해 연구하였는데, 그는 익숙하고 쉬운 예를 통해 사람들의 행위가 다른 사람의 행위에 영향을 받을 경우에 단순한 통합의 방법으로는 집단의 행위를 유추할 수 없으며, 집단의 행위로부터 개인의 의향을 추측하고자 하거나 혹은 개인의 의향으로부터 집단의 행위를 추측하려는 시도는 모두 정당한 방법이 아님을 설명하고 있다.

그는 '크리스마스카드 주고받기'를 일례로 들고 있다. 사람들이 크리스마스카드를 서로 주고받는 것은 상호 작용의 동적인 과정으로 많은 요소의 영향을 받는다. 카드 원가, 우편료, 인건비, 카드를 받았을 때의 즐거움이나 짜증 등 우선 고려해야 하는 요소 외에도 풍속 습관, 기대감, 서로간의 예상 등의 요소도 있다. 예를 들어, 사람들은 선물은 주고받는 것이므로 상대방의 카드를 받으면 당연히 회신을 해야 한다고 생각한다. 많은 경우에, 내가 상대방에게 카드를 보내는 것은 상대방의 카드도 받고 싶은 기대 때문이다. 또, 카드를 보낸 이유가 매년 보내다가 올해 갑자기 보내지 않으면 상대방이 오해를 할까 두렵기 때문인 경우도 있다. 또한 카드를 상대방보다 일찍 보내는 이유는, 상대방의 카드를 받았기 때문에 내가 회신을 한다는 의심을 피하기 위해서이다. 학생들이 선생님께 카드를 보내는 것은 다른 학생들도 그렇게 할 것으로 믿기 때문이다. 요컨대, 카드 주고받기의 집단행위는 이미 매우 우스꽝스럽고 황당한 일로 변질되어 사람들이 카드를 보낼 때의 초심으로부터 멀어지고 말았다. 또 한편으로 개인이 어떻게 행동하든 집단의 행위는 항구불변이다. 보내는 카드가 받는 것보다 많은 사람도 있고, 그 반대인 사람도 있다. 하지만 전체 우편체계로 보면 보내는 카드와 받는 카드의 양은 같다. 다시 말해, 결과로서의 집단행위와 개인행위 사이에는 필연적인 연결이 없다. 이는 '의자뺏기 게임'과 같은 것으로, 만약 방 안에 의자의 수가 앉으려는 사람의 수보다 적으면, 사람들이 어떻게 행동하든 결국 몇 명은 앉을 의자가 없는 것이다.

심리학의 혼성 현상

인류의 사고와 인지 과정은 분석과 혼성이라는 두 상호보완적인 측면을 포함한다. 분석 속에 혼성이 있고, 혼성 속에 분석이 있다. 따라서 분석만 하고 혼성하지 않거나 혼성만 하고 분석하지 않는 것은 불가능하다. 게슈탈트 심리학은 인지 과정에서 혼성의 중요성을 강조한다. 사람들이 전체인 게슈탈트를 구성 성분보다 더 쉽게 감지한다는 것은, 이미 많은 실험에서 증명되었다. 예를 보자.

> A. ( )   ((
> B.   )   (

A와 B의 좌우 두 개의 부호의 차이는 모두 괄호 하나의 방향이 반대라는 것이다. 하지만 B가 A보다 더 단순함에도 불구하고, 피험자는 A의 차이를 B의 차이보다 빨리 감지하였다. 그 원인은 A의 ( )가 하나의 완성형(게슈탈트)을 형성하고 있어서 사람들이 전체를 부분보다 쉽게 감지하였기 때문이다.

또 전체는 부분보다 더 쉽게 기억된다. 피험자에게 이야기를 들려주는 한 실험이 있다. 이야기 안에 등장하는 A, B, C, D의 네 동물은 똑똑함의 정도가 다른데, 이를 문장으로 표현하면 다음과 같다.

> (1) A는 B보다 똑똑하다.
> (2) B는 C보다 똑똑하다.
> (3) C는 D보다 똑똑하다.

이어서 피험자에게 문장의 참, 거짓을 판단하게 하였다. 문장은 위에 제시된 세 문장 외에, 다음 세 문장도 있다.

(4) A는 C보다 똑똑하다.
(5) B는 D보다 똑똑하다.
(6) A는 D보다 똑똑하다.

실험 결과, 앞의 세 문장이 나타내는 것은 가장 기본적인 사실임에도 불구하고, 피험자들은 뒤의 세 문장의 참, 거짓을 판단하는 것이 앞 세 문장의 참, 거짓을 판단하는 것보다 빨랐다. 이는 기억 속의 게슈탈트 구조로 설명할 수밖에 없다. 전체적으로 'A-B-C-D'의 등급을 보면 두 성분의 거리가 멀수록 그들의 차이는 현저해져서 우열을 판단하기가 더 쉬워진 것이다.

신경과학의 최신 연구에 따르면, 하나의 물체, 예를 들어 하나의 컵을 감지할 때 이 물체의 모양, 색깔, 크기, 재질 등의 특징은 각각 대뇌피질의 서로 다른 구역을 활성화시키는데, 이들 구역은 서로 다른 종류의 신호를 처리한다. 하지만 대뇌에는 이들 서로 다른 신호를 하나의 시각적으로 연결된 물체의 이미지로 혼성하는 메커니즘이 있는데, 이러한 혼성을 신경과학에서는 '결합(binding)'이라고 부른다. 이러한 혼성기제의 자세한 내용은 아직 명확하지 않지만, 혹자는 이러한 서로 다른 신호가 대뇌피질에서 분명히 '동시에' 활성화된다고 여긴다.

▌언어학에서의 혼성 현상

이는 우리가 관심을 가지는 문제이다. 언어의 변천도 종의 변천과 마찬가지로, 과거 언어학자들이 주로 관심을 가진 것은 '하나에서 둘로의 분화'였다. 예를 들면, 중국어와 티벳어가 공통의 조상에서 분열되어 나왔다고 가정하는 것 등이다. 사실 두 언어 사이에는 '둘이 하나로 합쳐지는 합일' 현상 역시 흔히 볼 수 있는데, 이에 대해서 충분한 연구가 진행되지 않았을 뿐이다. 언어의 접촉으로 형성된 피진어(pidgin)는 형식과 기능이 복잡해져서 결국 다른 언어의 지위와 유사하게 되어 한 언어공동체의 모어가 되었다. 다시 말해 '생식격리 능력[7]'이 생기면, 소위 크리올어(creole)[8]가 되는 것이다. 크리올어는 자메이카, 아이티, 도미니카 및 기타 세계의 일부 식민지에서 많이 볼 수 있다. 최근 출판된『중국의 언어(中国的语言)[9]』에도 '혼합어'라고 하는 항목이 나온다. 예를 들어 새로 발견한 칭하이(青海)성 동부나 쓰촨(四川)성 서부에서 사용되는 '倒话'가 이에 해당되는데, 문법 구조는 티벳어와 같지만 어휘는 중국어와 같다. 이처럼 두 언어가 하나로 합쳐진 언어는 우리의 생각 이상으로 많이 존재한다.

음성에서의 혼성 현상

언어공학 분야의 음성합성에 대한 연구 결과, 단순히 두 개의 단모음 [a]와 [i]를 더하는 것만으로는 하나의 복모음 [ai]을 얻을 수 없지만, 합성의 결과 청각적으로는 여전히 전후 연결된 두 개의 음 [a]와 [i]로 들리는 것이 확인되었다.

중국어에서 자주 보이는 합음(合音) 현상도 일종의 음성에서의 혼성

---

7) 역자주: 생식적격리(生殖的隔離) 혹은 생식격리(生殖隔離)라고 하면 어떤 생물군계 (生物群系; biome)의 2개 사이에서 그간의 유성생식(有性生殖; sexual reproduction) 에 의한 교류(交流; interchange)가 존재하지 않은 것을 말한다. 즉, 두개 군의 개체간에 서 교배가 불가능한 경우, 이들은 생식적으로 격리되고 있다고 한다. 이것은 그의 가능 성(可能性; possibility)이 없다는 것보다는 현실적[現実的; realistic]으로 그러한 현상 이 일어나지 않았다는 것이다. [네이버 지식백과] 생식적 격리 [reproductive isolation, 生殖的隔離] (생명과학대사전, 초판 2008., 개정판 2014., 도서출판 여초)

8) 역자주: 피진(서로 의사소통되지 않는 언어를 쓰는 사람들 사이에서 상인 등에 의하여 자연스럽게 형성된 언어)이 그 사용자들의 자손을 통해 모어화된 언어.

9) 역자주:『中国的语言』, 孙宏开(编者), 胡增益(编者), 黄行(编者) , 商务印书馆, 北京, 2007

이다. 북경방언에서 수사 '一'의 본래 성조는 [55]이지만 뒤에 양사가 오면 변조가 발생한다. 변조의 규칙은 예를 들면 "投你一票(당신에게 한 표를 준다/"票"는 4성)"처럼 뒤에 4성이 오면 [35]로 바뀌고, "一桶水(물 한 통/"水"는 3성)"처럼 4성이 아닐 경우에는 [51]로 바뀐다. 하지만 "你递我一桶, 我好盛水(물을 담게 통을 하나 줘)"에서 "一"은 [51]이 아닌 [35]로 바뀐다. 이는 왜 그럴까? 그것은 "你递我一桶, 我好盛水"에서 "一"는 실제로는 "一个(한 개)"의 합음 형식으로, "个"가 4성이기 때문이다. 이는 "俩liǎ(두 개)"와 "仨sā(세 개)"가 각각 "两个liǎng ge(두 개)"와 "三个sān ge(세 개)"의 합음 형식이라는 것과 같다. 또한 합음의 방식도 같은데, 연속 변조와 음절 압축은 단순히 두 개의 음을 합한 것이 아니다. 합음 현상은 중국어의 여러 방언에서 아주 흔히 볼 수 있다. 북경어에서는 "不用búyòng"이 합음되어 "甭béng"으로 되고, "不要búyào"가 합음되어 "别bié"로 된다. 또 쑤저우어(苏州话)에서 "勿要"가 "覅fiào"로 되는 현상 등이 모두 그 예이다.

어휘와 문법에서의 혼성 현상

새로운 어휘의 생성과정에는 '이분법'과 '합일법'의 두 경우가 모두 있다. 처음에 "信任(신임하다)"의 "信(신)"에서 "信使(편지를 전해주는 사람)"와 "书信(편지)"의 의미가 파생되었지만, 현재 일반인들에게 "信任"의 "信"과 "书信"의 "信"은 서로 다른 단어인데, 이는 이분법의 예이다. 다음은 합일법의 예로, 여기에는 단어 외에 구와 문장도 있다.

大车((가축이 끄는 이륜·사륜의) 대형 짐차)

"大车(대형 짐차)"는 "大树(큰 나무)"와 달리, "一辆小大车(작은 짐차

한 대)"라고 할 수 있지만 "一棵小大树(작은 큰 나무 한 그루)"라고 할 수는 없다. 대형의 짐차를 모두 "大车"라고 부르는 것이 아니라 '가축이 끄는 두 바퀴 혹은 네 바퀴로 된 화물차'만을 "大车"라고 부른다. 마찬가지로 "轮椅(휠체어)"는 바퀴를 가진 의자를 모두 휠체어라 하지 않고, '병원이나 장애인 전용의 의자'만을 휠체어라 부른다.

有意思 (재미있다)

이 단어의 의미는 단순히 "有(있다)+意思(의미)"와는 다르다. "这些话有意思(이 말들은 의미가 있다)"라고 하면, 어떤 말인들 의미가 없겠는가? "有意思"의 혼성의미는 '재미있어 깊이 음미할 만하다'이다. 만약 혼성으로 생성된 이러한 의미가 없다면, "有意思"는 재미가 없어질 것이다.

学不成 (배울 수 없다)

근대 중국어에서 "学而不成(배워서 이룰 수 없다)"의 의미로, "学书不成, 学剑又不成(공부하는 것은 이룰 수 없고, 무술 배우는 것도 이룰 수 없다.)"가 있다. 현대 중국어에 와서 "学(공부하다)"와 "不成(이루지 못한다)"은 이미 혼성으로 하나가 되었는데, "学不成"의 의미는 "学而不成(배워서 이루지 못한다)"이 아니며, 혼성 이후에 생성된 새로운 의미는 '不可能学成(배울 수가 없다)'이다.

为什么不试一试 (왜 한번 해보지 않아？)

이 문장은 부정의문문이지만 상대방에게 한번 해보라는 '건의(제안)'

의 의미를 나타낸다. 이는 '의문'과 '부정'이 혼성된 결과로, '건의'는 혼성 후에 생성된 새로운 의미가 된다.

말실수에서의 혼성 현상

말실수는 '실언(slips of the tongue)'이라고도 하는데, 이로부터 언어 생성의 심리기제를 밝힐 수가 있다. 미국 언어학회 회장을 역임한 프롬킨(V. Fromkin, 1923~2000)[10]은 1971년 학술지 Language에 발표한 유명한 논문에서, 말실수에 대한 연구는 '비정상적인' 언어 표현으로부터 '정상적인' 언어 심리를 밝혀내는 작업이라고 기술하고 있다. 말실수 중에는 '섞어 붙이기(糅合)'로 인한 말실수가 있다. 이는 두 개의 경쟁 후보인 어휘에서 각각 일부분을 절취하여, 하나의 성분으로 섞어 붙인 결과 생기는 말실수를 가리킨다. 이러한 말실수는 형태소, 단어, 구, 문장 등 언어의 여러 단위에 걸쳐 나타난다. 예를 들면 다음과 같은 것들이 있다.

搭[dā] / 接[jiē] 一下茬! → jiā一下茬!
이어서 말 좀 해!

没想到他落到这个田地 / 地步 → 没想到他落到这个田步
그가 이 지경까지 떨어질 줄은 생각 못했다.

看不出 / 想不到你还这么残忍 → 看不到你还这么残忍
네가 이렇게 잔인할 줄은 생각도 못했다.

更不吃你的一套 / 不买你的账了 → 更不吃你的账了
너의 속임수엔 더욱 안속는다.

---

10) 역자주: 미국의 언어학자. 주요 연구 분야는 음성학, 음운론, 성조어(tone language), 아프리카어, 언어실수(speech errors), 모형체계, 실어증, 그리고 두뇌/마음/언어 상호작용(brain/mind/language interface)등이다.

첫 번째 예는, 화자가 유사한 의미의 "搭一下茬"와 "接一下茬"를 모두 말하고 싶은 결과, "搭"의 운모 -a와 "接"의 성모+개음 ji-를 섞어 붙여 jiā로 말한 경우이다. 이는 형태소나 단어의 단위에서 일어난 말실수이다. 나머지 세 개의 예는 복합어와 구, 문장에서 발생한 것이다.

그 밖에도 "推介(널리 소개하다)"라는 말은 "推广(널리 보급하다)"과 "介绍(소개하다)"를 섞어 붙인 것이고, "建构(구성하다)"는 "建立(건립하다)"와 "构造(짓다)"를 섞어 붙인 것이다. "推介"와 "建构"는 현재는 더 이상 말실수가 아니지만, 이들 어휘와 섞어 붙이기로 인한 말실수의 심리적인 기제는 같다. 영어에도 이러한 섞어 붙이기를 사용한 단어의 구성이 있다. 예를 들어, smog(스모그) = smoke(연기) + frog(안개)이고, brunch(브런치) = breakfast(아침밥) + lunch(점심밥) 등인데, 중국어와 비교하면 수량 적다. 외국 유학생이 중국어를 공부할 때에도 섞어 붙이기의 오류가 많이 나타난다.

*你是不是灵魂还是人？
是不是灵魂? (영혼이니 아니니?) + 是灵魂还是人? (영혼이니 아니면 사람이니?)

*看电视轻松轻松一下。
轻松轻松 (좀 쉬어) + 轻松一下 (좀 쉬어)

*对家务没什么感兴趣。
没什么兴趣 (별로 흥미가 없다) + 不感兴趣 (흥미를 느끼지 않다)

*他当小张的面前露出一脸骄傲的神色。
当着小张的面 (샤오장의 앞에서) + 在小张的面前 (샤오장의 앞에서)

*茉莉花茶, 菊花茶也好喝是好喝, 可是还没习惯的人不太喜欢喝。
茉莉花茶, 菊花茶也好喝 (자스민차, 국화차도 맛있다) + 茉莉花茶, 菊花茶好喝是好喝 (자스민차, 국화차는 맛있기는 맛있다)

첫 번째 예는 "是不是灵魂"과 "是灵魂还是人"의 두 표현을 섞어 붙인 것이고, 두 번째 예는 "轻松轻松"과 "轻松一下"의 두 표현을 섞어 붙인 것이다. 나머지 예는 직접 분석해보기 바란다.

사실 이러한 말실수는 우리의 일상생활 언어에서 매우 흔히 볼 수 있다. 화자가 이러한 유형의 말실수를 하였는지 스스로 의식하지 못하면, 청자 역시도 별로 부자연스럽다고 느끼지 못하는 경우도 있다. 다음 예를 보자.

> 上头说了 : 管你该管的事你管, 不该管的当由企业管就放给企业……
> 상사가 말했다. 자기가 관여해야 할 일은 자기가 관여하고, 관여하지 말아야 할 일은 기업에 맡기세요.

"管你该管的事你管"은 "管你该管的事(당신이 해야 할 일을 하세요)"와 "你该管的事你管(당신이 관여해야 할 일을, 당신은 관여하세요)"을 섞어 붙인 것으로, 아마 바로 이러한 표현방식 때문에 표현력이 증가되었을 것이다.

> 在新的规范没有公布之前…… 새 규범이 공포되지 않기 전에……

『현대한어사전(現代汉语词典)』제5판이 막 출판되었을 때, 서문에 위와 같은 표현이 있었다. 한 독자가 필자에게 전화를 해서, 이 문장은 비문으로 "在新的规范没有公布时(새 규범이 공포되지 않았을 때)"나 "在新的规范公布之前(새 규범이 공포되기 전에)"으로 해야 한다고 말했다. 하지만 실제로 많은 이와 유사한 섞어 붙인 표현들이 이미 사람들에게 받아들여졌다. 예를 들어, "出于意料之外(예상외로)"는 "出于意料(예상을 벗어나)"와 "于意料之外(예상외로)"를 섞어 붙인 것이고, "除了这件

事之外(이 일을 제외하고)"는 "除了这件事(이 일을 제외하고)"와 "这件事之外(이 일 외에)"를 섞어 붙인 것이다. 하지만 그래도 위의 사전의 표현은 이미 수정을 하였다.

또 하나의 말실수는 '잘라 붙이기(截搭)'로 생성된 것으로, 앞뒤 서로 이웃한 두 단어에서 각각 일부를 잘라내어 하나의 성분으로 붙여서 말한 것이다. 이러한 말실수 역시 언어 구조의 여러 단위에서 나타난다. 예를 들면 다음과 같다.

> 值五[wu²¹⁴]块[kuai⁵¹]吗？ → 值wu⁵¹吗？ 5위안 가치가 있나요?
>
> 政府应该采取冷静、理智的态度。→ 政府应该采取冷智 —— 冷静、理智的态度。
>
> 정부는 냉정하고 이성적인 태도를 취해야 한다.

"五(5)"에서 떼어낸 분절음소 wu와 "块"에서 떼어낸 성조 [51]을 붙여 wu⁵¹가 되고, "冷静"와 "理智"에서 각각 한 글자씩 떼어내 붙여 "冷智"가 되었다. 자오위안런(赵元任)선생이 말한 '축약복합어(telescoped compounds)', 예를 들면 "留学学生(유학 학생) → 留学生(유학생)", "陆军部部长(육군부 부장) → 陆军部长(육군 부장)"이나, 또 동일한 조사가 연속할 경우 동음생략(cannibalism), 예를 들면 "已经去了了(이미 갔다) → 已经去了(이미 갔다)", "那个卖菜的的筐子(그 채소장수의 광주리) → 那个卖菜的筐子(그 채소장수의 광주리)" 등도 모두 '잘라 붙이기' 현상에 속한다.

말실수는 사람들이 언어를 생성할 때의 심리적 기제를 밝혀준다. 섞어 붙이기와 잘라 붙이기로 인한 말실수가 대량으로 출현한다는 것은, 언어에서 혼성 현상이 심리적 실재성(psychological reality)을 가짐을 증명하는 것이다.

▌분석과 혼성을 함께 논하다

한 세기동안 중국의 문법학은 기본적으로 『마씨문통(马氏文通)』의 길을 따라왔다. 끊임없이 서양의 분석법을 차용해왔고, '문법 분석'은 거의 '문법 연구'와 동의어가 되었다. 문법학의 역사상 몇몇 큰 논쟁들은 모두 나눌 수 있는가의 여부와 어떻게 나눌 것인가의 문제를 둘러싸고 발생한 것들이다. 먼저, 단위의 구분에 관해서, 형태소와 단어, 단어와 구는 어떻게 구분할 것인가, 또 단문과 복문은 어떻게 구분할 것인가의 문제가 논의되었다. 그 다음은 구분된 단위에 대한 분류 문제이다. 중국어의 실사는 분류가 가능한가? 어떻게 분류할 것인가? 또 문장 성분은 몇 개로 분류하는 것이 적합한가? 주어와 목적어는 어떻게 구분하는가? 그밖에도 층차분석법과 전환분석법, 의미자질분석법을 둘러싼 논의가 있었고, 상위 분류 아래에서 다시 하위 분류를 진행하고, 하나의 "的"자를 세 가지로 분류하는 것 등이 있다.[11] 요컨대 백 년간 우리가 문법 연구 분야에서 진행해온 작업을 한마디로 개괄한다면, '분석, 분석, 또 분석'이었던 것이다. 문법 연구의 발전은 기본적으로 분석의 넓이와 깊이를 확대하는 것과 분석 방법의 개선이었다.

혹자는 『마씨문통』이 처음부터 중국어 문법 연구를 잘못된 방향으로 이끌었다고 말하기도 한다. 하지만 『마씨문통』에 의해 도입된 분석법은 중국어 문법 구조에 대한 우리의 인식을 확대시켰고, 분석 방법 역시 중국어 문법에 기본적으로 적합하다는 것이 필자의 생각이다. 형태소에서 문장에 이르기까지 중국어도 크고 작은 단위로 나눌 수 있고, 중국어의 실사도 여러 종류로 분류가 가능하며, 문장도 역시 층차분석을 통해 서로 다른 문장 성분으로 나눌 수 있다. 이러한 분석은 대체로 중국어에

---

11) 역자주: 朱德熙 「说"的"」, 『中国语文』第12期, 1961년을 참조.

대한 우리의 어감과도 부합된다. 문법을 연구할 때 분석은 반드시 필요하며, 분석을 통해 전체를 구성하는 성분들 사이의 차이를 찾는 것은 전체의 성질을 파악하는데 실제로 도움이 된다. 하지만 분석법을 중국어 문법에 운용하는데 있어 적잖은 어려움에 봉착하는 것도 사실인데, 이는 명확하게 구분하기 어려운 경우가 많기 때문이다. 하지만 그렇다고 중국어는 모든 것이 혼연일체여서 전후, 좌우가 전연 구분이 불가능하다고 말하는 것은 아니다. 뤼수샹(呂叔湘)선생의 좋은 비유가 있다. 중위도와 고위도 지역은 적도지역처럼 낮과 밤의 교체가 순식간에 일어나지 않고 여명과 황혼이 비교적 긴데, 이를 이유로 이 지역은 낮과 밤의 구분이 없다고 할 수는 없다. '작은 차이(大同小異)'도 여러 개 모이면 '큰 차이(大不一样)'가 되는 것이다. 요컨대 과거 중국의 문법학은 정밀하고 엄격한 분석의 전통이 부족했는데, 마건충(马建忠)은 서양문법의 분석법을 중국에 도입함으로써 실로 큰 공헌을 했다고 하겠다. 그를 "중국문법의 용감한 선구자"라 부르고, 『마씨문통』에 대해 "미증유의 업적을 세웠다"라고 하는 것도 이런 의미에서일 것이다.

다른 한편으로는, 무턱대고 분석만 하고 혼성을 말하지 않는다면, 두 가지 좋지 않은 결과를 초래할 수 있다는 점도 분명히 알아야 한다. 그 중 하나는 문법의 개괄성을 잃는 것이고, 또 하나는 문법의 설명력을 약화시키는 것이다. 우선 전자에 대해 몇 가지로 나누어서 설명하고자 한다.

   a. 在黑板上写字 ➝ 把字写在黑板上
     칠판에 글씨를 쓴다. ➝ 글씨를 칠판에 쓴다.

   b. 在飞机上看书 ➝ *把书看在飞机上
     비행기에서 책을 본다. ➝ *책을 비행기에서 본다

문형의 변환에서 a와 b의 차이를 설명하기 위해, "写(쓰다)"와 "看(보다)"을 각각 동사의 하위 부류인 V_a와 V_b로 했는데, 이때 V_a는 '부착 의미'가 있지만 V_b는 '부착 의미'가 없다. 이와 유사한 분석은 다음 두 문장에도 적용된다.

a. 给校长写了一封信 → 写给校长一封信
   교장선생님께 편지 한 통을 썼다. → 교장선생님께 편지 한 통을 써서 부쳤다.

b. 给爸爸炒了一个菜 → *炒给爸爸一个菜
   아버지에게 요리 하나를 볶아드렸다. → *아버지에게 요리 하나를 볶아서 보냈다.

여기서도 "写(쓰다)"와 "炒(볶다)"를 각각 동사의 하위 부류 $V_甲$과 $V_乙$로 나누었는데, $V_甲$은 '수여(给予)'의 의미가 있지만 $V_乙$은 '수여'의 의미가 없다. 위 a와 b의 차이는 이로써 설명이 되었다.[12]

이들 두 쌍의 문장 사이에는 모종의 대응과 공통점이 있다. 하지만 동사를 더 작은 부류로 분류하는 것만으로는 이러한 대응과 공통점을 설명할 수 없다. 위의 분석을 통해 동사 "写(쓰다)"는 이미 '부착'과 '수여'의 두 가지 의미자질을 획득하였다. 하지만 우리는 또 "写"의 기타 분포특징을 근거로 "写"에게 많은 다른 의미자질을 부여할 수 있는데, 이렇게 되면 결국은 동사 하나가 한 부류를 형성하게 될 것이다. 왜냐하면 구나 문장에서의 분포와 의미자질이 모두 완전히 일치하는 두 동사는 없기 때문이다. 하지만 필자가 동사를 분류하는 것에 일률적으로 반대하는 것은 아니므로, 오해가 없길 바란다. 중요한 소분류는 나누어야 하며, 또 분류

---

12) 역자주: 朱德熙, 「与动词 "给" 相关的句法问题」, 『方言』 第1期, 1979

하는 것이 효과적이다. 문법 연구의 목적은 원래 간단한 방법으로 복잡한 것을 통제하는 것, 즉 간단한 규칙을 사용하여 복잡한 현상을 설명하는 것이다. 동사를 소분류로 나누는 것도 이 목적에 기인한다. 하지만 또 끊임없이 소분류로 나누다 보면 결국은 오히려 그 반대로 문법의 개괄성을 잃게 된다. 따라서 무조건 분석만 할 수는 없는 것이다. 혼성에서부터 출발하면 상황은 크게 달라진다. 우리는 화살표의 왼쪽과 오른쪽의 두 구문이 각각 구문으로서의 어떤 의미를 가지는지, 또 이러한 구문적 의미의 형성에 어떤 일반적인 규칙이 있을까 등에 주목할 수 있게 된다. 이러한 문제에 관해, 필자는 졸고 「"在"字句和"给"字句」(『中国语文』第2期, 1999)에서 집중적으로 논의하였다.

다음으로 맹목적으로 분석하는 것이 문법의 설명력을 약화시킨다는 점에 대해 논의하겠다. 우선 한 쌍의 "大胜(완승)"과 "大败(완패)"의 예를 보자.

中国队大胜美国队 중국팀이 미국팀에 완승했다.
中国队大败美国队 중국팀이 미국팀을 완패시켰다(대파했다).

이 두 문장은 모두 '중국이 완승하였고, 미국이 완패하였다'의 의미이다. 분석을 통해 동사 "胜(이기다)"과 "败(지다)"를 동사의 두 하위 부류 V_a와 V_b로 나눈다. 즉, "胜"은 V_a에 속하고, "败"는 V_b에 속한다. 이들의 분포상의 차이는 다음과 같다.

中国队大胜美国队 = 中国队大胜
중국팀이 미국팀에 완승했다 = 중국팀이 완승했다

中国队大败美国队 = 美国队大败
중국팀이 미국팀을 완패시켰다 = 미국팀이 완패했다

의미상 "敗(지다)"는 사동의미인 "지게 하다(使敗)"가 있지만, "勝(이기다)"은 사동의미인 '이기게 하다(使勝)'가 없다. 이러한 분석은 아주 효과적인 것 같지만, 만약 "大敗(완패시키다, 대파하다)"의 "大(크다)"를 "惨(비참하다)"이나 "惜(안타까워하다)"로 바꾸면 상황은 달라진다.

中国队惨败美国队 = 中国队惨败
중국팀이 미국팀에 참패했다 = 중국팀이 참패했다

中国队惜败美国队 = 中国队惜败
중국팀이 미국팀에 석패했다 = 중국팀이 석패했다

각 행의 두 번째 예는 모두 신문에 나온 스포츠기사의 제목인데, 의미가 완전히 반대가 되었다. 즉, '미국팀이 졌다'에서 '중국팀이 졌다'로 바뀐 것이다. "敗(지다)"는 V_b에 속하므로 "敗(지다)"가 중심이 되어 확장된 "大敗(완패하다)"도 자연히 V_b의 성질을 가진다. 하지만 동일하게 확장된 "惨败(참패하다)"는 왜 성질이 바뀐 것일까? 만약 전체로부터 "大敗"와 "惨败"의 차이를 보지 않으면, 이 현상을 올바로 설명할 수 없다.

이어서, "笑死"라는 구를 보자. 이는 동사 "笑(웃다, 비웃다)"에 정도를 나타내는 보어 "死(죽다)"가 결합한 것이다.

怡静说 : "我要被中国男人笑死了。"
이징(怡静)이 말했다. "나는 중국 남자에게 놀림을 당하였다."

이징(怡静)은 장기간 외국에 체류하고 있는 여성이다. 처음 필자가 이 문장을 보았을 때는, 이징이 어떤 우스꽝스러운 행동을 해서 중국 남자들의 웃음거리가 될까 두려워하는 것이라고 생각하였고, 그녀가 도대체 어떤 행동을 했는지 궁금했기에 글을 이어서 보고 싶었다. 하지만 뜻밖에도 뒤 문장은 "把她笑死的, 是中国男人对性的认识(그녀를 죽을 만큼 웃긴 것은, 중국 남자들의 성에 대한 인식이었다)"였다. 이때야 비로소 필자는 위 문장이, 중국 남자가 이징의 웃음거리가 되는 의미임을 알아차렸다. 이는 "笑死(우스워 죽겠다)"에 두 가지 의미가 있음을 보여준다. 하나는, "笑"에 사동의미가 없으며 중국 남자가 이징을 놀린다는 의미이고, 또 하나는 "笑"에 사동의미가 있어, 중국 남자가 이징에게 놀림을 당한다는 의미이다. 지금 문제가 되는 것은, 일반적으로 동사 "笑"는 사동 용법이 없으므로, "中国男人笑怡静"은 "中国男人笑(중국 남자가 웃다)"의 의미로만 이해할 수 있다는 것이다. 만약 "笑死"의 의미가 "笑"의 의미와 "死"의 의미의 합, 즉 '웃는 정도가 크다'의 의미라면 "笑死"에 사동의미가 나타나서는 안된다. 보어 "死"의 역할은 단순히 정도가 크다는 것을 나타내는데 그치지 않고, "笑"와 혼성 후에 "笑死"가 되면서 "笑"에 '우스워 죽게 만들다(使笑)'라는 새로운 의미를 부여한다는 것이다. 이러한 현상은 "追累(쫓느라 피곤하다)"와 같은 구에서 더욱 두드러지게 나타난다.

張三追累了李四。

a. 張三追李四, 張三累了。장싼이 리쓰를 쫓고, 장싼이 피곤해졌다.

b. 張三追李四, 李四累了。장싼이 리쓰를 쫓고, 리쓰가 피곤해졌다.

c. 張三使李四追, 李四累了。장싼이 리쓰를 쫓게 하고, 리쓰가 피곤해졌다.

이 문장은 a~c의 세 가지 의미가 있는데, b와 c는 모두 '리쓰(李四)를 피곤하게 하다'의 의미이다. "追累(쫓느라 피곤하다)"에 이러한 의미가 있다는 것은 이상하지 않다. 왜냐하면 "这活儿真累人(이 일은 정말 사람을 피곤하게 한다)", "你就累我一个人了(너는 나 혼자만을 피곤하게 만들었다)", "张三累着了李四(장싼은 리쓰를 피곤하게 했다)" 등에서 보듯이 "累(피곤하다)" 자체에 원래 '피곤하게 하다'라는 사동 용법이 있기 때문이다. 이상한 것은 c에 '리쓰로 하여금 쫓게 하다'의 의미가 있다는 점이다. 즉, 장싼이 리쓰를 쫓아오도록 유인하였고, 그 결과 리쓰는 장싼을 쫓다가 숨이 찬 것이다. 하지만 동사 "追"는 원래 사동 용법이 없다. "张三追李四(장싼이 리쓰를 쫓다)"나 '追人(사람을 쫓다)'나 모두 '쫓게 하다'의 의미는 있을 수가 없다. 다시 말해 '쫓게 하다'라는 사동 의미는 "追"와 "累"가 결합하여 "追累(쫓느라 피곤하다)"라는 전체가 된 후에 새로 생겨난 의미인 것이다. 이와 유사한 예는 또 있다.

(你老让我吃) 你都吃腻了我了.
(계속 내게 먹으라고 하니) 너는 벌써 나를 느끼하게 만들었다.

(你老让我唱) 你都唱烦了我了.
(계속 내게 노래 부르하고 하니) 너는 벌써 나를 노래 부르기 귀찮게 만들었다.

(你老让我喝) 你都喝醉了我了.
(계속 내게 마시라고 하니) 너는 벌써 나를 취하게 만들었다.

"腻(느끼하다), 烦(귀찮다), 醉(취하다)" 등의 동사는 "腻人(사람을 느끼하게 하다), 烦人(사람을 귀찮게 하다), 醉人(사람을 취하게 하다)"처럼 원래 사동 용법이 있다. 따라서 "吃腻(먹어서 느끼하게 하다)"에 '느끼하게 만들다'의 의미가 있는 것은 이상한 일이 아니다. 하지만 이상한 것은 "吃(먹다), 唱(노래하다), 喝(마시다)" 등은 원래 사동 용법이 없는데, 이들 문장은 '먹게 하다, 부르게 하다, 마시게 하다'라는 사동의 의미를 나타낸다는 점이다.

'합성 의미론(compositional semantics)'에 따르면, 한 단어의 의미는 구성 성분의 의미들로부터 유추가 가능하다고 하였다. 하지만 이는 "大敗"와 "慘敗"에서 보듯이 부분적으로만 적용이 가능하고, "笑死"와 "追累"에서는 기본적으로 적용이 불가능하였다. 전체가 부분의 합보다 크기 때문이다. 요컨대 분석만 강조하고 혼성을 논하지 않으면, 문법의 설명력이 약해진다. 다음으로 "追累"의 '쫓게 하다'라는 사동의미가 어떻게 두 개념 '쫓다'와 '피곤하다'의 혼성으로 생겨났는지 설명하고자 한다. '쫓다'는 원인, '피곤하다'는 결과가 되는데, 이러한 혼성을 '인과혼성'이라 부른다.

여기서 필자가 강조하고 싶은 것은, 우리가 현재 혼성을 논하는 것은 단순히 전통으로의 회귀, 즉『마씨문통』이전의 옛 방식으로 돌아가자고 주장하는 것이 아니라, '부정의 부정', '나선형의 발전'인 것이다. 첫째, 혼성을 논할 때 과거 분석에 의해 얻은 성과를 전면부정해서는 안된다. 과거의 분석을 기초로 혼성을 논해야 하며, 혼성법을 중시하는 것은 분석 방법의 개선에도 도움이 된다. 둘째, 혼성은 수박겉핥기처럼 하거나 혼성이 중요하다고 소리만 높여서는 안된다. 이는 발소리만 들리고 사람은 보이지 않는 것과 같다. 어떻게 혼성되었는지, 그 원리를 명확히 설명해야 한다. 예를 들면, 중국어에서 의미의 '혼성'이 중시된다고 흔히 말하지만, 도대체 어떻게 혼성되었는지 우리는 아직 그 원리를 설명하지 못했다. 서양의 문법 연구는 장기간 분석에 치중하였으나, 일부 식견이 탁월한 학자들은 이미 혼성의 중요성을 인식하였으며, 혼성법에 대한 연구에 대해서도 많은 성과를 거두었다. 우리가 반성해야 될 점이다.

▌두 종류의 혼성 – 섞어 붙이기(糅合)와 잘라 붙이기(截搭)

필자는 언어 속의 혼성 현상을 '섞어 붙이기(糅合)'와 '잘라 붙이기(截搭)'의 두 유형으로 구분하였다. 섞어 붙이기(糅合)는 마치 두 개의 밧줄에서 한 가닥씩을 뽑아낸 후, 이들을 다시 꼬아서 하나의 밧줄을 만든 것과 같다. 잘라 붙이기(截搭)는 마치 두 개의 밧줄에서 각 한 단씩 잘라낸 후, 각 단을 다시 붙여서 하나의 밧줄을 만든 것과 같다. 이 두 가지 혼성의 유형은 조어법(단어 구성)과 통사법(문장의 구성) 과정에 모두 존재한다.

먼저 조어법을 보자. "墻脚(담벽의 밑)"와 "炕头(아랫목)"는 섞어 붙이기로 구성된 단어이고, "归侨(귀국교포)"와 "外贸(대외 무역)"는 잘라 붙이기로 구성된 단어이다. "墻脚"를 보면 "人(사람)-人体底部(인체의 아랫부분)"가 하나의 밧줄이고, "墻(벽)-墻体底部(벽의 아랫부분)"가 또 하나의 밧줄이다. '인체의 아랫부분'이라는 개념을 나타내는 것으로 이미 "脚(발)"라는 단어가 있다. 간단한 단어를 사용하여 형상적으로 '벽의 아랫부분'이라는 개념을 나타내기 위해서, 하나의 밧줄에서 "墻"이라는 가닥을, 또 다른 밧줄에서 "脚"라는 가닥을 뽑아내어 둘을 꼬아서 "墻脚"라는 단어가 생겨난 것이다. 이로써 언어 안에 하나의 완정한 a : b = x : y의 비례식이 형성된다.

a. 人　　　　　　b. 人体底部 (脚)
　　사람　　　　　　인체의 아랫부분 (발)

x. 墻　　　　　　y. 墻体底部 (-) ← xb 墻脚 xb 벽밑
　　벽　　　　　　　벽의 아랫부분 (∅) ← xb 벽밑

"归侨(귀국교포)"를 보면, "回归祖国(조국에 돌아오다)"와 "旅居国外

的中国人(외국에 거주하는 중국인)"은 두 개의 개념을 대표하는 밧줄이고, 이들을 나타내는 각각의 어휘 "归国(귀국하다)"와 "华侨(화교)"가 있다. 그런데 간단한 어휘를 사용하여 '귀국한 화교'라는 개념을 나타내기 위하여, 한 밧줄의 일부인 "归(돌아오다)"와 또 다른 밧줄의 일부인 "侨(교포)"를 잘라내어 붙여서 "归侨"라는 어휘가 만들어졌다.

回归祖国(归国) + 旅居国外的中国人(华侨) → 归侨
조국에 돌아오다(귀국하다) + 외국에 거주하는 중국인(화교) → 귀국교포

"归侨"나 "外贸"와 같은 조합은 '약어(略语)'이고, 본질적으로 구(词组)로 보는 사람도 있다. 하지만 뤼수샹(吕叔湘)선생은 "다수의 이른바 약어의 구성법은, 일반적인 복합어와 같으며 양자를 명확히 분리하기가 어렵다."라고 하였다.[13] 축약법은 중국어의 중요한 복합조어법 가운데 하나이다.

"的姐(여성 택시기사)"와 같은 단어의 구성방식은 먼저 잘라 붙이고 나중에 섞어 붙이기를 한 것이다. 먼저 "的士(택시)"와 "哥哥(오빠, 형)"를 잘라 붙여 "的哥(남성 택시기사)"를 만들고, 나중에 "的哥"와 "姐姐(언니, 누나)"를 섞어 붙여서 "的姐"를 만든 것이다.

섞어 붙이기와 잘라 붙이기를 구분하는 가장 중요한 방법은, 혼성에 참여하는 두 개념이 '유사' 관계인지 아니면 '상관' 관계인지 보는 것이다. 하나의 개념은 ab이고, 또 다른 개념이 xy라고 해보자. 만약 a와 b의 관계가 x와 y의 관계에 대응하면 a:b = x:y의 비례식을 형성하고, ab와 xy는 '유사' 관계에 있다고 말할 수 있다(하지만 양자가 반드시 상관 관

---

13) 역자주: 吕叔湘, 「现代汉语单双音节问题初探」, 『中国语文』 第1期, 1963 참조

계인 것은 아니다). 이러한 혼성은 섞어 붙이기에 속한다. "人(사람)-人体底部(인체의 아랫부분)"와 "墙(벽)-墙体底部(벽의 아랫부분)" 사이에는 이러한 유사성이 있으므로, "墙脚(담밑)"는 섞어 붙이기로 구성된 어휘이다. 다음으로, 만약 ab와 xy 사이에 개념상 어떤 연결, 교차 혹은 포함 관계가 있다면, ab~xy의 선형사슬이 형성되고 ab와 xy가 '상관' 관계에 있다고 말할 수 있다.(하지만 양자가 반드시 유사관계인 것은 아니다.) 이러한 혼성은 잘라 붙이기에 속한다. "回归祖国(조국에 돌아오다)"와 "旅居国外的中国人(외국에 거주하는 중국인)"의 양자 사이에는 이러한 상관성이 존재하므로, "归侨(귀국교포)"는 잘라 붙이기로 만들어진 어휘이다.

다음으로 통사법을 보자. 예를 들면 "这个外科医生又操起了屠宰刀(이 외과의사는 또 도축용 칼을 손에 들었다)"는 섞어 붙이기로 만들어진 문장이고, "他被后面的司机按了一喇叭(그는 뒤의 기사에게 경적 울림을 당했다)"는 잘라 붙이기로 만들어진 문장이다.

这个外科医生又操起了屠刀。
이 외과의사는 또 도축용 칼을 손에 들었다.

이 문장은 두 가지 사태를 혼성하고 있다. 하나는 "外科医生施手术刀于病人(외과의사는 환자에게 메스(수술용 칼)를 사용한다)"이고, 또 하나는 "(屠夫施屠宰刀于猪羊(도축업자는 도축용 칼을 돼지와 양에게 사용한다)"이다. 이 두 가지 사태는 유사한 점이 있지만 서로 관련은 없으므로, 섞어 만들기를 한 문장이다.

他被后面的司机按了一喇叭。
그는 뒤의 기사에게 경적 울림을 당했다.

이 문장 역시 두 가지 사태를 혼성하고 있다. 하나는 "他被后面的司机发出警告(그는 뒤의 기사에게 경고를 받았다)"이고, 또 하나는 "后面的司机按了一下喇叭(뒤의 기사가 경적을 울렸다)"이다. 이 두 가지 사태는 서로 관련되지만 유사성은 없으므로, 위 문장은 잘라 붙이기를 한 문장이다.

이상의 예로부터 다음 사실을 알 수 있다. '섞어 붙이기형 혼성(糅合型整合)'은 '은유(metaphor)'와 관련 있음을 알 수 있다. 은유는 하나의 개념으로 이와 유사한 다른 개념을 묘사하는 것이다. 예를 들면, "屠夫宰杀猪羊(도축업자가 돼지, 양을 죽이다)"를 사용하여 "外科医生给病人动手术(외과의사가 환자에게 수술을 한다)"를 묘사한다. 따라서 '섞어 붙이기형 혼성'은 '은유형 혼성'이라고도 할 수 있다. 잘라 붙이기형 혼성(截搭型整合)은 '환유(metonymy)'와 관련 있다. 환유는 하나의 개념을 사용하여 이와 관련된 다른 개념을 가리키는 것이다. 예를 들면, "在后面按一下喇叭(뒤에서 경적을 울리다)"를 사용하여 "警告一下前面的人(앞의 사람에게 경고하다)"를 나타낸다. 따라서 '잘라 붙이기형 혼성'은 '환유형 혼성'이라고도 한다. 섞어 붙이기와 잘라 붙이기, 은유와 환유는 모두 인간의 일반적인 인지 방식에 속한다.

▌문법 체계의 단순화

지금까지 기술한 내용으로, 혼성의 장점들을 대체로 볼 수 있었다. 혼성은 문법의 설명력과 개괄성을 높일 수 있고, 특히 조어법과 통사법에서의 일부 병행 현상에 대해 통일된 설명을 할 수가 있다. 이로써 문법 체계를 단순화할 수 있다. 이 점은 단어와 구, 구와 문장 사이의 경계가 원래 명확하지 않은 중국어에 있어 특히 중요하다. 문법 체계의 단순화를 대수롭지 않게 여겨서는 안된다. 문법 체계를 세울 때, 단순성은 엄격성과 똑같이 중요하다. 만약 우리가 발견한 이론으로, 언어 현상에 대한 설명이 더욱 복잡해지고 구조에 대한 분석도分析圖가 그릴수록 더욱 번잡해진다면, 이 이론에 근본적인 문제가 있지는 않은지 반성해봐야 한다.

또 다른 예를 들어 이 점을 강조하고자 한다. "我不买他的账(나는 그를 인정하지 않는다)"과 "你别挑他的眼(그의 트집을 잡지마라)"과 같은 문장을 보자. 많은 사람들이 이를 '형식과 의미의 불일치문(形义错配句)'이라고 한다. "他的(그의)"는 형식상으로는 뒤 명사의 관형어이지만, 의미상으로는 뒤의 명사를 수식하지 않는다. 이와 유사한 예문은 그밖에도 많이 있는데, "他的老师当得好(그는 좋은 교사이다)", "老王是去年生的孩子(라오왕은 작년에 아이를 낳았다)" 등이 있다. '생성 문법'에서 이러한 문장을 분석할 때, 모든 문장들은 하나의 기본구조에서 출발하여 구성 성분의 위치 이동, 수정 등의 통사적인 조작을 통해 파생된 것이라고 생각한다. 만약 혼성의 입장에서 본다면, 이들 문장은 '섞어 붙이기형'의 산물이라고 말할 수 있다.

我不买他的账。

a. 我不领情
호의를 받지 않다

b. 我不领他的情
그의 호의를 받지 않다

x. 我不买账
복종하지 않다

y. (∅) ← xb 我不买他的账
그에게 복종하지 않다

b와 x에서 각각 일부를 취해 xb를 결합하면 "我不买他的账"이 된다. 이를 다시 y의 위치에 대입시키면 a:b=x:y의 비례식이 성립한다. 여기서 주의할 점은, 이는 앞에서 살펴본 "墙脚(벽밑)"의 생성 방식과 같다는 것이다. 이렇게 설명했을 때의 큰 장점은 두 번의 통사적 조작을 한 번

으로 통합할 수 있다는 것이다. "买账(능력을 인정하다)", "挑眼(트집을 잡다)" 등은 모두 동목 구조이나, "我不买他的账", "你别挑他的眼"과 같은 표현들은 동목 구조에 국한되지 않으며, "慷慨(후하다)", "提醒(일 깨우다)", "静坐(조용히 앉다)" 등도 이와 마찬가지이다. 예를 들면, "别 慷我的慨(나에게 후하게 인심쓰지 마)", "不用你提我的醒(네가 일깨워 줄 필요는 없다)", "你静你的坐, 我结我的婚(너는 네 자리에 조용히 앉 아 있어라. 나는 내 결혼을 할 거니까)" 등과 같이 표현하기도 한다. 이 러한 표현도 사실은 '섞어 붙이기형 혼성'의 산물인데, 차이는 다만 혼 성이 두 차례 진행되었다는 것뿐이다. "别慷我的慨"를 예로 들어보자.

别慷我的慨。

a. (很) 费钱　　　x. 费 (很多的) 钱　　m. 费我的钱
　(매우) 돈을 쓰다　(많은) 돈을 쓰다　　　내 돈을 쓰다

b. (很) 慷慨　　　y. 慷 (十分的) 慨　　n. 慷我的慨
　(매우) 후하다　　(상당히) 후하다　　　나에게 후하다

첫 번째 혼성은 x와 b를 혼성하여 y를 얻은 것으로, 다시 말하면 "慷 慨"가 동목 구조인 "费钱"으로부터 유추를 통해 동목 구조로 변한 것이 다. 두 번째 혼성은 m과 y를 혼성하여 n을 얻은 것으로, 다시 말하면 "慷我的慨"는 "费我的钱"으로부터 유추를 통해 얻은 것이다. 하지만 생 성 문법의 방법론에 따르면 두 차례의 통사적 조작을 가정해야 한다. 하 나는 유추(먼저 유추를 통해 "慷慨"를 동목 구조로 만들었음을 인정하 지 않을 수 없다)이고, 또 하나는 파생(마지막에 생성되는 "慷我的慨"를 위해 위치이동과 수정을 가정했다)이다. 한 차례의 조작으로 설명할 수 있는 현상이라면, 두 차례의 조작을 사용할 필요가 없는 것이다. 문법 체 계의 단순화는 혼성이 가져다준 큰 장점이다.

▌혼성과 '문법화'

혼성을 말하는 것이 문법의 형성과 변천을 논할 때 어떤 장점이 있을까? 여기서는 혼성의 관점에서 문법화의 기제가 어떻게 보이는지에 대해서 논하고자 한다. 이른바 '문법화'라는 것은 실사가 허사로 변하고 새로운 문법 형식이 생성되는 과정을 말한다. '기제'란 자연스럽게 반복적으로 따르는 순서나 방식인 것이다. 문법화의 기제에 관해, 혹자는 구조의 '재분석(reanalysis)'이라고 하고, 또 혹자는 구조의 '유추(analogy)'라고도 한다. 그러나 재분석은 잘라 붙이기형 혼성을 통해 실현되고, 유추는 섞어 붙이기형 혼성을 통해 실현되며, 또 많은 문법화 현상들에 대해 어느 기제가 작용하고 있는가는 우리의 관찰 각도에 따라 다르다는 점을 설명하고 싶다.

예를 들어, "既"가 시간을 나타내는 부사("已经(이미)"과 유사)에서 원인을 나타내는 접속사("既然(~이기 때문에)"의 의미)로 변한 것에 대해, 일반적으로 재분석을 사용하여 설명한다.

- a. 未见君子, 忧心忡忡。既见君子, 我心则降。[14]   (『诗经·小雅』)
  님을 보지 못하니 마음이 뒤숭숭합니다. 이미 당신을 만난다면, 내 마음 놓이련만. [시간]

- b. 既来之, 则安之。   (『论语·季氏』)
  이미 여기 왔다면, 마음을 편하게 가지고 현실을 직시해야 한다. [시간/원인]

- c. 既能来至道场中, 定是愿闻微妙法。   (『敦煌变文集·三身押座文』)
  이미 여기 왔으니까, 반드시 미묘법微妙法을 듣고 싶다. [원인]

---

14) 역자주: 시경 원전에는 '未见君子, 忧心忡忡。亦既见止, 亦既觏止, 我心则降。'으로 되어있다.

a의 "既"는 시간을 나타내는 부사이고, c의 "既"는 원인을 나타내는 접속사이다. 이 둘 사이에 있는 b의 "既"는 시간을 나타내는 부사로 볼 수도 있고, 원인을 나타내는 접속사로 볼 수도 있다. 이처럼 과도기 단계를 찾아볼 수 있기 때문에 이러한 변화의 기제는 환유가 된다. 즉 '먼저 발생한 일'로 '뒤에 발생한 일의 원인'을 가리키는 것이라고 말할 수 있다. 혼성의 각도에서 말하면, 두 개의 서로 관련 있는 개념이 '잘라 붙이기'를 통해 하나로 통합되고, 접속사 "既"는 잘라 붙이기형 혼성의 산물이 된다. 하지만 또 다른 각도에서 보면, 이러한 변화는 '먼저 발생한 일 : 뒤에 발생한 일 = 원인 : 결과'라는 유추 관계가 존재하기 때문에, 이러한 변화 과정은 유추, 곧 은유라고 말할 수 있다. 이를 혼성의 각도에서 말하면, 두 개의 서로 유사한 개념이 '섞어 붙이기'를 통해 하나로 통합되고, 접속사 "既"는 섞어 붙이기형 혼성의 산물이 된다고 할 수 있다.

다음으로 "许"의 허화를 보자.

    a. 你不许回家。 너는 집에 가서는 안 된다.
    b. 他许是回家了。 그는 아마 집에 갔을 것이다.

a에서 "许"는 "允许(허가)"를 나타내고, b에서 "许"는 "或许(아마)"를 나타낸다. 일반적으로 "或许"의 의미는 "允许"의 의미가 은유나 유추를 통해 얻어진 것이라고 생각한다. 왜냐하면 "允许"의 개념 구조와 "或许"의 개념 구조가 모두 '장애 극복'이라는 유사성을 가지기 때문이다.

    "允许" : 어떤 사람이 어떤 행위를 하는데 장애를 극복하다
    "或许" : 화자가 어떤 결론을 내리는데 장애를 극복하다

"允许"가 극복한 것은 어떤 일을 할 때의 장애물로, 이는 비교적 구체적이다. "或许"가 극복한 것은 결론을 내릴 때의 장애물로, 이는 비교적 추상적이다. 따라서 구체적인 전자로부터 추상적인 후자로의 은유가 생겨난 것이다. 혼성의 각도에서 본다면, "许"자의 "或许" 의미는 서로 유사한 두 개념을 '섞어 붙이기'한 산물이다. 하지만 또 다른 각도에서 보면, 이러한 허화 과정 역시 환유 혹은 재분석인 것이다. 왜냐하면 '결론을 내리는 것' 역시 일종의 광의의 '행위'이며, '행동의 장애물을 극복하는 것'과 '결론의 장애물을 극복하는 것'은 개념상 관련성을 가진다. 따라서 혼성의 각도에서 보면 "许"의 "或许" 의미는 바로 이 두 관련 있는 개념의 '잘라 붙이기'의 산물이다.

이어서 동태조사 "了" 의 형성에 대해 살펴보자. 근대 중국어를 연구하는 학자 중에는 "了"가 재분석을 통해 형성되었다고 말하는 사람도 있다.

V + O + 了[liǎo]　→　V了[le] + O
拜 + 舞 + 了[liǎo] →　拜了[le] + 舞

"拜+舞(춤추듯이 절하다)"와 "事了[liǎo](끝마치다)"의 두 사건이 먼저 하나로 혼성되어 연동구조 "拜舞+了[liǎo]"가 된다. 하지만 이 단계에서 연동 구조의 전후 두 부분은 아직 분리가 가능하다. 혼성이 진행되면 "拜了[le] + 舞"가 형성되는데, "了"는 동사에서 동태조사로 변하여 앞의 동사 "拜"와 결합하여 하나가 된다. 이로부터 알 수 있듯이, 재분석은 '잘라 붙이기형 혼성'을 통해 실현되는 것이다. 또, "V了O"는 유추를 통해 형성되었으며, 이미 존재하는 "V却O"를 모방하여 유추한 결과라고 생각하는 사람도 있다. 하지만 유추는 반드시 두 개념의 섞어 붙이기를 통해 실현된다. 다음의 유추 관계를 살펴보자.

a. VO却　　　　　　b. V却O

x. VO了　　　　　　y. (∅) ← xb　V了O

이것이 바로 '섞어 붙이기형 혼성'이다. 요컨대, 동태조사 "了"의 형성은 잘라 붙이기형 혼성과 섞어 붙이기형 혼성의 상호 작용의 산물인 것이다.

　재분석과 유추가 각각 개념의 잘라 붙이기와 섞어 붙이기를 통해 실현되었으니, 문법화의 기제와 제약조건에 대해 보다 심도 있는 연구를 위해서는 개념의 잘라 붙이기와 섞어 붙이기의 방식과 제약요소를 고찰해야 할 것이다.

▌혼성과 '출현의미'

　혼성을 통해 생성된 의미를 '출현의미(emergent meaning)'라고 한다. 출현의미란 새롭게 창조된 의미로, 혼성은 이의 근원이다. 일상생활에서 이러한 예는 상당히 많다.

　　　上了一次中岳嵩山。这里运载石料的交通工具主要是用人力拉的排子车，特别处是在车上装了一面帆，布帆受风，拉起来轻快得多。帆本是船上用的，这里却施之陆行的板车上，给我十分新鲜的印象。

　　嵩山에 한 번 올랐다. 여기는 돌을 옮기는 교통기구가 주로 인력으로 끄는 손수레였다. 특별한 점은 수레 위에 돛을 단 것이다. 천으로 만든 돛은 바람을 맞아 수레를 끌면 훨씬 경쾌하였다. 돛은 원래 배에 다는 것인데, 여기서는 이를 육로를 다니는 수레에 달았으니, 내게 신선한 인상을 주었다.

이는 왕쩡치(汪曾祺, 1920~1997)[15]의 산문『수우이안(随遇而安)』에 나오는 묘사이다. 여기서 수레(板车)와 범선(帆船)의 혼성은 일종의 새로운 창조로, '끌면 훨씬 경쾌하였다'와 '내게 신선한 인상을 주었다'는 모두 혼성 후의 출현의미이다.

또, 어느 해에 청년들이 설날 전에 서둘러 결혼하려고 하여 혼인신고 창구에는 줄이 길게 늘어섰다. 왜냐하면 설날 이후의 해는 '닭의 해(酉年)'이고, 거기다 전설에서 말하는 봄이 없는 '과부해(寡年)'[16]이기 때문이다. 닭의 해에 결혼하는 여자는 과부가 된다는 것이다. 이러한 현상은 '결혼한 해에 봄이 없다'와 '결혼하면 극부(尅夫)[17]다'라는 두 개념의 혼성의 결과 사람들은 봄이 없는 해를 피해서 결혼해야 과부가 되지 않는다고 믿는다. 또 결혼 후에 남편의 운명을 누르고 싶지 않기 때문에, 간지가 바뀌는 설날 전에 서둘러 결혼하려는 것이다. 이 두 개념이 혼성 후에는, 서로 인과관계가 되어 어느 것이 원인이고 어느 것이 결과인지 구분이 어렵다. 이러한 인과혼성으로 인한 출현의미는 안전감과 길함이다. 바로 이런 출현의미로 인해『북경신경보(北京青年报)』의「금일논평(今日社评)」은, 이러한 사회 현상을 신랄하게 비판하는 일부 시사평론가들에게 관용적인 태도로 대할 것을 주장하고 있다. 즉, 모두들 과부해에 과학적 근거가 없음을 알지만, 그래도 급하게 결혼을 하려고 하는 것은 인생의 좋은 출발을 원하기 때문으로, 이는 과학자들도 마찬가지라는 것이다.

문예작품은 혼성 후의 출현의미를 효과적으로 이용함으로써 사람들에게 감동을 준다. 또 교향악은 여러 종류의 악기 소리를 하나로 혼성하여,

---

15) 역자주: 중국 당대작가, 산문가, 극작가, 경파(京派) 작가의 대표인물.
16) 역자주: 중국에서 춘절 전에 입춘이 오면 그 해는 봄이 없는 과부해라 하여 결혼을 꺼린다.
17) 역자주: 아내의 운세가 너무 강하여, 남편을 극한다. 즉 다치거나 죽게 함을 뜻함.

마음을 감동시키는 효과를 만들어낸다. 회화의 투시법은 3차원 공간을 2차원 공간 안으로 혼성하는 것으로, 피카소의 입체주의는 4차원 공간(4차원 공간은 하나의 입체를 서로 다른 각도에서 관찰한 것이다)을 2차원 공간 안으로 혼성하여, 보는 사람들의 심금을 울리는 효과에 도달한다. 예를 들어, 작품 『아비뇽의 소녀』에서 피카소는 동일한 사물을 여러 각도에서 관찰한 서로 다른 얼굴형(정면, 뒷면, 측면 등)을 하나로 혼성하여, 캔버스라는 평면구조 안에서 새로운 통일성을 이룸으로써 참신한 시각적 형상을 창조해냈다. 과학에서의 혁신은 많은 경우에 서로 다른 두 영역 간의 교차혼성으로 생기는데, 이는 과학사에서 이미 확인되었기에 더 이상 상세히 설명하지 않기로 한다. 이와 마찬가지로, 우리가 인지하는 두 개 혹은 더 많은 사건을 동시에 하나의 선형 언어부호의 행렬, 즉 한 문장 안에 혼성함으로써 생각지 못한 효과를 생성한다.

여기서 다시 "那个外科医生是个屠夫(그 외과의사는 도축업자)"의 은유표현으로 돌아가 보자. 이는 섞어 붙이기를 통한 문장 구성의 결과이다. 흔히 은유를 하나의 개념영역에서 이와 유사한 다른 개념영역으로의 '투사(mapping)'라고 말한다. 여기서는 하나의 영역이 '외과의사가 환자에게 메스를 사용한다'이고, 또 다른 개념영역은 '도축업자는 도축용 칼을 돼지와 양에게 사용한다'가 된다. 하지만, 만약 투사만 논하고 혼성을 논하지 않으면, 이 은유가 왜 '그 외과의사는 수술 실력이 형편없다'라는 함의를 가지는지 설명을 할 수가 없다. '포정해우(庖丁解牛)[18]'의 고사를 생각해보면 알 수 있듯이, 도축업자라고 실력이 꼭 서투른 것은 아니다. 이 새로운 함의가 바로 혼성의 산물인 것이다. 외과의사가 수술을 하는 목적은 생명을 구하는 것으로, 곪은 부위를 잘라내는 것은 이 목적

---

18) 역자주: 전국시대 양나라에 살던 포정이라는 인물이 대단히 소를 잘 분해했다는 데서 유래함. 『莊子·養生主』

을 실현하기 위한 수단이다. 반면 도축업자는 고기를 뼈에서 잘 발라내는 것이 목적이고, 살생은 목적을 실현하기 위한 수단이다. 두 일의 목적과 수단이 정반대가 되는 것이다. 하지만 이 두 개념영역 간에는 또 대응 관계도 존재하는데, 이는 '어떤 사람 X가 Y에게 칼질을 하다'로 개괄할 수 있다. 이러한 개괄을 통해 이 두 개념영역은 각각 일부분을 잘라내어 —— 외과의사가 메스를 사용하는 과정과 도축업자가 고기를 발라내는 목적 —— 이들을 하나로 혼성하였음을 알 수 있다. 혼성 후에 외과의사와 도축업자는 하나가 되어, '외과의사가 도축용 칼을 환자에게 사용하였다'라는 목적과 수단이 상반되는 전체 이미지(살생의 수단을 사용하여 생명을 구하는 목적을 실현시키는)를 사람들에게 주게 되는 것이다. 이 전체 이미지가 외과의사에게 되돌아옴으로써, '그 외과의사의 수술 실력이 형편없다'라는 의미가 생기는 것이다. 질 포코니에(Gilles, Fauconnier, 1944~)가 제시한 개념혼성 이론의 목적은 바로 혼성의 기제와 제약조건을 탐구하여 '출현의미'가 어떻게 출현하는지를 밝히려는 시도이다.

▌출현의미와 귀추歸趨 논리

출현의미는 어떻게 출현하는가? 사람들은 어떻게 출현의미를 이해하는 것인가? 이는 오늘날 인지과학이 관심을 갖는 핵심문제 중 하나이다. 앞에서 이미 이 방면에서 진행한 포코니에의 탐색을 소개하였다. 여기서는 '잘라 붙이기형 혼성'의 출현의미와 '귀추 논리(abduction)'의 관계에 대해 이야기하고자 한다.

우선 '귀추 논리(abduction)'란 무엇인지에 대해 설명하고자 한다. 이는 연역추론도 귀납추론도 아닌 추론 방식이다. 귀추 논리(abduction)와 연역추론의 차이는 다음과 같다. 연역추론의 삼단논법은 대전제와 소전제를 근거로 유추한 결론이다. 예를 보자.

　　대전제 : 사람은 모두 죽는다.
　　소전제 : 소크라테스는 사람이다.
　　결　론 : 소크라테스는 죽을 것이다.

　귀추 논리는 결과에서 출발하여, 대전제를 근거로 소전제를 유추해낸다. 예를 들면, '소크라테스가 죽었다'라는 것에서 '사람은 모두 죽는다'는 것이 연상된다. 이로부터 '소크라테스도 사람이다'라고 유추하는 것이다. 하지만 주의할 것은, 귀추 논리로 유추한 명제가 반드시 참은 아니라는 점이다. 유추로 얻은 결론은 '소크라테스는 아마도 사람일 가능성이 크다'라는 것이나, 사실은 그렇지 않을지도 모른다. 하지만 이 명제는 또 '소크라테스는 죽었다'와 '사람은 다 죽는다'라는 두 명제와도 상호 모순되지 않는다. 우리는 일상생활 중에 흔히 이러한 추론을 행하고 있다. 예를 들어, 경찰은 범죄현장에서 갑의 발자국을 발견하면 바로 갑이 범인일 거라고 연상한다. 이러한 추론이 바로 귀추 논리이다.

　　전제 : 만약 갑이 저지른 범죄라면, 현장에 그의 족적이 있을 것이다.
　　사실 : 현장에 갑의 족적이 있다.
　　추론 : 갑이 범죄를 저질렀을 가능성이 아주 높다.

　다시 언어의 이야기로 돌아오자. 앞에서 살펴보았듯이, "学而不成(배웠으나 이루지 못하다)"은 혼성으로, "学不成"이 된 후에 가능의 의미(배울 수 없다)가 생성된다. "学(배우다)"는 동작이고, "不成(이루지 못하다)"은 동작의 결과이다. 두 개의 서로 관련되는 개념의 혼성으로 이루어진 "学不成"은 '잘라 붙이기형 혼성'에 속한다. 추론의 각도에서 보면, 가능의 의미는 귀추 논리의 결과라 할 수 있다.

전제 : 如果不可能学成, 那么一定没有学成。
　　　만약 배울 수가 없다면, 틀림없이 배우지 않은 것이다.

사실 : 说的是"学而不成"。
　　　"배웠는데 이루지 못했다"라고 말하고 있다.

추론 : 很可能表达的是"不可能学成"。
　　　말하고 싶은 것은 "배울 수 없다"일 것이다.

　귀추 논리는 이처럼 가능성을 나타내는 동보 구조의 부정형("学不成")과 긍정형("学得成") 사이의 비대칭 현상, 즉 부정형의 사용빈도가 긍정형보다 훨씬 높으며 역사적으로도 부정형의 생성시기가 긍정형보다 이르다는 점을 설명해준다. 이는 왜냐하면 사람들이 '실현되지 않았다'로부터 '실현할 수 없다'를 유추하기가 쉽기 때문이다. 귀추 논리의 전제는 '만약 실현할 수 없었다면, 실현되지 않았다'라는 이상적 인지 모형(idealized cognitive model)이 존재하는 것이다. 역으로 '만약 실현할 수 있었다면, 이미 실현되었다'라는 전제는 성립하지 않는다. 귀추 논리로는 '이미 실현되었다'로부터 '실현할 수 있다'를 얻을 수 없기 때문이다.

　중국어에는 "不免, 不料, 不禁"처럼 대량의 "不X" 형식의 단어가 존재한다. 이들은 구 "不+X"의 두 성분이 혼성으로 일체가 된 결과이다. 주의해야 할 것은, 구로서의 "不+X"가 '실현되지 않았다'를 나타내지만, 혼성되어 단어가 된 후의 "不X"에는 모두 가능의 의미가 생성된다는 점이다. 예를 보자.

不免: 未免除 　→ 免不了
　　　제거하지 않다 　　피할 수 없다

不配: 不相配 　→ 配不上
　　　짝이 기울다 　　어울리지 않다

不定: 未说定 　→ 说不定
　　　단정하지 않다 　단정할 수 없다

不堪: 未承受 　→ 承受不了
　　　받지 않다 　　참을 수 없다
　　　　　　　　　예 : 不堪一击 한 번의 공격에도 견딜
　　　　　　　　　　　수 없다

不料: 未料到 　→ 料不到
　　　예측하지 않다 　예측할 수 없다

不支: 未支持住 　→ 支持不住
　　　지탱하지 않는다→ 지탱할 수 없다
　　　　　　　　　예 : 体力不支 체력이 견디지 못하다

不禁: 未禁止 　→ 禁不住
　　　금지하지 않다 　금할 수 없다

不谓: 未说 　→ 不能说
　　　말하지 않다 　　말할 수 없다
　　　　　　　　　예 : 任务不谓不重 임무가 무겁지
　　　　　　　　　　　않다고 할 수 없다

　이처럼 '실현되지 않았다'에서 '실현할 수 없다'를 도출하고 있음을
알 수 있다. 이는 귀추 논리의 작용범위가 "学不成"과 같이 보어를 수반
하는 형식에만 국한되지 않음을 보여준다.

귀추 논리가 근거로 삼는 전제는 일종의 도리이며 상식이다. 우리는 이를 '이상적 인지모형(idealized cognitive model)'이라 부르기로 한다. '만약 실현할 수 없었다면, 실현되지 않았다'라고 하는 것이 바로 일종의 인지모형인 것이다. 만약 근거로 삼은 도리가 언어의 사용과 관계된 것이라면, 이러한 도리는 '이상적 화용모형'이라고 할 수 있겠다. 예를 들어 앞에서 "为什么不试一试? (왜 한 번 해보지 않니?)"라는 발화는 '의문'과 '부정'이 혼성 후에 생성된 '제안'의 의미라고 하였는데, 왜 출현의미는 명령, 허락, 경고 등의 의미가 아닌 제안일까? 제안의 의미는 어떻게 도출되어 나왔을까? '이상적 화용모형'을 전제로, 귀추 논리를 통해 얻을 수 있다.

전제: 如果要建议对方试一试, 先问一问对方为什么没有这么做.
　　　만약 상대방에게 한 번 해보라고 제안한다면, 우선 상대방에게 왜 이렇게 하지 않았는지 물어본다.

사실: 问的是"为什么没有试一试".
　　　질문은 "왜 한 번 해보지 않아"이다.

추론: 很可能要表达的是"建议试一试".
　　　나타내려는 의미는 "한 번 해보도록 제안하다"일 가능성이 높다.

만약 상대방이 이렇게 하지 않은 이유를 아직 모른 채 상대방에게 이렇게 하라고 제안한다면, 이러한 제안은 '부적절한 것'이다. 이는 언어사용의 일종의 정식(正式)이며, 이 전제는 제안이라는 언어 행위(speech act)가 만족해야 하는 '적정조건(felicity condition)' 중 하나이다.

다시 앞에서 말한 "追累"의 문제로 돌아가자. "追(쫓다)"는 "使追(쫓게 하다)"의 의미가 없는데, 어떻게 "追累(쫓아서 피곤하다)"는 "使追"

의 의미가 생성된 것일까? 이 역시 인지모형과 귀추논리 때문이다. "張三追累了李四"에서 "追"는 원인이고 "累(피곤하다)"는 결과로, 이 두 개념의 혼성은 흔히 볼 수 있는 인과혼성에 속한다. 사람을 쫓는 사건의 인지모형은, 쫓은 결과 쫓는 사람과 쫓기는 사람 모두 피곤할 가능성이 있으므로, '리쓰가 피곤해졌다'라는 결과로부터 추측할 수 있는 원인으로 '장싼이 쫓다'와 '리쓰가 쫓다'가 모두 다 하다는 것이다. '리쓰가 피곤하다'로부터 '리쓰가 쫓는다'를 추측할 수 있다는 바로 이 이유 때문에, "張三追累了李四"에 '使追(쫓게 하다)'의 의미가 생겨, 장싼이 리쓰를 쫓게 하다가 되는 것이다. 그렇다면 왜 "張三打哭了李四"는 "장싼이 리쓰에게 때리게 한 결과, 리쓰가 울었다"라는 의미는 얻기 어려운 걸까? 이는 사람을 때리는 사건의 이상적 인지모형이 다르기 때문이다. 때린 결과, 보통은 맞은 사람만 울기 때문이다.

요컨대, 잘라 붙이기형 혼성의 출현의미는 이상적 인지모형 혹은 이상적 화용모형의 기초 위에서 귀추 논리를 통해 유추되어 나온 것이다.

▮ 혼성 과정에서의 압축과 후퇴

압축과 후퇴는 혼성 과정의 두 가지 중요한 방식이다. 먼저 개념의 혼성에는 개념의 압축(conceptual compression)이 필수적이라는 점을 말하고 싶다. 각종 압축은 모두 '거리압축'으로 개괄할 수 있는데, 여기에는 시공간적 거리와 심리적 거리도 포함된다. 포코니에의 예를 보자.

50年代那个长辫子姑娘是我现在那个剪短发的妹妹。
50년대의 그 긴 변발을 한 아가씨는, 현재의 그 머리를 짧게 자른 내 여동생이다.

电影中那个长辫子姑娘是我那个剪短发的妹妹。
영화에서 그 긴 변발을 한 아가씨는, 그 머리를 짧게 자른 내 여동생이다.

张三相信那个长辫子姑娘是我那个剪短发的妹妹。
장싼은, 그 긴 변발을 한 아가씨가 그 머리를 짧게 자른 내 여동생이라고 믿고 있다.

이 세 문장은 모두 섞어 붙이기형 혼성이다. 첫 번째 문장의 두 개념영역은 '50년대 영역'과 '현재 영역'으로, 둘 사이에는 시간적 거리가 있다. 두 번째의 두 개념영역은 '영화영역'(배역)과 '생활영역'(배우)으로, 둘 사이에는 공간적 거리가 있다. 세 번째 문장의 두 개념영역은 '신념영역'과 '현실영역'으로, 둘 사이에는 심리적 거리가 있다. 이 세 거리는 모두 개념혼성 과정에서 압축되어, '긴 변발을 한 아가씨'와 '머리를 짧게 자른 여동생'이 같아지게 되는 것이다.

잘라 붙이기형 혼성 역시 거리를 압축한다. 예를 들어 "追累"와 같은 인과혼성은, 원인에서 결과가 생성되기까지 일반적으로 일정한 시간이 걸리는데, 혼성은 이 시간적 거리를 압축하고 있다. 원인사건 '장싼이 리쓰를 쫓다' 혹은 '장싼이 리쓰를 쫓게 하다'에서의 '리쓰'와 결과사건 '리쓰는 피고해졌다'에서의 '리쓰'는 엄밀히 말하면 같은 '리쓰'가 아니다.(적어도 하나는 피곤하고 하나는 피곤하지 않다) 하지만 혼성 과정에서 이 두 '리쓰' 사이의 거리는 0으로 압축되어져서 두 '리쓰'는 하나로 합쳐진다. 두 개의 서로 다른 신분도 하나로 합쳐질 수 있다. 예를 들어, '외과의사'와 '도축업자'의 경우가 그렇다. 압축의 결과는 단순함인데, 단순한 것은 힘을 생성한다. 혼성에서의 출현의미는 이렇게 생성된다.

개념혼성의 과정에는 압축 외에 개념의 후퇴(conceptual recession)가 있다. '후퇴'는 '돌출'에 상대되는 개념으로, '후퇴(숨기)와 돌출(드러나기)'이 갖추어져야 비로소 하나의 전체가 형성되는 것이다. 심리학에서 유명한 실험은, 시각역에서 반드시 어느 한 부분은 돌출되고 다른 부분은 후퇴되어야만 '게슈탈트'로서의 이미지가 나타날 수 있음을 밝히고 있다. 다음 그림19)은 모두들 잘 알고 있기에 더 이상 설명을 하지 않기로 한다.

'후퇴와 돌출'이 되어야 하나의 전체가 형성되는 현상은 언어에서도 아주 많다. 두 개의 음절을 모두 강하게 읽는다면 한 음보(foot)20)를 구성할 수 없다. 하나의 강음절은 반드시 하나의 약음절이 보완을 해주어야 하나의 음보를 구성하며, 이는 운율학韻律學의 기본 원리이다. 2음절의 구조에서 만약 전후 모두 강하게 읽거나 강약의 대비가 명확하지 않을 경우는, 하나의 단어가 될 수도 있고 하나의 구가 될 수도 있다. 하지만 앞을 강하게, 뒤를 약하게 읽는 구조는 반드시 하나의 단어인 것이다. 예를 들어 다음의 병렬구조를 보자.21)

---

19) 자주: '루빈의 꽃병(Rubin Vase)'이라 불리는 이 그림은 덴마크의 행태주의 심리학자 에드가 루빈이 고안한 것으로 보기에 따라 꽃병이 되기도 하고 마주 보는 두 사람의 모습이 되기도 함.
20) 역자주: 시에 있어서 운율을 이루는 기본단위. 영시에서는 하나의 강음절을 중심으로 그것에 어울리는 약음절이 한 음보를 이루지만, 우리나라 시의 경우 대체로 휴지休止의 주기라고 할 수 있는 3음절이나 4음절이 한 음보를 이룬다.(네이버 국어사전)
21) 역자주: 왼쪽 예들은 두 단어의 병렬이고, 경성으로 읽는 글자(기호 °로 표시)를 포함하는 오른쪽의 예들은 두 문자로 된 한 단어이다.

兄弟	"兄和弟"	兄弟	"他是我兄弟"
	형과 동생		그는 나의 형제이다.
多少	"多和少"	多少	"每月有多少收入？"
	많음과 적음		매월 얼마의 수입이 있나요?
东西	"东和西"	东西	"这是个什么东西？"
	동과 서		이것은 무슨 물건인가요?
千万	"千和万"	千万	"千万不要泄漏"
	천과 만		제발 누설하지 마세요
买卖	"买和卖"	买卖	"做个大买卖"
	사다와 팔다		큰 장사를 하다
反正	"反和正	反正	"反正我不答应"
	반면과 정면		아무튼 나는 허락하지 않는다

수식 구조 역시 마찬가지다. 왼쪽 열은 동목구가 될 수 있지만, 약하게 읽는 글자를 포함한 오른쪽은 반드시 수식 구조의 명사가 된다.

煎饼	전병을 부치다	煎饼22)	전병
劈柴23)	장작을 패다	劈柴24)	장작
烧纸	종이를 태우다	烧纸	지전紙錢

영어의 경우도 마찬가지다. 명사든 동사, 형용사든 대부분의 복합어는 모두 이와 같은 강세모델을 가지고 있다.

---

22) 역자주: 좁쌀가루나 녹두가루 등을 멀겋게 반죽을 하여 번철(燔鐵)에 골고루 펴서 익힌 얇은 부꾸미 같은 것.
23) 역자주: 동목 구조의 경우, 劈의 성조는 제1성으로, 劈柴의 발음은 pīchái이다.
24) 역자주: 수식 구조의 경우, 劈의 성조는 제3성으로, 劈柴의 발음은 pǐchai이다.

a dark room 어두운 방   a ´dark room 암실
a hot house 더운 방   a ´hot house 온실
a black bird 검은 새   a ´black bird (유럽산) 검은새[25]
                                          / (북미산) 찌르레기

a baby girl 여자 아기   a ´baby-sitter 베이비시터
motor transport 차량수송   ´motor car 자동차

이는 문장도 마찬가지이다. 중국어의 "把"구문은 두 개의 절이 혼성되어진 결과이다. 혼성 과정에서 하나는 후퇴하고, 하나는 돌출한다.

醉把茱萸仔細看。
술에 취해 수유 잡고 자세하게 본다네   (杜甫『九月蓝田崔石莊』)

원래는 "醉把茱萸(술에 취해 수유를 잡다)"("把"는 동사로 '잡다'의 의미이다)와 "仔細看茱萸(수유를 자세히 본다)"의 두 절로 되어있으며, 이들은 각각 하나의 사건을 대표한다. 혼성 과정에서 먼저 두 "茱萸(수유)"가 하나로 합쳐져서 하나의 연동구조를 형성한다. 이는 두 사건이 혼성되는 시작단계이며, 전후 두 동작은 모두 강하게 읽는다. 그 후에 앞의 사건이 후퇴하고, 동사구 "把茱萸(수유를 잡다)"가 전치사구로 변화한다. '손에 쥐다'라는 실제의미의 동사 "把"가 허사의 '把'로 변하고, 동시에 뒤의 사건이 돌출하면서 "把"구문이 탄생된 것이다. 이러한 혼성에 의해 생성된 출현의미는 처치의 강조이다. 이로 인해 "把"구문을 '처치식(處置式)'이라고 부르는 것이다.
현대 중국어의 동태조사 "了"의 형성도 이와 마찬가지이다. 다만 뒤의 사건이 후퇴하는 점만 다를 뿐이다.

25) 역자주: 수놈은 까만색에 부리만 노랗고 암놈은 몸과 부리가 갈색임

拜舞既了 (近代汉语) → 已经拜了舞 (现代汉语)
배무를 이미 끝마쳤다. (근대 중국어) → 이미 배무를 마쳤다.(현대 중국어)

근대 중국어 "拜舞既了(배무를 이미 끝마쳤다)"에서 "了"[liao]는 '완료, 완성'을 나타내는 동사로, 그 앞에서 부사 "既(이미)"가 수식하고 있다는 것은 "拜舞既了"가 원래는 두 가지 사건, 즉 "拜舞"와 "事了"[liao]였음을 증명한다. 이후에 뒤의 사건이 후퇴하고 앞의 사건이 돌출하면서, 동사 "了"[liao]는 동사에 붙는 동태조사 "了"[le]로 허화되었다.

개념의 압축과 후퇴는 언어형식의 압축과 후퇴를 가져오는데, 이는 개념 구조와 언어구조 사이의 '도상성(iconicity)' 때문이다. 언어형식의 압축과 후퇴는 주로 세 가지 방식으로 나타난다. 첫 번째는 강세가 있다가 없어지는 발음상의 변화이다. 두 번째는 길고 크던 것이 짧아지고 작아지는 형태상의 변화이다. 세 번째는 자유 형식이던 것이 부속 형식인 교착성분으로 바뀌는 성질상의 변화이다. 이 세 가지 방식은 "了"의 허화 과정에서 모두 나타난다. 개념혼성을 연구할 때는 특히 언어형식에 나타나는 증거를 상당히 중시하는데, 이는 언어학에서 형식의 차이가 없는 개념의 차이를 논의하는 것은 의미가 없기 때문이다.

압축과 동시에 확장이 있으며, 후퇴와 동시에 돌출이 있다. "这个外科医生又操起了屠刀(이 외과의사는 또 도축용 칼을 사용하였다)"는, '외과의사'와 '도축업자' 사이의 거리가 압축됨과 동시에 '안경을 쓴 차분한 의사가 과감하게 고기를 발라낸다'의 이미지가 확장되고 활성화됨으로써 '생동적인 의미'가 나타나는 것이다. "醉把茱萸仔细看(술에 취해 수유를 잡고 자세히 본다)"은, 연동문에서 혼성되어 "把"구문으로 변하는데, '손에 쥐다'의 의미가 후퇴하면서 동시에 '자세히 보다'의미가 돌출된다. 이로써 처치에 대한 '강조의미'가 생성되는 것이다. 생동의미와 강조의미는 혼성에서 흔히 나타나는 두 가지 출현의미이다.

압축과 확장, 후퇴와 돌출은 모두 신경 생리적 기초가 있다. 한 뉴런의 활성화는 주위의 뉴런에 대해 두 종류의 영향을 미친다. 하나는 양자의 관계가 활성형(excitatory)인 경우, 그들의 활성화 가능성을 높여준다는 것이다. 또 하나는 양자의 관계가 억제형(inhibitory)인 경우, 그들의 활성화 가능성을 낮춘다는 것이다. 이 억제는 인지심리과정의 중요한 특징으로, 특히 시각이 도형을 식별할 때 중요한 역할을 한다. 연구자가 피험자에게 왼쪽 눈과 오른쪽 눈에 각각 서로 다른 도형을 보여주면서 '두 눈이 경쟁'하게 한 결과, 동일한 시간 중에는 두 도형 중 하나밖에 볼 수 없었다. 이는 신경 활동이 정보 입력에 대해 부분적인 억제를 가한 결과이다.

▍맺는말: 인지과학에서 언어학의 지위

인지과학은 철학, 심리학, 인류학, 언어학, 뇌신경학과 컴퓨터과학을 연결한 새로운 학제 영역이다. 인지과학의 목표는 생각하는 기계를 만드는 것이 아니라 인지 과정에 관한 우리의 이해를 심화시켜 인간의 뇌가 어떻게 작동하는가에 대한 이론을 건립하려는 데 있다. 이 목표는 여러 가지 방법으로 실현이 가능한데, 여기에는 전통적인 심리학의 실험과 관찰, 컴퓨터를 통한 인지 과정의 모방도 포함된다. 인공지능 연구의 초기 단계에는, 기호에 생성 규칙을 더한 단일한 방법으로 모든 인지 문제가 해결가능하다고 믿었다. 이러한 신념과 달리 현재의 연구 추세는 다양한 표시 방식과 데이터 형식을 채택하며, 이들 간의 상호 작용과 혼성으로 눈을 돌리고 있다.

그러면 인지과학에서 언어학은 어떠한 지위를 차지하는가? 인지과학의 신흥은 인지심리학과 밀접한 관계가 있는데, 컴퓨터를 사용하여 인간의 인지기제를 모방할 경우에는 인지심리학자의 연구결과에 의존한다. 언어는 인류의 가장 중요한 인지 능력 중 하나이다. 언어는 인류의 사고를 통찰하는 창문이라 할 수 있다. 따라서 언어에 대한 인지심리학 연구는 언어학자의 참여와 불가분의 관계에 있다. 언어학자의 언어 사실에 대한 묘사와 설명은 인지심리학자가 진행하는 실험이나 관찰의 기초가 되는 것이다.

　과학이론의 최종 목표는, 의미심장하고 일견 다른 것처럼 보이는 여러 현상에 대해 신뢰성 높고 통일된 설명을 함으로써 표면 현상을 통해 그 안에 있는 본질을 보여주는데 있다. 만약 그 설명이 구체적이고 신뢰성이 높다면, 그것으로 증명되는 많은 가설을 뒷받침할 수 있을 것이다. 개념혼성이론은 설명만 가능할 뿐 예측은 할 수 없기 때문에 과학성이 결여되었다는 비판이 있는데, 이는 편견이며 오해이다. 언어학자들은 한때 언어학을 전통적인 물리학처럼 '과학적인' 학문으로 만들 것을 결의하였다. 이는 모든 언어 현상이 수학적 방법으로 예측이 가능함을 의미한다. 하지만 '과학'이라는 것은 결국 어떤 것일까? 객관적인 분석과 환원주의에 기초한 연구만이 '과학'인가? 만약 '과학'을 이러한 편협한 범위내로 국한시킨다면, '과학'은 절대로 인류의 언어와 인지의 신비를 포함한 자연의 신비를 완전히 밝혀낼 수 없을 것이다. 왜냐하면 인류도 자연의 한 부분이며, 인간의 사고와 언어는 분석과 환원만으로는 설명되지 않기 때문이다.

　언어는 하나의 복잡한 체계이다. 언어학이라는 학문이 연구하는 대상, 즉 언어의 성격상 언어학은 진화과학, 지질학, 기상학, 천문학과 마찬가지로 어떤 일에 대해 충분한 설명을 하는 것이 가능하다. 하지만, 그것은 '약한 예측', 즉 경향성을 가진 규칙을 예측할 수 있을 뿐이다. 개념혼성

이론은 언어 현상에 대해 충분한 설명을 함과 동시에 약한 예측도 할 수 있다. 예를 들면, 일종의 '계층 서열' 혹은 '최적방안 선출원칙'을 통해 개념 혼성에 제약을 가한다. 제약조건을 만족하면 할수록, 우선적으로 받아들여진다. 예로, 개념혼성이론을 사용하여 다음과 같은 예측을 할수가 있다. 한 언어나 방언에서 만약 "王冕病了父亲(왕미엔은 아버지께서 병이 나셨다)"가 성립한다면, "王冕死了父亲(왕미엔은 아버지께서 돌아가셨다)"도 성립하지만, 그 역은 성립하지 않음도 예측이 가능하다. 또, 만약 "张三打哭了李四(장싼이 리쓰를 때려서 울렸다)"가 "使李四打(리쓰에게 때리게 하다)"라는 사역의 의미를 포함한다면, "张三追累了李四(장싼은 리쓰를 쫓느라 피곤해졌다)"도 역시 "使李四追(리쓰에게 쫓도록 하다)"라는 사역의 의미를 포함하지만, 그 역은 성립하지 않음을 예측할 수 있다.

혼성과 분석은 상호 대립되면서 또 상호 보완하고 협력하는 두 개의 과정이다. '가분석성(可分析性)'은 혼성의 전제가 된다. 또한 중국어의 어구는 인구어의 어구보다 가분석성이 높기 때문에 혼성이 보다 명백하고 중요한 것일지도 모른다. 현재 필자는 개념혼성의 각도에서 중국어 문법에서의 중대한 문제나 오래된 '골치거리' 난제에 대해서 다시 고찰을 행하는 중이다. 개념혼성이라는 새로운 접근으로, 우리 언어학자들이 각종 다양한 실제의 언어 현상에서 출발하여 언어 구조와 언어 변천의 규칙을 탐색하며 인지과학의 발전에 공헌할 수 있다는 점에 대해 독자들이 확신하게 되었기를 바란다.

참고문헌

- 과학사상의 새로운 동향에 대해서는 Waldrop, M. (1995) *Complexity*. SDX Joint Publishing Co. 중역본 『复杂』1997년 三联书店 ; 金吾伦등(2006) 「整体论 : 科学研究的新路径」, 『科学时报』 2006-11-30-B3판 참조.

- 수학에서의 혼성 현상에 대해서는 Lakoff , George, and Rafael Nún ez (2000) *Where Mathematics Comes From: How the Embodied Mind Brings Mathematics into Being*. New York: Basic Books 참조.

- 신경과학에서의 혼성 현상에 대해서는 Grady, Joseph (2000) Cognitive mechanisms of conceptual integration. *Cognitive Linguistics* 11, 3/4: 335-345쪽 참조.

- 경제학에서의 혼성 현상에 대해서는 Schelling, T. C. (1978) *Micromotives and Macrobehavior*. W. W. Norton & Company, Inc. 중역본 『微观动机与宏观行为』 2005년 中国人民大学出版社 참조.

- 심리학에서의 혼성 현상에 대해서는 Anderson, J, R. (1985) *Cognitive Psychology and Its Implications*, 2nd edition. NewYork: W. H. Freemanand Company의 관련 장절 참조.

- 언어학에서의 혼성 현상에 대해, 특히 '출현의미'와 혼성에서의 개념압축에 대해서는 Fauconnier, Gilles(1997) *Mappings in Thought and Language*. Cambridge and New York: Cambridge University Press ; Fauconnier, Gilles, & Mark Turner (2003) *The Way We Think*: Conceptual Blending and the Mind's Hidden Complexities. New York: Basic Books 참조.

- 말실수에서의 섞어 붙이기(糅合)와 잘라 붙이기(截搭)에 대해서는 Fromkin, V. A. (1971) The non-anomalous nature of anomalous utterances, *Language*, 47:27-52쪽 ; 沈家煊(1992) 「口误类例」, 『中国语文』 第4期 306-316쪽 참조.

- 합음현상(合音现象)에 대해서는 刘祥伯 (2004) 「北京话"一+名"结构分析」, 『中国语文』 第1期 36-39쪽 참조.

- 유학생 중국어 오류에서의 섞어 붙이기 현상에 대해서는 朱智贤(2007)「留学生汉语杂糅偏误分析」,『汉语学习』第3期 70-76쪽 참조.
- 중국어 조어법과 통사법에서의 혼성에 대해서는 沈家煊(2006)「"糅合"和"截搭"」,『世界汉语教学』第4期 5-12쪽 ; 沈家煊(2006)「"粉丝"和"海龟"」,『东方语言学』第2期 1-10쪽 ; 沈家煊(2006)「词法类型和句法类型」,『民族语文』第6期3-9쪽 ; 沈家煊(1999)「"在"字句和"给"字句」,『中国语文』第2期 94-102쪽 ; 沈家煊(2004)「动结式"追累"的语法和语义」,『语言科学』第6期 3-15쪽 ; 沈家煊(2006) 「"王冕死了父亲"的生成方式 —— 兼说汉语"糅合"造句」,『中国语文』第4期 291-300쪽 ; 沈家煊(2009)「"计量得失"和"计较得失" —— 再论"王冕死了父亲"的句式意义和生成方式」,『语言教学与研究』第5期 15-22쪽 ; 沈家煊(2007)「也谈"他的老师当得好"及相关句式」,『现代中国语研究』第9期 1-12쪽 ; 沈家煊(2008)「"移位"还是"移情"? —— 析"他是去年生的孩子"」,『中国语文』第5期 387-395쪽 참조.
- 문법화와 어휘화에서의 혼성 현상에 대해서는 沈家煊(2005)「也谈能性述补结构"V得C"和"V不C"的不对称」,『语法化与语法研究』(二) 185-207쪽 ; 董秀芳(2002)『词汇化 : 汉语双音词的衍生和发展』, 四川民族出版社 참조.
- 인과혼성에 대해서는 Sweetser, Eve (2000) Blended spaces and performativity. *Cognitive Linguistics* 11, 3/4, 305-333쪽 참조.
- 혼성과 귀추추론에 대해서는 沈家煊(2009)「跟语法化机制有关的三对概念」,『语法化与语法研究』(四) 333-346쪽 참조.
- 은유와 환유에 대해서는 Lakoff, George, and Mark Johnson (1980) *Metaphors We Live By.* Chicago: Chicago University Press ; 沈家煊(2008)「认知语言学理论与隐喻语法和转喻语法研究」,『当代语言学理论和汉语研究』(商务印书馆) 305-320쪽 참조.
- 운율학과 강약음절의 음보에 대해서는 冯胜利(2000)『汉语韵律句法学』, 上海教育出版社 참조.
- "양한 예측"에 대해서는 沈家煊(2004)「语法研究的目标 —— 预测还是解释?」,『中国语文』第6期 483-492쪽 참조.

저자소개

- 沈家煊 (Shen Jiaxuan)

1946년 상하이 출생. 중국사회과학원 언어연구소 소장, 국제중국언어학회 회장 등 역임.『中国语文』과『当代语言学』편집인, 남개대학 문학원 객좌교수 역임. 현재 중국사회과학원 학부위원, 언어연구소 연구원, 중국언어학회 회장. 주요 저서는『不对称与标记论』(江西教育出版社, 1999년),『著名中年语言学家自选集 沈家煊卷』(安徽教育出版社, 2002년),『认知与汉语语法研究』(商务印书馆, 2006년)이 있고, 대표 편저로『现代汉语语法的功能、语用、认知研究』(商务印书馆, 2004년), 공역서로『语言共性与语言类型』(北京大学出版社, 2010년: 원저는 Bernard Comrie. 1981. *Language Universals and Linguistic Typology: Syntax and Morphology*.) 등이 있고, 현재『名词和动词』(商务印书馆)가 출판을 앞두고 있다.

역자소개

- 이선희

계명대학교 중국어문학전공 부교수
중국사회과학원 언어연구소 박사
중국어 통사론, 의미론

语法六讲
중국어 문법 6강

초판 인쇄　2016년 6월 20일
초판 발행　2016년 6월 30일

지 은 이| 沈家煊
옮 긴 이| 이선희
펴 낸 이| 하운근
펴 낸 곳| 學古房

주　　소| 경기도 고양시 덕양구 통일로 140 삼송테크노밸리 A동 B224
전　　화| (02)353-9908　편집 (02)356-9903
팩　　스| (02)6959-8234
홈페이지| http://hakgobang.co.kr
전자우편| hakgobang@naver.com, hakgobang@chol.com
등록번호| 제311-1994-000001호

ISBN　　978-89-6071-602-5　93720

값 : 17,000원